Quiet

The Power of Introverts in a World That Can't Stop Talking

内向型人間の時代

社会を変える
静かな人の力

スーザン・ケイン
Susan Cain
古草秀子訳

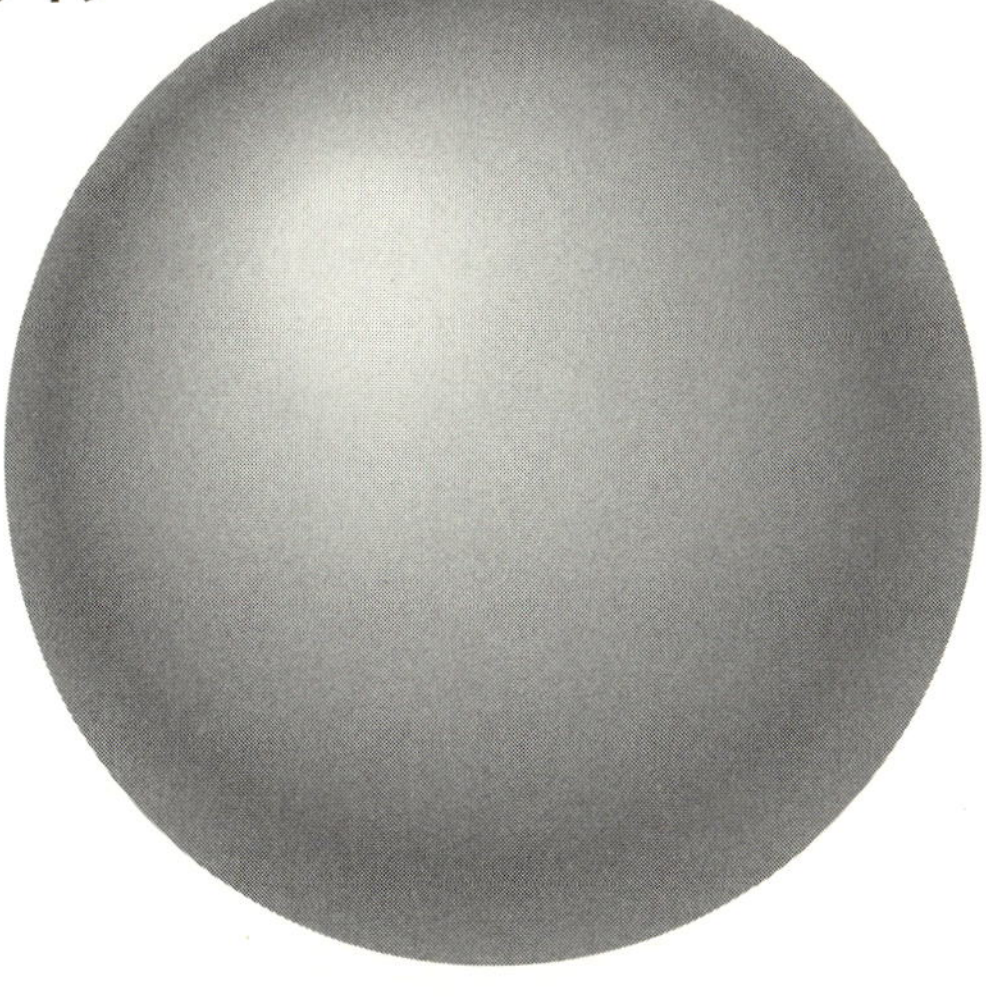

講談社

はじめに――内向型と外向型　対照的な二つの性格について

アラバマ州モンゴメリー。一九五五年一二月一日夕方、バス停で市営バスが停まり、きちんとした身なりの四〇代の女性が乗り込んだ。彼女の名前はローザ・パークス。地元のデパートの換気が悪い地下にある仕立屋で、一日中アイロンがけをして疲れているにもかかわらず、背筋をぴんと伸ばしていた。足はむくみ、肩はこわばって痛んでいた。有色人種用の席の一番前に座って、彼女は乗客たちが乗ってくるのを静かに眺めていた。ところが、運転手が白人に席を譲れと彼女に命令した。

そのときパークスが発した一言は、全米に広がる公民権運動の契機となり、より良いアメリカを導く第一歩となったのだ。

その言葉は「ノー」だ。

運転手は警察を呼んで逮捕させるぞと彼女を脅した。

「どうぞ、そうなさい」パークスは答えた。

警官がやってきて、なぜ席を譲らないのかと訊いた。

「どうして私が罪に問われなければいけないの？」彼女は簡潔に訊き返した。

「知るもんか。とにかく、法律は法律だ。おまえを逮捕する」警官が言った。

パークスが市条例違反で罰金刑を宣告された日の午後、モンゴメリー向上協会が町一番の貧困地域にあるホルトストリート・バプテスト教会で集会を開いた。パークスの勇気ある孤独な行動を支持する五〇〇〇人が集まった。教会内から人が溢れ、外の人々はラウドスピーカーから流れる声に耳を傾けた。マーティン・ルーサー・キング・ジュニア牧師が「鉄のごとき弾圧に踏みつけにされるのを終わりにするときが来た。七月の太陽の照る人生から押しだされて、冷気が肌を刺す一一月の高山に取り残されるのを、終わりにするときが来たのだ」と群集に語りかけた。

キング牧師はパークスの勇気を称え、彼女を抱きしめた。彼女はただ黙って立っていたが、それだけで群集を活気づかせた。この集会はその後三八一日間も続く市営バスのボイコット運動へとつながった。人々は何マイルも歩いて通勤したり、知らない人と車を相乗りしたりした。そして、アメリカの歴史を変えたのだ。

ローザ・パークスは、たとえバスいっぱいの乗客から睨まれてもびくともしないような、大胆な性格の堂々とした女性だろうと、私は思い込んでいた。だが、二〇〇五年にパークスが九二歳で亡くなったとき、たくさん出た追悼記事はどれも、静かな語り口のやさしい女性で小柄だったと書いていた。記事は彼女を「臆病で内気」だが「ライオンのごとく勇敢」としていた。「徹底した謙虚さ」と「静かなる不屈の精神」という言葉があちこちで見かけられた。物静かで、そのうえ不屈の精神を持つとは、どういう意味だろう？　いったいどうすれば、内気でかつ勇敢でいられるのか？

パークス自身もこの矛盾に気づいていたらしく、自伝の題名を『静かなる力強さ』（邦題は『勇気と希望——ローザ・パークスのことば』高橋朋子訳）としている。私たちの思い込みに挑戦するような題名だ。静かで力強い人というのは例外的なのか。物静かな人はもっとほかに思いがけない面を秘めているのだろうか。

私たちの人生は性別や人種だけでなく、性格によっても形づくられている。そして、性格のもっとも重要な要素は、ある科学者が「気質の北極と南極」という言葉で表現した、内向・外向のスペクトルのどこに位置しているかである。この連続したスペクトルのどこに位置しているかが、友人や伴侶の選択や、会話の仕方や、意見の相違の解消方法や、愛情表現に、影響をもたらす。どんな職業を選んで、その道で成功するか否かを、左右する。運動を好むか、不倫をするか、少ない睡眠で働くか、失敗から学べるか、株相場に大きく賭けるか、短期的な満足を求めないか、優秀なリーダーになるか、起きるかもしれないことをあれこれ想像するか、といったさまざまな性質を決定づける。* さらに脳の神経回路や神経伝達物質や神経系の隅々にまでしっかり反映されている。現在では、内向性と外向性は性格《パーソナリティ》心理学の分野で徹底的に研究されているテーマのひとつであり、数多くの科学者の興味をそそっている。

そうした研究者たちは最新機器の助けを得て、つぎつぎに画期的な新発見をしているが、その背後には長時間かけて形成された膨大な蓄積がある。人類の歴史が記されるようになってこのかた、詩人や哲学者は内向型と外向型について考えてきた。いずれの性格タイプも、聖書やギリシア・ローマの

＊決定の答えの鍵。運動（外向型）、不倫（外向型）、少ない睡眠時間（内向型）、失敗から学ぶ（内向型）、大きく賭ける（外向型）、短期的な満足を求めない（内向型）、優秀なリーダー（一部のケースでは内向型、それ以外は外向型であり、求められるリーダーシップのタイプによる）、起きるかもしれないことをあれこれ想像する（内向型）。

医者の記述に登場し、この二つの性格タイプの歴史は有史以前にまで遡《さかのぼ》れるとする進化生物学者もいる。動物たちの世界にも「内向型」と「外向型」があるというのだ。本書でもミバエやパンプキンシードやアカゲザルの例についてお話しする。男らしさと女らしさ、東と西、リベラルと保守といった相補的な組み合わせと同じように、この二つの性格タイプがなければ、人類は特別な存在にはならずに衰退しただろうと考えられているのだ。

ローザ・パークスとマーティン・ルーサー・キング・ジュニアの協力関係を考えてみよう。バスのなかで白人に席を譲るのを拒んだのが、パークスのように、よほどの緊急事態でないかぎり沈黙を好む控えめな女性ではなく、キング牧師のように堂々たる雄弁家だったら、結果は違っていたかもしれない。逆に、もしパークスが公民権運動に立ちあがって「私には夢がある」と語ったとしても、キング牧師のように一般大衆を鼓舞することはできなかったろう。そして、キング牧師がいたから、彼女は演説をする必要がなかったのだ。

だが今日、社会が求める性格タイプはごく狭い範囲に設定されている。成功するには大胆でなければならない、幸福になるには社交的でなければならないと、私たちは教えられる。私たちはアメリカを外向型人間の国家として見ている――それは必ずしも真実ではない。どの研究を見ても、アメリカ人の三分の一から二分の一は内向型である。言い換えれば、あなたの周囲の人々のうち二、三人にひとりは内向型なのだ（アメリカが有数の外向型の国のひとつだとすれば、世界にはもっと内向型の比率が高い国々がある）。あなた自身が内向型でないとしても、家族や学校や職場には必ず何人か思いあたるだろう。

もし、三分の一から二分の一という統計に驚きを感じるのなら、それはたくさんの人が外向型のふりをしているからだ。隠れ内向型は、学校の運動場や高校のロッカールームや大企業の廊下に気づかれずに生息している。なかには、自分自身までもすっかり騙していて、なんらかのきっかけで、たとえば、失業、子供の親離れ、遺産が転がり込んで時間を好きに使えるようになったなどで、ふと自分の本来の性格に気づく人さえいる。この本の内容を友人や知人に話してみれば、思いがけない人が自分は内向型だと思っているとわかるだろう。

多くの内向型がそれを自分自身にまで隠しているのには、それなりの理由がある。私たちは、外向型の人間を理想とする価値観のなかで暮らしている。つまり、社交的でつねに先頭に立ちスポットライトを浴びてこそ快適でいられる、そんな自己を持つことが理想だと、多くの人が信じているのだ。典型的な外向型は、熟慮よりも行動を、用心よりもリスクを冒すことを、疑うよりも確信することを好む。たとえ悪い結果を招くかもしれないと思っても、すばやい意思決定を優先する。チーム行動を得意とし、グループ内で社交的にふるまう。私たちは個性を尊重すると言いながら、ひとつの特定のタイプを賞賛しがちだ。その対象は「自分の存在を誇示する」のを心地よく感じるタイプなのだ。もちろん、テクノロジー分野の才能があって自宅のガレージで起業するような人なら、一匹狼だろうとどんな性格だろうと許されるが、それはあくまでも例外で、そういう特例として認められるのは大金持ちか、そうなると約束されている人たちだけだろう。

内向性は、その同類である感受性の鋭さや、生真面目さ、内気といった性格とともに、現在では二流の性格特性とみなされ、残念な性格と病的な性格の中間にあると思われている。外向型を理想とする社会で暮らす内向型の人々は、男性優位世界の女性のようなもので、自分がどんな人間かを決める核となる性質ゆえに過小評価されてしまう。外向性はたしかに魅力的であるがゆえに、押しつけられた基準になってしまっていて、そうあるべきだ、と大半の人々が感じている。

　外向型の人間を理想とすることについては、この問題にだけ集中した研究はないものの、数多くの研究で言及されてきた。たとえば、おしゃべりな人はそうでない人よりも賢く、容姿がすぐれ、人間的に魅力があり、友人として望ましいと評価される。話す量だけでなく速さも重要だ。話すのが速い人は遅い人よりも有能で、望ましいと評価される。同じ力学は集団内でも適用され、会話の多い人は少ない人よりも賢いと判断される——口達者だから名案を考えつくという関連性はまったくないのにもかかわらず。内向的という言葉そのものさえ、汚名を着せられている。心理学者のローリー・ヘルゴーの非公式な実験によれば、内向型の人は自分の外見について問われると、「緑青色《ろくしょう》の瞳」「異国的な」「高い頬骨」といったように、生き生きとした言葉で描写したのに、内向的な人間について一般的な特徴を表現してくださいと指示されると、「扱いにくい」「中間色」「肌荒れやにきび」といったありきたりで否定的な表現で答えた。

　だが、外向型の人間を理想とする考えを、そのまま鵜呑《うの》みにするのは大きな間違いだ。進化論からゴッホのひまわりの絵、そしてパソコンにいたるまで、偉大なアイデアや美術や発明の一部は、自分の内的世界に耳を傾け、そこに秘められた宝を見つけるすべを知っていた、物静かで思索的な人々によるものだ。内向型の人々がいなければ、つぎのようなものはどれも存在しえなかった。

重力理論（サー・アイザック・ニュートン）
相対性理論（アルベルト・アインシュタイン）
詩「再臨」（W・B・イェイツ）

ショパンのノクターン（フレデリック・ショパン）
『失われた時を求めて』（マルセル・プルースト）
ピーター・パン（J・M・バリー）
『一九八四年』と『動物農場』（ジョージ・オーウェル）
『キャット・イン・ザ・ハット』（ドクター・スースことシオドア・ガイゼル）
チャーリー・ブラウン（チャールズ・シュルツ）
『シンドラーのリスト』『E.T.』『未知との遭遇』（スティーブン・スピルバーグ）
グーグル（ラリー・ペイジ）
ハリー・ポッター（J・K・ローリング）

科学ジャーナリストのウィニフレッド・ギャラガーが書いているように、「刺激を受けたときに急いで反応するのではなく立ち止まって考えようとする性質がすばらしいのは、それが古来ずっと知的・芸術的偉業と結びついてきたからである。アインシュタインの相対性理論もミルトンの『失楽園』も、パーティ好きな人間による産物ではない」のだ。金融、政治、各種の活動など、内向型の影が比較的薄い領域でも、大躍進の一部は内向型の偉業だ。本書では、エレノア・ルーズベルトやアル・ゴア、ウォーレン・バフェット、ガンジー、そして、もちろんローザ・パークスといった人々が、自らの内向性にもかかわらずではなく、内向性ゆえに、いかにして偉業をなし遂げたかを検証する。

ところが、本書でも見ていくように、現代社会では、もっとも重要な施設の多くは、集団での活動と高レベルの刺激を好む人々向けに設計されている。たとえば学校の机はグループ学習がしやすいように小集団に分けて並べられることが多くなっており、これは調査によれば、教師の大半が外向的な生徒こそ理想的だと考えているからだ。テレビドラマの主人公は『ゆかいなブレディ家』のシンディ・ブレディや『ビーヴァーちゃん』のヴァー・クリーヴァーのような「ありふれた隣の家の子」ではなく、『シークレットアイドル・ハンナ・モンタナ』のハンナや『アイ・カーリー』のカーリー・シェイのように、ロックスターやインターネット番組の主役であり、公共放送サービスPBSの幼児向け科学番組『シド・ザ・サイエンス・キッド』でさえも、幼稚園の子供たちがみんなでダンスするところから一日がはじまる。

大人になればなったで、私たちの多くはチームで動くことを推奨する組織に入り、壁のないオープンなオフィスで、「対人スキル」をなによりも重要視する上司のもとで働く。キャリアを高めるためには、臆面もなく自分を売り込まなければならない。研究のために資金提供を受ける科学者たちは、自信たっぷりというか、おそらくは自信過剰な個性の持ち主であることが多い。現代アートの美術館に作品を飾られるアーティストたちは、画廊のオープニングに奇抜な姿で現れる。作家はかつて人間嫌いな種族として認められていたが、現在ではトークショーに出演するのが当然とみなされている(もし、私が偽外向型で本の販売促進をちゃんとこなせると編集者が信じなかったなら、この本は存在しなかったはずだ)。

あなたが内向型なら、物静かな性質に対する偏見は心を大きく傷つけることがあるのをご存知だろう。子供の頃、あなたが内気なのを親が残念がっているのを耳にしたことがあるかもしれない(私がインタビューしたある男性は、「どうしてケネディ家の子供たちみたいになれないの?」とケネディ信奉者の親にくりかえし言われたそうだ)。あるいは、学校で「殻に閉じこもっていないで、もっと元気に」とハッパをかけられたかもしれない。このいやな表現は、自然界には殻をかぶったままどこへでも移動する動物もいるのだから、人間だって同じなのだという事実を認識できていない。「おまえは怠け者だとか、頭が悪いとか、グズだとか、子供の頃に言われたことが今でもまだ耳の奥に残っています。自分はたんに内向的なだけなのだと理解する年齢になる以前に、自分は本質的にどこかが間違っているのだという考えがすっかり染みついていました。今でもそんな疑いがほんの少しでも残っていたら、きれいさっぱり取り除きたいです」と、〈内向型人間の避難所《イントロヴァート・リトリート》〉というメーリングリストのメンバーは書いている。

大人になっても、夕食の誘いを断って好きな本を読みたいと思うときに、あなたはかすかな罪の意識を感じるかもしれない。あるいは、レストランでひとりで食事するのを好み、周囲の人々からかわいそうにという目つきで見られても意に介さないかもしれない。あるいはまた、物静かで知的な人に対してよく使われる、「あれこれ考えすぎる」という言葉を浴びせられることがあるかもしれない。言うまでもなく、そういうタイプの人間を表現するには、「思索家」という言葉がふさわしい。

内向型が自分の能力を正当に評価するのがどれほど難しく、それをなし遂げたときにどれほどすばらしい力を発揮するか、私はこの目で見てきた。一〇年以上にわたって、法人顧問弁護士から大学生、ヘッジファンド・マネジャー、夫婦など、さまざまなタイプの人に交渉スキルを教えてきた。もちろん、その内容は交渉前の準備からはじまって、最初のオファーを提示するタイミング、相手が「イエスかノーか決めてくれ」と迫ったときにどう対応するべきかといった基本的なものだ。けれども同時に私は、顧客が自分の生まれ持った性格を知り、それを最大限に活用する方法を身につけるのを手助けしてきた。

最初の頃の顧客に、ローラという女性がいた。ローラはウォール街の弁護士だが、物静かで夢見がちな性格だった。注目されるのが苦手なうえに攻撃されるのも嫌いだった。彼女は円形劇場を思わせる広い階段教室で授業をするハーバード大学ロースクール（法科大学院）での厳しい試練をなんとか乗り越えたわけだが、授業中に緊張のあまり吐いたことがある。社会に出て職に就いたものの、顧客企業の代理として期待に応えて激しく主張できるかどうか、強い不安を感じていた。

最初の三年間、下っ端のうちは、自分の能力を確かめる機会がなかった。だが、あるとき上司の弁護士が休暇をとったので、重要な交渉案件を任されることになった。顧客である南米の製造会社は銀行ローンの債務不履行に陥ろうとしていて、貸し付け条件の再考について交渉を望んでいた。相手方はローンを融資している銀行団だった。

交渉の場に臨んだローラはテーブルの下に隠れてしまいたい衝動にかられたが、そんな衝動と闘うのには慣れていた。神経質さを感じさせながらも、勇気を奮って中央の椅子に座り、その両側に製造会社の法務担当役員と財務担当責任者が着席した。この二人は偶然にも彼女の好きなタイプの人物だった。丁寧で柔らかな口調は、彼女の事務所の取引先によくいる「宇宙の支配者タイプ」とはまったく違っていた。以前から、この法務担当役員をヤンキースの試合へ招待したり、財務担当責任者と買い物に出かけて彼女の妹のハンドバッグを一緒に選んだりしたこともあった。だが、そうしたくつろいだ外出、ローラも楽しめる種類の社交は、はるか遠くの出来事のように感じられた。テーブルの向こう側には、仕立てのいいスーツを着て高価な靴を履いた硬い表情の投資銀行家が九人、そして、いかにもやり手らしい角ばった顎の溌剌《はつらつ》とした女性弁護士。あきらかに自分を疑うことなど知らないタイプの女性弁護士は、銀行団の申し出がローラの顧客にとってどれほどすばらしい条件かを滔々《とうとう》と語った。これはとても寛大な提案ですと彼女は断言した。

その場の全員がローラの発言を待ったが、彼女はなにを言うべきかまるで考えつかなかった。そこで、じっと座っていた。まばたきをしながら。視線が彼女に集まった。両側にいる顧客が椅子の上でもぞもぞ体を動かすのが感じられた。彼女の思考はいつものようにぐるぐる回っていた。**私はこんな仕事をするには静かすぎるし、消極的すぎるし、思索的すぎる。**彼女はこういう仕事にぴったりな人物を思い浮かべた。大胆で口達者でテーブルをどんと叩ける人。中学生の頃、そういう人はローラと違って、「社交性に富んでいる」と褒められ、クラスメイトのなかでは女の子でいえば「美人」よりも、男の子でいえば「スポーツ万能」よりも、格上にみなされていた。そんな思いを振りきり、ローラは覚悟を決めて、今この場を切り抜けさえすれば、明日になったら別の仕事をさがせばいいのだからと自分に言い聞かせた。

そして、彼女は私がくりかえし言った言葉を思い出した。あなたは内向型だから、内向型なりの独自の交渉力を備えている――それはあまり目立たないかもしれないが、力強さの点で他人にひけをとらない。おそらく、あなたは誰よりも準備を重ねているはず。語り口は静かだが、しっかりしている。考えなしにしゃべることはまずない。柔らかい物腰を保ちながらも力強く、時には攻撃的とさえ思える立場に立って、理路整然と話す。そして、たくさん質問をし、答えに熱心に耳を傾ける。これはどんな性格かにかかわらず、交渉に強くなる秘訣なのだ。

そこで、ローラはついにこの天賦の才を使いはじめた。彼女は訊いた。

「ワンステップ戻ってみましょう。そちらの数字の根拠は?」

「ローンをこのとおりに構築したら、うまくいくと思いますか?」

「本当にそうでしょうか?」

「ほかの案はありますか?」

最初のうちは、ためらいがちに質問していた。だが、進むにつれて流れに乗り、口調に迷いがなくなり、下調べは十分してきたので事実を追及するぞという姿勢をはっきりさせた。それでも、自分のスタイルは変えず、声を大きくすることもなく礼儀正しさも失わなかった。銀行側が議論の余地はないと言わんばかりの主張をくりかえしても、ローラはひるまなかった。「それが唯一の方法だとおっしゃるのですか? 別のアプローチをしてみたらどうでしょう?」

そうするうちに、交渉スキルの教科書に書いてあるとおり、ローラの簡潔な質問の数々がその場の雰囲気を変えてきた。とても手に負えないと彼女が感じていた銀行側の人々は高飛車に演説をぶつのをやめて、ちゃんとした会話が成り立つようになった。

話し合いが続いた。だが、合意には達しなかった。銀行団のひとりがまたもや声を張りあげ、書類を叩きつけて勢いよく部屋から出ていった。ローラはそれを無視した。どうすればいいかわからなかったのが、その大きな理由だった。それこそ「柔道なら技が決まった瞬間」だと、あとからある人に言われたのだが、ローラにしてみれば大声でやかましくしゃべる人たちの世界で生きる静かな人間として、ごく自然な行動をとっただけだった。

最終的に、両者の合意が成立した。銀行団は去り、ローラの大切な顧客は空港へ向かい、ローラは自宅へ帰って、その日の緊張を解こうと、本を抱えてソファに丸まった。

翌朝、相手側の弁護士が――いかにもやり手らしい角ばった顎の女性弁護士が――ローラに仕事を依頼する電話をかけてきた。「あなたみたいに感じがよくて、しかもタフな人に出会ったのははじめてよ」と女性弁護士は言った。その翌日、銀行団の幹事役が、自分の銀行を彼女の事務所に担当してもらえないかと電話で打診してきた。「自己主張に邪魔されないで交渉事にあたってくれる人材が必要なんだ」と彼は言った。

ローラは自分なりの静かなやり方で、こうして新しい仕事を引き寄せたのだ。声を張りあげたりテーブルを叩いたりする必要はなかった。

現在では、ローラは内向性が自分とは切り離せないものなのだと理解し、思索的な性質を喜んで受け入れている。静かすぎるし控えめすぎると自分を責める声が、頭のなかを駆けめぐることもあまりなくなった。その気になれば誰にも屈しないでいられることを、ローラは知っているのだ。

私がローラは内向型だと言うとき、それは正確にはどんな意味だろう？　この本を書きはじめたとき、最初に知りたかったのは、研究者たちが内向型と外向型をどう定義しているかということだった。一九二一年、著名な心理学者カール・ユングが『心理学的類型』（吉村博次訳）と題した衝撃的な本を刊行して、「内向型」「外向型」という言葉を軸にした性格理論を世の中に知らしめた。ユングによれば、内向型は自己の内部の思考や感情に心惹かれ、外向型は外部の人々や活動に心惹かれる。内向型は周囲で起きる出来事の意味を考え、外向型はその出来事に自分から飛び込んでいく。内向型はひとりになることでエネルギーを充電し、外向型は十分に社会で活動しないと充電が必要になる。ユングのタイプ論を基礎にした性格診断テストである〈マイヤーズ・ブリッグズ・タイプ指標〉は、全米の大学や〈フォーチュン１０００〉企業の大半で採用されているので、読者のみなさんはすでにご存知かもしれない。

では、現代の研究者たちはどんなことを言っているだろうか。調べるとすぐに、外向型・内向型に関する万能の定義はないとわかった。誰もが納得する普遍的な説明は存在しないのだ。たとえば、性格心理学の特性五因子論（人間の性格は煎《せん》じつめれば五つの主要な特性の組み合わせであるとする）を信奉する者たちは、内向型を内面生活の豊かさとはとらえず、積極性や社交性が欠けているとみなす。内向型と外向型の定義は、まるで性格心理学者の数ほど存在するかのようで、そのうちのどれが正しいかは侃々諤々《かんかんがくがく》の議論だ。ユングの考えは時代遅れだとする者もいれば、彼だけが唯一正しいとする者もいる。

とはいえ、最近ではいくつかの重要な点で合意に達しているようだ。そのひとつは、内向型と外向型とでは、うまく機能するために必要な外部からの刺激のレベルが異なるという点だ。たとえば、内向型は親しい友人とワインをほどほどに飲むとか、クロスワードパズルを解く、読書するといった低刺激が「ちょうどいい」と感じる。外向型は初対面の人に会うとか、急斜面でスキーをする、ボリュームを上げて音楽を聴くといった高刺激を楽しむ。性格心理学者のデヴィッド・ウィンターは、典型的な内向型の女性が休暇をクルーズ船でのパーティではなく海辺で読書をして過ごすという例をあげて、その理由について説明してくれた。「クルーズ船のパーティでは人々は興奮しています。脅威、恐れ、愛といったさまざまな感情を増幅させている。一〇〇冊の本や一〇〇粒の砂にくらべると、一〇〇人の人間はとても刺激レベルが高いのです」

内向型と外向型は行動の点でも違うと、多くの心理学者が考えている。外向型はすばやく行動する。すばやく、時には性急に決定をくだし、一度に複数のことをこなしたり、リスクをとったりすることも平気だ。金銭や地位などの報酬を「求めるスリル」が楽しいのだ。

一方、内向型はゆっくりと慎重に行動することが多い。一度にひとつの作業に集中するのを好み、すばらしい集中力を発揮できる。富や名声などの誘惑に惹かれることは比較的少ない。

私たちの性格はまた、人づきあいのスタイルをも左右する。外向型はディナーパーティに活気をもたらし、あなたのさほどおもしろくもないジョークに大声で笑ってくれる。積極的で、主導的で、仲間を強く求める。考えをそのまま口に出し、即座に実行する。聴くよりもしゃべるほうを好み、言葉に詰まることはめったになく、思ってもいないことを衝動的に口にしてしまうことがある。他人と衝突するのはいとわないが、孤独は大嫌いだ。

対照的に、内向型は社交スキルが豊かでパーティや仕事のつきあいを楽しむ人もいるにはいるが、しばらくすると、家でパジャマ姿になりたいと感じる。かぎられた親しい友人や、同僚や、家族との関係に全エネルギーをそそぎたいと思っている。しゃべるよりも聴くほうを好み、ゆっくり考えてからしゃべり、会話よりも書くほうが自分をうまく表現できると感じることが多い。衝突を嫌う傾向がある。無駄話にはぞっとするが、深い対話を楽しむ。

内向型は隠遁《いんとん》者や人間嫌いと同義語ではない。なかにはそういう内向型もいるかもしれないが、大部分はとても友好的だ。もっとも人間味のある英語のひとつは、あきらかに内向型の作家E・M・フォースターが、どうすれば「人間の至高の愛」を達成できるかを探求した『ハワーズ・エンド』（吉田健一訳）の扉に書いた、「ただ結びつけるだけ《オンリー・コネクト》！」という有名な序辞だ。

内向型だからといって内気ともかぎらない。内気とは他人から非難されたり屈辱を感じたりすることを恐れる性質であり、内向性とは刺激が強すぎない環境を好む性質である。内気は本質的に苦痛を伴うが、内向性はそうではない。二つの概念が混同される理由のひとつは、重なり合う部分が存在するからだ（重なりの程度についてはさまざまな議論がある）。「内向型・外向型」「情緒安定・情緒不安定」という二つの観点から性格をとらえて、内向型・外向型のスペクトルを横軸に、不安・安定のスペクトルを縦軸にして図式にする心理学者もいる。このモデルによれば、性格型は「安定した外向型」「不安な（衝動的）外向型」「安定した内向型」「不安な内向型」の四種類に分けられることになる。つまり、人並みはずれたパーソナリティの持ち主でありながらひどいステージ恐怖症だったバーブラ・ストライサンドのように内気な外向型もいれば、人と交わらず他人の意見に惑わされることもないビル・ゲイツのように、内気ではない内向型もいるのだ。

もちろん、内気で内向型という人もいる。内気な人の多くは不安をもたらす可能性のある社交的なつきあいからの避難所を求めて、自己の内面に向かう。そして、内向型の多くは内気であるが、それは内省を好むのはなにかがおかしいという世間一般の考え方に影響されたせいでもある。また、これから本書でお話しするように、生理学的に見て高刺激の環境から離れざるをえない体質を持っているせいでもある。

だが、違いがいろいろあるものの、内気と内向性には深い共通点がある。会議の席で黙って座っている不安な外向型の心理状態は、安定した内向型とは大きく違うのだろう。内気な人はしゃべるのを恐れ、内向型はたんに過度の刺激が苦手なのだが、外見上は区別がつかない。内向型・外向型についてよくよく考えると、私たちは社会の先頭に立つことを重要視するあまりに、善良さや知性や思慮深さに目を向けなくなっていることがわかる。内気な人や内向型の人は、それぞれに違う理由から、発明や調査研究や重病人の手を握るといった表舞台からは見えにくい仕事を選んだり、あるいは、静かなる有能さを発揮するリーダーになったりしている。いずれも社会の先頭に立つ役割ではないが、それでもやはり彼らが手本となる存在であることに変わりはないのだ。

もし自分が内向型・外向型のどちらに属しているのかよくわからないのなら、つぎの質問に答えてみよう。質問にあてはまると思えば○、あてはまらないと思えば×と答え、迷ったら比較的近いと感じるほうを選ぼう。

1　グループよりも一対一の会話を好む。
2　文章のほうが自分を表現しやすいことが多い。
3　ひとりでいる時間を楽しめる。
4　周りの人にくらべて、他人の財産や名声や地位にそれほど興味がないようだ。
5　内容のない世間話は好きではないが、関心のある話題について深く話し合うのは好きだ。
6　聞き上手だと言われる。
7　大きなリスクは冒さない。
8　邪魔されずに「没頭できる」仕事が好きだ。
9　誕生日はごく親しい友人ひとりか二人で、あるいは家族だけで祝いたい。
10　「物静かだ」「落ち着いている」と言われる。
11　仕事や作品が完成するまで、他人に見せたり意見を求めたりしない。

12 他人と衝突するのは嫌いだ。

13 独力での作業で最大限に実力を発揮する。

14 考えてから話す傾向がある。

15 外出して活動したあとは、たとえそれが楽しい体験であっても、消耗したと感じる。

16 かかってきた電話をボイスメールに回すことがある。

17 もしどちらか選べというなら、忙しすぎる週末よりなにもすることがない週末を選ぶ。

18 一度に複数のことをするのは楽しめない。

19 集中するのは簡単だ。

20 授業を受けるとき、セミナーよりも講義形式が好きだ。

＊これは科学的に立証された性格テストではありません。質問はすべて、現代の研究者が内向型の特性と認めた要素をもとにつくられています。

○の数が多いほど、あなたが内向型である確率は高い。もし○と×の数がほぼ同数ならば、あなたは両向型かもしれない——両向型というのも本当に存在するのだ。

だが、たとえ内向型に一方的に偏った結果が出たとしても、例外なくあなたの行動が予測できるというわけではない。女性はみんな意見調整がうまく、男性はみんな体をぶつけ合う《コンタクト》スポーツが好きだと一概には言えないように、内向型はみんな本の虫で、外向型はみんなランプシェードをかぶってパーティに登場するとはかぎらない。ユングがいみじくも言ったように、「完璧な外向型も完璧な内向型も存在しない。そういう人間がいるとしたら精神病院だろう」。

このことは、ひとつには人間が一人ひとりすばらしく複雑なせいであるが、内向型にも外向型にも多様な種類があるせいでもある。内向性や外向性は私たちが持つほかの性格特性や個人の経験と作用し合って、多種多様な人間をつくりあげる。つまり、同じ内向型とは言っても、男の子全員をフットボール選手にしたいと願う父親に育てられた芸術好きのアメリカ人男性と、灯台守の両親に育てられたフィンランド人のキャリアウーマンとは、まったく異なるだろう。ちなみに、フィンランドは内向型が多いことで有名だ。こんなフィンランド流ジョークがある。「フィンランド人に好かれているかどうか、どうしたらわかるの?」「彼が自分の靴じゃなく、あなたの靴をじっと見つめたら、間違いないわ」

多くの内向型は同時に「過度に敏感《ハイリー・センシティブ》」でもある。この言葉は詩的に聞こえるかもしれないが、心理学で実際に使われている表現だ。敏感な人は普通の人よりも、ベートーベンのソナタに深く聴きほれたり、スマートな言い回しや特別な親切に強く感動したりしがちだ。暴力や醜悪なものを目にしたり耳にしたりするとすぐに気分が悪くなりがちだし、道徳心が強いことが多い。子供の頃は「内気」だと言われ、大人になってからも他人から評価されるのが苦手で、たとえば人前で話すとか、はじめてのデートとかではいたたまれない気分になるだろう。内向型と過度に敏感な性質との関連については、この本のなかで追って詳しくお話しする（内向型のうちどれくらいが過度に敏感かは正確にわかっていないものの、敏感な人の七〇％は内向型で、残りの三〇％は長時間の「休息」が必要だという）。

このように内向型の定義は複雑で一筋縄ではいかないので、もしあなたが自分は正真正銘の内向型だと判断しても、この本に書いたすべてがあてはまるとはかぎらない。たとえば、内気と敏感さについてお話しするのだが、あなたはそのどちらにもあてはまらないかもしれない。それはそれでいい。まずは自分にあてはまる部分を頭に入れて、残りは他人との関係を向上させるために活用しよう。

ここまでいろいろ話してきたが、結局のところ、この本のなかでは定義にあまりこだわらないようにしようと思う。厳格な定義は専門家にとっては欠かせないものだ。なぜなら、彼らは内向性と他の特質とをはっきりと区別するところから研究をはじめるからだ。だが、この本は、研究成果をあげることよりも、自分自身について知ることをテーマとしている。現代の心理学者たちは、脳を画像で調べる神経科学者たちの協力を得て、私たちが世界を、そして私たち自身を見る目を変えるような驚くべき発見をしてきた。彼らはつぎのような質問に答えている。よくしゃべる人と慎重に言葉を選ぶ人がいるのはなぜか？　仕事に没頭する人と同僚の誕生パーティを企画することに没頭する人がいるのはなぜか？　権威をふるうのが好きな人と、命令するのもされるのも嫌いな人がいるのはなぜか？　私たちの文化が外向的な人を好むのは自然のなせるわざか、それとも社会的に決められたことなのか？　進化論的見地からすれば、内向性は人類のためになるから選択されて生き残ってきたはずだ。だとしたら、その理由は？　もしあなたが内向型ならば、自分にとって自然に感じられる行動だけにエネルギーをそそぐべきか、それともローラが交渉のテーブルでしたように背伸びするべきなのか？

その答えはあなたを驚かせるかもしれない。

だが、もしあなたがこの本から得られることがたったひとつだけだとしたら、それは自分自身を新しい観点から見るようになることであってほしい。新しい自分を見つけることは、人生を変える効果を生みだす。交渉術のコンサルタントになった私の最初の顧客の話を、あなたは覚えているだろうか？　先ほど私は彼女をローラと呼んだ。
じつは、それは私の話だ。私自身が最初の顧客だったのだ。

目次

内向型人間の時代　社会を変える静かな人の力

パートI

外向型が理想とされる社会

1章

〝誰からも好かれる人〟の隆盛
外向型はいかにして文化的理想になったのか

他人はめざとくて批判的。あなたは恐れることなく、胸を張り、自信を持って人に会えますか？

――ウッドベリー石鹸の広告。一九二二年

セールスマンの誕生

一九〇二年。アメリカ中西部のミズーリ州ハーモニーチャーチ。カンザスシティから一〇〇マイルも離れた氾濫原にある小さな町だ。若き主人公の名前はデール、善良だが自分に自信が持てない高校生だ。

痩せて運動が不得意で不安を抱えているデールは、養豚業を営むまじめで貧乏な農家に生まれた。デールは両親を敬愛していたが、家業を継いで貧しい生活をするのを恐れていた。それ以外にも、雷や地獄、肝心な場面でうまくしゃべれなくなることなど、恐ろしいと思えることはいろいろあった。将来の自分の結婚式のことを考えると、それにも恐れを感じた。未来の花嫁の前でうまくしゃべれなかったらどうすればいいのかと、心配でたまらなかったのだ。

そんなある日、〈シャトーカ文化教育講座〉の講演者が町へやってきた。シャトーカ運動は一八七三年にニューヨーク州北部ではじまり、全米各地へ文学・科学・宗教の有能な講演者を送り込んだ。アメリカの田舎に住む人々は講演者たちが外界から運んでくる新風を賞賛し、心を奪われた。なかでも、貧しい農場に生まれながら創意工夫してカリスマ的な話し方を身につけ、現在ではシャトーカの演壇に立つまでになったという、ある講演者の立志伝に若いデールは夢中になった。デールはその講演者の言葉を一言一句逃すまいと熱心に聴いた。

数年後、ふたたび人前で話すことの価値を心に深く刻みつける機会が訪れた。家族がミズーリ州ウァレンズバーグ郊外の農場へ引っ越したので、デールは下宿代の心配をせずに近くの大学へ通えるようになった。大学でスピーチコンテストの優勝者がリーダーとしてみんなに認められるのを見て、彼は自分も優勝しようと決意した。毎晩まっすぐ帰宅して練習に励んだ。コンテストに片っ端から応募し、挑戦しては失敗した。努力家だったが雄弁家ではなかったため、なかなか優勝に手が届かなかったのだ。だが、努力はしだいに好結果をもたらした。いつしかデールはスピーチの達人に変身し、大学のヒーローになった。学生たちがスピーチを教えてほしいと集まってくるようになった。デールは彼らを訓練し、彼らもまたコンテストで優秀な成績をあげるようになった。

デールが大学を卒業した一九〇八年当時、彼の両親は相変わらず貧乏だったが、アメリカは好景気だった。ヘンリー・フォードが「仕事にレジャーに」という売り文句でT型フォードを大量に売り、〈J・C・ペニー〉〈ウールワース〉〈シアーズ・ローバック〉などを誰もが知るようになった。中流家庭にも電灯が普及し、屋内に水道が引かれて夜に外のトイレへ行く必要がなくなった。

新しい経済は、セールスマンという新しい種類の人材を必要とした。つまり、いつも笑顔で、握手がうまく、同僚と仲良くしながらも出し抜くことができる、社交的で口のうまい人間だ。デールは増加するセールスマンに仲間入りして、説得力という能力で成功を収めた。

デールの姓はカーネギーだ（もともとはCarnegyという綴りだったが、大実業家のアンドリュー・カーネギーの名声にあやかってCarnegieと変えた）。数年間にわたってセールスマンとして忙しい日々を過ごした後、彼は弁論術の講師をはじめる。最初は、ニューヨークシティ一二五丁目のＹＭＣＡの夜学で講座を持った。彼は講師料として当時の相場だった生徒ひとりあたり二ドルを要求したが、ＹＭＣＡ側は弁論術の教室はあまり人気がないだろうと考え、その要求を蹴った。

ところが、講座はたちまち評判になり、彼はデール・カーネギー研究所を設立して、若い頃の自分と同じような不安を抱えているビジネスマンを助けることとなった。一九一三年、カーネギーは最初の著書である『人前で話し、ビジネスの相手に影響を与えるには』（*Public Speaking and Influencing Men in Business*）を出版した。「ピアノや浴室が贅沢品だった当時、しゃべる力は法律家や聖職者や政治家だけが必要とする特殊な能力と考えられていた。だが、今日では、それは厳しいビジネス競争において着実に前進するために絶対に欠かせない武器だと認識されている」と彼は書いている。

他人に見られる自分を意識する時代

農家の少年からセールスマンへ、そして弁論術のカリスマへと変身したカーネギーの物語は、外向型人間の理想像の出現を象徴する物語でもある。彼の変身の道のりは、二〇世紀への転換期に頂点に達した文化的変容を反映していた。この文化的変容は私たちのすべてを変えた。すなわち、私たちがどんな人間であり、どんな人間を崇拝し、就職の面接でどんな態度をとり、どんな人間を雇い、どのようにして結婚相手をさがし、子供を育てるか、そういったすべてをすっかり変えたのだ。著名な文化史学者であるウォレン・サスマンによれば、アメリカは「人格の文化」から「性格の文化」へと変容した——そして、不安というパンドラの箱を開け、もうけっして元には戻れなくなったのだ。

「人格の文化」においては、思慮深く、規律正しく、高潔な人物が理想とされる。他人にどんな印象を与えるかよりも、自分がどうふるまうかが重要視される。「性格(personality)」という言葉は一八世紀まで英語にはなかったし、「性格がいい(good personality)」という言葉は二〇世紀になってから広まった考え方だ。

だが、「性格の文化」が広まると、アメリカ人は、他人が自分をどう見るかに注目するようになった。目立つ人やおもしろい人が人気を得るようになった。「新しい文化において必要とされた社会的な役割は、演技者《パフォーマー》としての役割だった。すべてのアメリカ人が自己を演技しなければならなくなった」とサスマンは書いた。

この文化的進化の背景には、アメリカの工業化があった。草原に小さな家が点在する農業社会から、「ビジネスこそがアメリカの道である」とする工業社会へと急激に発展したのだ。初期のアメリカでは、大半の人々はデール・カーネギー一家がそうだったように、農場や小さな町に住んで、幼い頃から知っている人々とだけつきあっていた。だが、二〇世紀になると、大きなビジネスや都市化や大量移民の嵐によって、人々は都市へと引き寄せられた。一七九〇年には都市の住人はアメリカ人のわずか三%、一八四〇年には八%だったが、一九二〇年には全人口の三分の一以上が都市生活者になった。新聞編集者のホレス・グリーリーは一八六七年に「私たち全員が都市に住むのは不可能だが、それでもほぼ全員がそうしようと決めているらしい」と書いた。

　気づいてみれば、誰もが、隣人たちとではなく、見知らぬ人たちと一緒に働いていた。「市民」は「雇用者」へと変化し、隣人や家族としてのつながりのない人々に、どうすれば好印象を与えられるかという問題に直面したのだ。「ある男性が昇進し、ある女性が社会的に軽視される理由は、長期間にわたるえこひいきや家庭内の不和という理由では、しだいに説明がつかなくなってきた。ビジネスや人間関係の場が広がっている時代では、たとえば第一印象のような、決定的な違いをもたらす要因があるのではないかと考えられるようになったのだろう」と歴史家のローランド・マーチャンドは書いている。アメリカ人はこうしたプレッシャーに、自社の最新式の機械だけでなく彼ら自身をも売り込めるセールスマンになることによって対処した。

　自己啓発の伝統を振り返れば、人格の文化から性格の文化への転換がまさに歴然として見える。そのなかでデール・カーネギーは非常に重要な役割を果たした。自己啓発本はアメリカ人の心につねに大きな影響をもたらしてきた。そのごく初期の一冊といえるのは、一六七八年に刊行された『天路歴程』だ。この本は人間が歩むべき道を記した宗教的な寓意物語であり、天国へ迎え入れられたければ自分を律して生きなければならないと読者に警告した。一九世紀になると宗教色は弱まったが、高潔な人格の価値を説く点は変わらなかった。たとえば、エイブラハム・リンカーンのような歴史的英雄を取りあげて、有能な伝道者としてだけでなく、ラルフ・ウォルド・エマーソンが言うように「高い地位にあっても尊大さを感じさせない」謙虚な人物として絶賛した。高い道徳意識を持って生きた一般の人々もまた称えられた。一八九九年に刊行された小冊子『人格——世界でもっとも重要なもの』(*Character : The Grandest Thing in the World*) は、内気な若い娘が凍えている物乞いになけなしの装身具であるイヤリングを与えて、施しをしている姿を誰にも見られないように走り去ったというエピソードを伝えた。施しをした寛大さだけでなく、匿名を守ろうとした謙虚さを、読者たちは大いなる美徳と受けとった。

だが、一九二〇年までに、自己啓発本は内なる美徳から外面的な魅力へと焦点を移した。ある本は「話の内容だけでなく、それをいかに話すか」が重要だと指摘した。「性格の創造はパワーである」と助言した本もある。「いついかなるときも、相手から『すばらしく感じのいい人間だ』と思われるように準備万端にしていよう。それこそが、評判の高い性格への第一歩だ」と説いた本もあった。『サクセス』誌や『サタデー・イブニング・ポスト』誌は会話術に関する記事を載せた。一八九九年に前掲の『人格』を書いたオリソン・スウェット・マーデンは、一九二一年に『すぐれた性格』(*Masterful Personality*)を出版した。

こうした書籍類はビジネスマンを対象にしていたが、女性たちも「魅力」という謎に満ちた特質について学ばずにはいられなくなった。一九二〇年代には、ビジネスの世界の競争は祖母の代とは比較できないほど激しくなり、魅力的に見えなければならないと警告する美容本も登場した。「いかにも頭がよく魅力的に見えなければ、街ですれちがう人々には、あなたの頭のよさも魅力もわからない」というのだ。

外見が人生を向上させるという助言は、それなりに自信を持つ人々をも不安にさせたに違いない。サスマンは、一九世紀に書かれた人格形成をうながす本に頻繁に登場する言葉と、二〇世紀はじめに書かれた性格指向のアドバイス本に頻繁に登場する言葉とを比較した。前者は、誰もが努力して向上させられる特質を強調し、つぎのような言葉が使われていた。

市民権
義務
仕事
品行方正
名誉
評判
道徳
礼儀作法
高潔

それに対して、後者が賞賛する特質は――デール・カーネギーはあたかも簡単に得られるかのように書いたが――手に入れるのがより難しく、つぎのような言葉で表現される。

磁力
魅力的な
驚くほどすばらしい
人の心を惹きつける
生き生きした

優位に立つ
説得力のある
エネルギッシュな

一九二〇年代、三〇年代に、アメリカ人が映画スターに夢中になったのは偶然ではなかった。魅力的な性格を持つ人物のモデルとして、映画スターは最適な存在だったのだ。

劣等感というコンプレックス

さらに、私たちは宣伝業界から自己呈示についての助言を否応なく受けとった。初期の印刷広告が単刀直入に商品を宣伝した（〈イートン〉のハイランドリンネルは最高の品質を誇ります、といった具合に）のに対して、個性指向の新しい広告は、この商品がなければ舞台にあがれない俳優という役を消費者に与えた。そうした広告は、他人から否定的に見られるのではという不安をもたらしたのだ。一九二二年に〈ウッドベリー〉の石鹸の広告は、「周囲の誰もが、そっとあなたを値踏みしています」と警告した。〈ウィリアムズ・シェービングクリーム〉は「今この瞬間、あなたは誰かに見られている」と助言した。

マディソン街は男性セールスマンや中間管理職に率直に語りかけた。たとえば、〈ドクター・ウェスト〉の歯ブラシの広告では、成功者ふうの男性がいかにも自信たっぷりに机の向こうに座って、「自分を自分に売り込んだことはありますか？　ビジネスでも人づきあいでも、成功するための最大の要因は、すばらしい第一印象を与えることです」と問いかけた。〈ウィリアムズ・シェービングクリーム〉の広告は、髪をきちんと整え、口ひげを生やした男性が「不安そうな表情をせず、自信に満ちた表情を心がけよう！　他人は『外見』であなたを判断するのです」と呼びかけた。

素敵な恋人を手に入れるのには容姿だけでなく個性も大切だと、女性に訴える広告もあった。一九二一年、〈ウッドベリー〉の石鹼の広告は、夜の外出が残念な結果に終わって自宅で寂しげにうなだれている若い女性を登場させた。彼女は「堂々として、陽気で、楽しくふるまいたかった」と広告には書いてあった。けれど、ちゃんとした石鹼の助けがなかったせいで失敗した、というわけだ。

一〇年後、〈ラックス〉の洗剤の広告は、新聞の人生相談で有名なドロシー・ディックスへの哀れな手紙という設定だった。「親愛なるミス・ディックスへ。いったいどうすれば、人気者になれるでしょうか？　私はそれなりに美人で、頭も悪くありません。ですが、臆病で人前に出るのが苦手なんです。きっと、だれも私のことなんか好きになってはくれないと思ってしまいます……。ジョーン・Gより」

ミス・ディックスの回答はじつに明快だった。〈ラックス〉の洗剤で肌着やカーテンやクッションを洗えば、すぐに「自分が魅力的だと心の底から自信が持てるようになる」というのだ。

こうした広告に見られる男女の関係の描き方は、新しい性格の文化の考えを反映していた。人格の文化の限定的な（一部では抑圧的な）社会規範のもとでは、男女の求愛のダンスにはある程度の慎みが求められた。しゃべりすぎたり、見知らぬ人に対するアイコンタクトが不適切だったりする女性は、ずうずうしいとみなされた。上流階級の女性は比較的多くの会話を許され、当意即妙なやりとりから賢いと判断されたりもしたが、それでも、顔を赤らめたり、伏し目がちに相手を見るよう心がけたりしなければならなかった。「冷たいよそよそしさ」は「男性が妻にしたいと考える女性として望ましい姿であり、なれなれしい態度はもってのほかだ」とされたのだ。男性は物静かな態度によって冷静な性質を示すことができ、力をひけらかす必要はなかった。臆病さは嫌われたが、慎みは育ちのよさの証明だった。

ところが、性格の文化が重要視されるようになると、男女を問わず儀礼の価値が壊れはじめた。男性は女性に対して形式的な訪問を重ねて自分の意思を正式に伝えるかわりに、洗練された言葉による求愛をして、「一連の」手の込んだやりとりを求められるようになった。女性と一緒にいるときに静かすぎる男性は、ホモセクシュアルだとみなされかねなかった。一九二六年に刊行された本には、「ホモセクシュアルの男性はおしなべて臆病で、内気で、引っ込み思案だ」と書かれている。女性もまた、礼儀正しさと大胆さとのあいだで微妙な舵取りをするように期待された。ロマンティックな申し出に対して反応が内気すぎると、「温かみがない」と言われた。

心理学の研究者たちも、自信を示さなければいけないという考えに取り組みはじめた。一九二〇年代に、著名な心理学者ゴードン・オールポートが、社会的優位性を測るための「支配－従属」に関する診断テストをつくりだした。「現代の文明は、積極的な『やり手』の人間を重要視しているようだ」と指摘したオールポート自身は、内向的で引っ込み思案だった。一九二一年、カール・ユングが内向的な人々が置かれた不安定な状況について指摘した。ユング自身は、内向的な人々は「私たちの文明において強く必要とされている内的生活」の価値を示す「教師であり、文化の推進者」とみなしていたが、彼らは「寡黙さや、あきらかに根拠のない気後れのせいで偏見を持たれている」ことも認めていた。

とはいえ、物怖じしないように見えることをとりわけ重要視したのは、「劣等感」と呼ばれる心理学の新しい概念だった。今では一般によく知られているこの概念は、一九二〇年代にウィーン出身の心理学者アルフレッド・アドラーが、自分が劣っているという感覚と、それがもたらす結果を表現するために命名したものだ。アドラーはベストセラーとなった著書『人間の本質を理解する』(*Understanding Human Nature*)の表紙で、「あなたは不安を感じますか？」「あなたは臆病ですか？あなたは服従的ですか？」と問いかけた。子供はみな、大人や年長のきょうだいに囲まれて暮らしながら、自分が劣っていると感じているのだとアドラーは説明した。通常の成長の過程で、子供はそうした感情を目標達成へと方向転換することを学ぶ。ところが、成長する途中でなにか問題が生じると、強い劣等感を負ってしまう例がある――競争が激しさを増す社会において、これは絶対的な不利になる。

多くのアメリカ人が、社会的な不安を心理学的な概念で説明することを受け入れた。劣等感は、愛から仕事にいたるまで人生のあらゆる分野の問題に対応する、万能の説明になった。一九二四年、『コリアーズ』誌は、愛する男性が劣等感を持っていて成功しないだろうという理由で、結婚をためらう女性の話を載せた。また、別の雑誌は、「あなたの子供と最新のコンプレックス」と題した母親向けの記事で、子供が劣等感を持つ原因とそれを防いだり直したりする方法について書いた。当時は、程度の差こそあれ、劣等感は多くの人の心配事となっていた。リンカーン、ナポレオン、シオドア・ルーズベルト、エジソン、シェイクスピア――一九三九年の『コリアーズ』誌の記事によれば、この全員が劣等感を持っていたという。「つまり、もしあなたが実体のない大きな劣等感を抱えているとしたら、それはあなたの精神を鍛えてくれるのだから、このうえなく幸運なことだ」と、その記事は締めくくられていた。

外向性は成功を、内向性は悲惨な結末をもたらす？

『コリアーズ』誌の記事の希望に満ちた論調にもかかわらず、一九二〇年代の子育ての専門家たちは、子供に勝利者の個性を持たせるようにうながしはじめた。それ以前には、彼らはおもに性的に早熟すぎる少女や非行に走る少年について心配していたのだが、心理学者やソーシャルワーカーや医師たちが、「環境に適応できない個性」を持つ普通の子供たちに注目するようになったのだ。とくに、内気な子供が問題にされるようになった。外向性は円滑な人間関係や経済的な成功をもたらすのに対して、内向性はアルコール依存症や自殺といった悲惨な結末を導きかねないと、彼らは警告した。そして、子供を社交的に育てるよう親に助言し、学校では知識を詰め込むよりも「性格を育む手助け」をすべきだと主張した。教育者たちは、この助言を熱狂的に受け入れた。一九五〇年に開催された〈子供と若者に関するホワイトハウス会議〉のスローガンは、「すべての子供に健全な個性を」だった。

二〇世紀半ばの善意の親たちは、沈黙は許されないものであり、男の子にとっても女の子にとっても社交的であることが理想なのだと考えた。クラシック音楽のような地味で孤独になりがちな趣味は人気者になれないから好ましくないと、子供に指導する親もいた。親は社交性を身につけさせるのをおもな目的として、子供が小さいうちから教育の場へ送りだすようになった。内向的な子供は問題があるとみなされるようになった（現在では、内向的な子供を持つ親にとってよくある状況だ）。

社会学者のウィリアム・ホワイトは一九五六年のベストセラー『組織のなかの人間』（岡部慶三・藤永保訳）で、親や教師がどのようにして内気な子供を矯正しようとしたかについて述べている。「ジョニーは学校にうまくなじめません。担任の先生が言うには、勉強のほうはまあまあなのに、社交性の面がはかばかしくないとのことです。友達はひとりか二人だけで、どちらかといえばひとりでいるのが好きだそうです」ある母親がホワイトにそう話した。そうした教師の干渉を親は歓迎するとホワイトは書いた。「少数の変わった親を別にすれば、たいていの親は学校が子供の内向的な傾向など偏狭な異常を直そうとすることを歓迎している」

親がそういう価値観を持つのは、思いやりがないせいでも鈍感なせいでもなかった。たんにわが子に「現実の世界」と向き合う準備をさせようとしただけだ。成長して大学に入ったり職に就いたりすれば、わが子は集団のなかで上手に立ちまわらなければならないのだ。大学の入試担当官が求めているのは、特別な学生ではなく、外向的な学生だった。一九四〇年代後半に、ハーバード大学のポール・バック学長は、「繊細で神経質」や「頭でっかちな」学生よりも「健康的で外向的な」学生を入学させるべきだと言明した。一九五〇年には、エール大学のアルフレッド・ウィットニー・グリスウォルド総長が、理想のエール大生は「しかめ面の専門家ではなく、円満な人間だ」とした。さらに、ホワイトがある学長から聞いた話は印象的だ。「学生たちの推薦状を読んでいると、大学がなにを望んでいるかだけでなく、四年後に企業の採用担当者がなにを望むかまで考慮するのが常識になっているのを感じると学長は語った。『外向的で活動的なタイプが好まれる』そうだ。『つまり理想的なのは、平均して八〇点から八五点の成績を取り、課外活動に熱心な学生』である。『抜群の成績』でも性格が内向的な学生はあまり好まれないという」

この学長は二〇世紀半ばの理想的な従業員は——企業の研究室に勤務する科学者など、めったに人前に出ない職種も含めて——沈思黙考型ではなく、セールスマン的な性格を持った根っからの外向型であることを的確に把握していたわけだ。「『とびぬけて優秀』という言葉が使われるときには、『だが』という言葉がすぐあとに続くか（たとえば、『とびぬけて優秀であることはすばらしい、だが……』といった具合に）、『とっぴな』『変わったところがある』『内向的』『変人』といった言葉がついてくる」とホワイトは説明する。一九五〇年代のある企業の重役が、部下の不遇な科学者たちについて「彼らは組織のなかで他人と接触する。そのときに相手にいい印象を与えれば、それが役に立つ」と言った。

要するに、科学者たちの仕事は研究することだけでなく、販売を助けることでもあり、相手に調子を合わせる態度が必要になってくるというのだ。企業人の理想を具現化した企業であるIBMでは、販売担当者たちが毎朝集まって、社歌である『限りなき前進《エバー・オンワード》』を大声で歌い、ミュージカルの名曲『雨に歌えば《シンギング・イン・ザ・レイン》』を替え歌にした『IBMを売ろう《セリング・IBM》』を唱和した。

歌い終えると社員たちはセールスの電話をかけはじめ、ハーバードやエールの入試担当官が正しかったと証明する業務にとりかかるというわけだ。毎日、こんなふうに朝をはじめたいと思う人間は、ある特定のタイプの人間だろう。

そういうタイプでない社員たちも、できるかぎり努力しなければならなかった。医薬品の消費の歴史は、多くの人々がプレッシャーに苦しむようになったことを示している。一九五五年、カーター・ウォレスという製薬会社が抗不安薬ミルタウンを発売し、不安が熾烈な競争社会において当然の産物であることを知らしめた。社会歴史学者のアンドレア・トーンによれば、ミルタウンはアメリカの歴史上もっとも急速に販売を拡大した薬だ。一九五六年までに、アメリカ人の二〇人にひとりがこの薬を試した。一九六〇年までには、全米の医師が書いたすべての処方箋の三分の一が、ミルタウンあるいはエクワニルという名前の同種の薬のためのものだった。エクワニルの広告は「不安や緊張は現代社会にはつきものです」とした。一九六〇年代に販売された精神安定剤セレンティルはもっと単刀直入に、これを服《の》めば社会的パフォーマンスが向上するとした。「適応できないことから来る不安に」と広告は強調した。

外向性を賞賛する歴史

もちろん、外向型人間を理想とする考えはまったくの新発明ではない。外向性は私たちのＤＮＡに刻まれている——一部の心理学者によれば、まさに文字どおりそうなのだ。この特質は、アジアやアフリカでは、世界中から移住してきた人々の子孫が大半であるヨーロッパや南北アメリカほど優勢ではない。研究者によれば、移住者たちは定住者たちよりも外向性があるから新天地を求めたのであり、彼らが移住先でその特質を子孫に伝えたと考えれば当然の話だ。心理学者のケネス・オールソンは「個人的な特質は遺伝し、移民の波が新大陸に押し寄せるたびに、本国にとどまる人々よりもずっと活動的な人々が多くなった」と書いている。

さらに歴史を遡れば、外向性を賞賛する痕跡をもっと見ることができる。ギリシア人にとって弁論術は高尚な技術であり、ローマ人にとって最悪の罰はさまざまな社交を楽しめる町から追放されることだった。同じように、私たちが「建国の父」を崇拝するのは、彼らが声高に自由を求めて叫んだからだ。「自由を、しからずんば死を！」と。宗教の分野では、一八世紀の第一次大覚醒、すなわち「キリスト教リバイバル」と呼ばれる信仰運動もまた、聴衆を惹きつける手腕を備えた聖職者たちによるもので、ふだんは遠慮がちな人々を泣いたり叫んだり礼儀正しさを失ったりするほど話に夢中にさせられれば、すばらしい聖職者だとみなされた。「微動だにせず立っている牧師や、まるで月と地球との距離を測定している数学者のように冷ややかにとぼとぼ歩いている牧師の姿を目にするときほど、心が痛み、悲しくなることはない」と、一八三七年にある宗教的な新聞が嘆いた。

この記事に表れている軽蔑感が示すように、初期のアメリカ人は行動を尊び、彼らが捨ててきた無気力で停滞したヨーロッパの貴族社会を連想させる知識人たちには疑いの目を向けた。一八二八年の大統領選挙は、ハーバード大学の教授もつとめた現職のジョン・クインシー・アダムズと、力強い戦争の英雄アンドリュー・ジャクソンとが競った。ジャクソンのスローガンは二人の違いを効果的に際立たせた。「ジョン・クインシー・アダムズは書くことができる。そして、アンドリュー・ジャクソンは闘うことができる」と訴えたのだ。

勝者はどちらだったか？　闘士が文士に勝利したと、文化歴史学者のニール・ガブラーは表現した（ちなみに、政治心理学者たちは、ジョン・クインシー・アダムズは歴史上数少ない内向型の大統領だったとしている）。

だが、性格の文化の登場はそうしたバイアスをいっそう強化して、宗教や政治の指導者だけでなく、一般人にまであてはめた。そして、石鹼会社は新しい魅力やカリスマ性を強調することで利益を得たのだろうが、この展開を喜ぶ人ばかりではなかった。「人間一人ひとりの個性を尊重する考えは最低点に達した」とある識者が一九二一年に指摘した。そして、「わがアメリカほど熱心に個性について語る国はないというのは、まさに皮肉な話だ。この国では、『自己表現』や『自己育成』に関する学派があるほどだというのに、実際に私たちが表現したり育成したりしているのは、やり手の不動産屋にふさわしい個性のように思える」と述べる人もいた。

独創性がないと嘆く批判者もいた。アメリカ社会は楽しませてくれる人にお金を払うようになった。「ステージやそれに属する事柄がいかにたくさん雑誌に載っているかは驚くほどだ」と彼はぼやいた。ほんの二〇年前には――すなわち人格の文化の時代には――そんな話題ははしたないと考えられていた。それが、「社会生活の大部分を占めるようになり、あらゆる階級の人々の話題になった」のだ。

一九一五年に発表されたT・S・エリオットの有名な詩『J・アルフレッド・プルーフロックの恋歌』にも、「会う相手に合わせて顔を準備する」という一節があり、自己呈示の必要についての心からの叫び《クレ・ド・クール》が感じられる。前世紀の詩人たちが田園をよぎる雲となって孤独に逍遥したり（ワーズワース、一八〇二年）、ウォールデン池のほとりで隠遁生活を送ったり（ソロー、一八四五年）したのに対し、エリオットの詩に登場するプルーフロックは「形式的な言葉のなかにあなたを閉じ込める目」で見つめられ、壁際に追いつめられて身動きできなくなるのをなによりも心配している。

なぜ人格より性格重視に変わったのか

一〇〇年ほど早送りしてみれば、プルーフロックの苦悩を表現した詩は高校の指導要綱に明記され、記憶するように義務づけられたが、その後、オンラインでもオフラインでも自分のペルソナを上手に形づくるようになった一〇代の若者たちは、授業が終わればたちまち忘れ去る。学生たちが住む世界では、地位や収入や自尊心は、性格の文化の要求に応える能力に、これまでにないほど大きく左右されるようになった。他人を楽しませ、自分自身を売り込み、不安を表面に出してはならないというプレッシャーが段階的に強くなっている。自分が内気だと思っているアメリカ人は一九七〇年代には四〇％だったが、九〇年代には五〇％に増えた。おそらく、自己表現の標準がますます大胆になるなかで自分を評価するせいだろう。いまやアメリカ人の五人にひとりが社会不安障害——要するに病的に内気——だとされる。精神科医のバイブルである最新版の『精神障害の診断と統計の手引き』（DSM―Ⅳ）は、人前で話すことに対する恐れは、それが仕事の妨げになるほど強ければ異常だとしている——たんに困ったことや不都合ではなく、病気だということだ。〈イーストマン・コダック〉のあるシニア・マネジャーは、「心の知能指数（EQ）」を提唱した作家のダニエル・ゴールマンに、「もしあなたが、上司に成果を報告するのが苦手ならば、パソコンの前に座って複雑な回帰分析に熱中するだけでは十分ではないのです」と語った（あきらかに、もし報告するのが得意なら、回帰分析がある程度苦手でもなんとかなる、ということだ）。

だが、二一世紀の性格の文化の力量を測る最良の方法は、自己啓発の分野に戻ることだろう。デール・カーネギーがYMCAで弁論術の最初のワークショップを開いてから、ほぼ一世紀が過ぎた今日でも、彼の著作『こうすれば人は動く』（田中孝顕訳）は空港の書店に必ず置かれ、ビジネス書のベストセラーでありつづけている。デール・カーネギー研究所は現在でも彼の弁論術の講座に最新の改良を加えて提供し、円滑なコミュニケーション能力をカリキュラムの主眼としている。一九二四年に設立された非営利教育団体〈トーストマスターズ〉では、会員たちが毎週集まって弁論術の練習に励み、「話すことは売ることであり、売ることには話すことが欠かせない」という創立者の考えは、現在も世界一一三ヵ国にある一万二五〇〇以上もの支部で受け継がれている。

　トーストマスターズのウェブサイトでは、こんな宣伝用ビデオが放映されている。同じ会社で働くエドゥアルドとシーラが「第六回グローバルビジネス・カンファレンス」の会場に座って、演壇に立って言葉に詰まりながら話している男性のお粗末な発表を聴いている。

「僕はあんな目に遭《あ》わないで、本当によかったよ」エドゥアルドがささやいた。

「冗談のつもり？」シーラが得心したような笑みを浮かべた。「先月、新規顧客の前でプレゼンテーションしたときのことを忘れたの？　今にも失神しそうに見えたわよ」

「ええっ、あいつほどひどくはなかっただろ？」

「あら、同じようなものだったわよ。もっとひどかったかも」

　エドゥアルドは恥ずかしそうな表情になるが、シーラはかなり平然としている。

「だけど、直せるわ。もっとうまくしゃべれるようになれる……トーストマスターズを知っている？」とシーラが言う。

　若くて魅力的な黒髪のシーラは、エドゥアルドをトーストマスターズの集会へひっぱって行く。そこで、彼女は「真実か嘘か」という練習課題をやってみせる。一五人の参加者の前で自分の人生について語り、その話を信じるかどうか参加者たちに判断させるのだ。

「きっとみんなを騙せるわ」シーラは小声でエドゥアルドに言ってから、演壇へのぼる。そして、自分はオペラ歌手だったのだが、家族との時間を大切にするために泣く泣く辞めたという作り話をする。話し終えると、その晩の当番司会者《トーストマスター》が参加者たちに、シーラの話を信じる人は手をあげてと指示する。すると、全員が手をあげた。司会者はシーラに向かって、話が真実かどうか訊く。「じつは、歌なんか全然歌えないわ！」シーラは得意げに微笑んだ。

一九二〇年代に性格を築く必要性を主張する記事や本を真剣に読んだ人々と同じく、シーラは会社で一歩抜きんでようとしていたのだ。「職場では熾烈な競争があります。だから、自分のスキルを磨いておくことはこれまでになく重要になるのです」と、シーラはカメラに向かって語る。

だが、「磨かれたスキル」とは、どんなものだろうか。誰にも見破られずに嘘の自己紹介をやってのけることだろうか。声や身振り手振りやボディランゲージを効果的に使って、どんな話でも信じさせる——どんな品物でも売りつける——方法を身につけなければならないのか。デール・カーネギーが子供だった時代から、それらは打算的な向上心であり、どれくらい成果（よい意味ではなく）をあげたかのしるしだった。

デールの両親は高い道徳基準を持っていた。息子には宗教や教育の分野に進んでほしいと期待していた。そのような彼らが「真実か嘘か」と呼ばれるスキルを高く評価するとは考えにくい。その点からすれば、カーネギーがベストセラー本に書いた、他人の尊敬を得たり他人を思いのままに動かしたりするための助言についても同じことが言えるだろう。『こうすれば人は動く』には、「こうすれば人は喜んであなたの望みどおりに動く」「一瞬で人に好かれるには」といった章が並んでいる。

こうしていろいろ考えてくると、つぎのような疑問が湧いてくる。私たちが重要なものを犠牲にしたことに気づかずに、人格よりも性格を重んじるようになったのには、いったいどういう経緯があったのだろうか？

2章 カリスマ的リーダーシップという神話
「性格の文化」の一〇〇年後

社会はそれ自体が外向型価値観の教育の場であり、それをあらためて強く説く社会はめったにない。島のごとく孤立している人間はいないが、外向型価値観がいかに頻繁に、どんな理由で、うんざりするほどくりかえされるか、ジョン・ダンならばどのように表現しただろうか。

――ウィリアム・ホワイト

自己啓発カリスマのセミナーにて

「わくわくしてる？」参加申込書を手渡すと、ステーシーという名前の若い女性が大きな声で問いかけてきた。尻上がりの口調はとても感じよく響いた。私はうなずいて、精一杯の笑顔で応えた。アトランタ・コンベンションセンターのロビーに入ると、人々の叫び声が聞こえた。

「あれは、なにを騒いでいるの？」私は尋ねた。

「参加者の一人ひとりに元気を吹き込んでいるの！　さあ、ＵＰＷの体験のはじまりよ」ステーシーは熱い口調で言うと、紫色のスパイラルノートと首からかけるネームタグをくれた。ノートの表紙には、ブロック体で「内なるパワーを解き放て（UNLEASH THE POWER WITHIN）」と大書してあった。全米一の自己啓発コーチ、トニー・ロビンズの入門レベルのセミナーへようこそ。

セミナー参加費は八九五ドル。宣伝用の資料によれば、参加すればよりエネルギッシュになることができ、人生に勢いがつき、恐れを克服する方法を学べるのだという。だが、じつをいえば、私がセミナーに参加したのは自分の内なるパワーを解き放つためではなかった。外向型の理想を理解する第一歩を踏みだすためだった。

宣材によれば、トニー・ロビンズはテレビやラジオなどあらゆる媒体からつねに情報を発信しているとのことで、まさに外向型の代表的な人物という印象を受けた。そのうえ、彼はただものではない。カリスマ的な自己啓発コーチであり、顧客名簿にはクリントン元米大統領をはじめ、タイガー・ウッズ、ネルソン・マンデラ、マーガレット・サッチャー、プリンセス・ダイアナ、ミハイル・ゴルバチョフ、マザー・テレサ、セリーナ・ウィリアムズ、ダナ・キャランといった錚々《そうそう》たる名前が並び、総数は五〇〇〇万人にものぼる。アメリカでは数十万人もの人々が自己啓発を信奉し、年間一一〇億ドル規模の産業となっており、その理論を実践すれば理想的な自己を明確に認識できるという。理想的な自己とはどんなものなのか知りたいと、私は思った。

食べ物を持ってきているかと、ステーシーに訊かれた。奇妙な質問だ。ニューヨークからアトランタへ、わざわざ夕食を持参しなければならないのだろうか？　会場内で燃料補給をしたくなるからだと、ステーシーが説明した。これからの四日間、金曜日から月曜日まで、毎日午前八時から午後一一時まで、午後に一回だけある休憩を挟んで一五時間ものセッションが続く。トニーはずっとステージにいるので、参加者は一瞬たりとも会場から離れる気にはなれないそうだ。

ロビーを見渡してみると、なるほど、みんな準備万端らしい。エネルギー補給食品のパワーバーや、バナナやコーンチップスが入った袋を手にして、元気に会場内へ向かっている。私は売店で少し傷んだリンゴを買ってから会場へ入ることにした。UPWと書かれたTシャツを着て満面の笑みを浮かべたスタッフが会場入り口に並んで、参加者たちに声をかけている。彼らとハイタッチをしないと会場へ入れない仕組みだ。

広大な会場へ入ると、ビリー・アイドルの曲が大音量で流れ、ステージの背後の巨大スクリーンが輝くなか、ダンサーたちが参加者の気分を盛りあげていた。ブリトニー・スピアーズのバックダンサーのように一糸乱れぬ動きを見せているが、衣装はまるで中間管理職だ。会場を取り仕切っているのは四〇代の禿げ頭の男で、ボタンダウンの白いシャツに地味なネクタイ、シャツの袖をまくりあげて、歓迎の笑みを浮かべている。

ダンスの振り付けは単純で、座席についた参加者たちもすぐに一緒に踊れる。ジャンプして、拍手二回。左へ拍手、右へ拍手。曲が変わると、参加者の多くが金属製の折りたたみ椅子の上に立って、叫びながら拍手しだした。私は両腕を組んで、居心地悪そうに立っていたが、結局は仕方なくみんなと一緒に飛んだり跳ねたりすることにした。

そのうちに、ようやく待ちかねた瞬間が来た。トニー・ロビンズがステージに登場したのだ。二メートル近い長身のうえに、巨大スクリーンに映った姿は一〇〇倍にも大きく見える。濃い茶色の髪、映画スターのようにハンサムな顔、歯磨きのコマーシャルに出てくるようなみごとな笑み、くっきり高い頬骨。「トニー・ロビンズのライブのはじまりです！」と司会者が大声で宣言するなか、彼はすっかり陶酔状態の参加者たちと一緒に踊っている。

会場内の温度は一〇度ほどしかないのに、トニーは半袖Tシャツに短パン姿だ。室温はすばらしい新陳代謝を誇る彼に合わせて設定されているのかもしれない。それを承知しているのか、毛布持参の参加者もいる。きっと、氷河期でも来なければトニーは寒さなど感じないのだろう。彼は三八〇〇人もの参加者と一人ひとりアイコンタクトをとろうと、ステージ上を笑顔で動きまわる。参加者のほうも、狂喜してそれに応えている。トニーは全員を祝福するように両腕を大きく広げた。ひょっとしたら、もしイエス・キリストが地上へ戻って、最初にこのアトランタ・コンベンションセンターに降臨したとしても、これほど熱狂的な歓迎は受けないかもしれない。八九五ドルを支払って一般入場券を買った、後列にいる私の周囲の人々も、二五〇〇ドル支払ってトニーに一番近い席に座れるダイヤモンド・プレミア・メンバーシップを買った人々も、同じように興奮していた。チケットを買ったとき電話口の担当者は、巨大スクリーン越しではなく、直接トニーを見られる前方席の人々のほうが「人生で成功する」と教えてくれた。「より多くのエネルギーを持っている人たちです」と彼女は言った。周囲の席の人が人生で成功しているかどうか判断するすべはないが、ここにいることを楽しんでいるのは間違いないようだった。トニーがスポットライトを浴びて登場するや、まるでロックコンサートのように人々は通路へと溢れだした。

すぐに、私もそれに参加した。ダンスは好きだし、懐かしの大ヒット曲に合わせて体を動かすのはとても楽しい。解放されたパワーはエネルギーの高まりから生まれるとトニーは言うが、それは納得できる。たくさんの人たちが遠くから彼に会いに来るのも当然だ（私の隣には、ウクライナから来た若い女性が満足げな笑顔を浮かべていた）。ニューヨークへ戻ったらエアロビクスを再開しようと、私は思った。

発揚性気質

やがて音楽が止むと、トニーが操り人形のような、それでいてセクシーな声で「実践的心理学」という自説について話しだした。その要点は、知識は行動を伴わなければ役に立たないということだ。口調はよどみなく、『セールスマンの死』に登場するウィリー・ローマンが耳にしたらため息をつくほど説得力に満ちている。実践的心理学を実演するために、近くにいる人とパートナーを組んで、まずは自己紹介し合うようにと指示された。私はアトランタのダウンタウンに住む建設作業員とペアになって、そそくさと握手し、気まずい感じで床を見つめた。会場にはチープ・トリックの『アイ・ウォント・ユー・トゥ・ウォント・ミー』が流れている。

すると、トニーが立て続けに質問を投げかける。

「あなたの呼吸はゆったりしていますか、それとも浅いですか？」

「浅いです！」参加者がいっせいに答える。

「ためらいましたか、それとも率直に話せましたか？」

「ためらいました！」

「あなたの体は緊張していますか、それともリラックスしていますか？」

「緊張しています！」

つぎにトニーはもう一度パートナーと自己紹介し合うように指示する。ただし今度は、最初の五秒間の印象で相手が自分とビジネスをしてくれるかどうかを判断するのだと、自分の心に言い聞かせてから挨拶するように、という条件つきだ。もし相手がビジネスをしてくれなければ、「あなたが大切に思っている人たちが全員みじめに死んでしまう」と思いなさい、と彼は言った。

トニーがビジネス上の成功を強調したので、私は驚いた――これはビジネスではなくパーソナルパワーに関するセミナーのはずなのに。だが考えてみれば、トニーは生き方のコーチであるだけでなく、偉大なビジネスマンでもある。そもそもはセールスの職に就き、現在では会社を七つも経営している。『ビジネスウィーク』誌が、彼の年収を八〇〇〇万ドルと推定したこともある。ステージにいる彼は力強い個性を発揮して、自分が持っているセールスマンとしての流儀を聴衆に分け与えようとしていた。体内に強い力を感じるだけでなくエネルギーの波動を放射しなさい、相手に好かれるだけでなく大いに好かれなさいと彼は求めた。いかにして自分自身を売り込むかを知りなさいと求めた。このセミナーに参加する前に、アンソニー・ロビンズ株式会社のオンライン上にある四五ページの小冊子を予習用に読んだのだが、そこにも同じことが書いてあった。

参加者たちはふたたびペアになって、熱心に自己紹介を開始し、パートナーと何度も握手した。それが終わると、トニーがもう一度質問した。

「気分がよかったですか、イエスそれともノー？」

「イエス！」

「さっきとは体の感覚が違いますか、イエスそれともノー？」

「イエス！」

「顔の筋肉をさっきよりも使いましたか、イエスそれともノー？」

「イエス！」

「さっきよりも相手にまっすぐ向かいましたか、イエスそれともノー？」

「イエス！」

このエクササイズの目的は、私たちの生理学的状況が行動や感情にどんなふうに影響するかを示すことだったらしい。他人との出会いは、相手の好意を勝ちとれるかどうかの勝負だと言われているように思えた。できるかぎり外向的な態度でその試練に立ち向かえということだ。精力的で自信たっぷりでなければならない。ためらっているように見えてはいけない。笑えば相手も笑ってくれる。そうしていれば気分がよくなる。そして、気分がよくなれば、自分自身をもっと上手に売り込める。

トニーはそういうスキルを実演するのに最適の人物だ。私の目には「発揚性気質」に思えた。それはすなわち一種の外向的な気質で、ある精神科医によれば「活動的で陽気で、自信過剰な感情的性質」であり、とくにセールスなどのビジネスにおいては財産とみなされる。この性質を持つ人はとても社交的で、ステージの上のトニーはまさにそうだった。

だが、もしあなたが、発揚性気質の人を賞賛するだけでなく、物静かで思慮深い自己を大切に思っていたらどうすればいいのだろう？　行動するための設計図としてだけでなく、知識自体を愛していたらどうだろう？　内省的な人が世の中にもっとたくさんいればいいと願っていたらどうだろう？

そうした質問をトニーは予期しているように思える。セミナーの最初に彼はこう言った。「だけど、自分は外向型じゃないからって言う人がいるでしょう！　それがどうしたって？　生きているって感じるには、外向型である必要なんかありません！」

たしかにそうだ。だが、トニーによれば、もしセールス電話で失敗して家族に悲惨な死を迎えさせたくなかったら、外向型のようにふるまうのがいいらしい。

性格の文化の登場とともに、つまるところ、私たちは利己的な理由のために、外向的な性格を築くよう促がされた――これは匿名化が進んだ競争社会で光り輝く手段のひとつだ。だが、現在では、より外向的になることは成功を導くだけでなく、私たちをより良い人間にすると考えられている。売り込みの手腕を、自分の才能を発揮する方法とみなしているのだ。

だからこそ、トニーの売り込みの手腕への熱意や、一度に数千人の人に崇《あが》められている様子は、ナルシシズムや強引な売り込みとしてではなく、至高のリーダーシップとみなされるのだ。エイブラハム・リンカーンが「人格の時代」の美徳の具現化だったとしたら、トニー・ロビンズは「性格の時代」における同等の存在だろう。じつのところ、アメリカの大統領に立候補しようかとトニーが言ったとき、セミナーの聴衆は大喝采を送った。

だが、リーダーシップとハイパーな外向性は同等だという考え方は、つねに成立するのだろうか？ それを確かめるために私は、現代の政治や経済などの世界のすばらしいリーダーを発見し育成すると自負している、ハーバード・ビジネススクール（ＨＢＳ）を訪ねた。

ハーバード・ビジネススクールとリーダーシップ神話

ＨＢＳのキャンパスで最初に気づいたのは、人々の歩き方だった。のんびり歩いたり、ぶらぶら散歩したり、長時間立ち話をしている人はひとりもいない。誰もがみな、勢いよく大股で歩いている。私が訪れたのは清々しい秋の日で、キャンパスを闊歩する学生たちは、全身から新学期のぴんと張りつめた気配を発していた。

談話室や大小の会議室や食堂を備え、社交の場になっているスパングラー・センターでも、学生たちの様子は同じだ。絹のカーテンで縁取られた大きな窓、ゆったりした革張りのソファ、サムスン製の巨大なハイビジョンTVの画面にはキャンパスニュースが映しだされ、すばらしく高い天井でシャンデリアが光り輝いている。テーブルやソファは壁面に沿って配置されているので、照明に照らされた中央の通路はまるで花道のようで、そんな晴れがましい場所を学生たちは事もなげに堂々と闊歩している。その平然とした様子には感心させられた。

それどころか、学生たちは豪華な背景以上に輝いて見えた。太りすぎていたり、肌の調子が悪かったり、奇妙なアクセサリーをつけていたりする者はひとりも見当たらない。女子学生はみな、チアリーダーのキャプテンになるタイプと、「一番成功しそうな人」の称号を同級生からもらうタイプの中間だ。体にフィットするジーンズに、透けて見えるほど薄いブラウス、オープントウのハイヒールの音を磨かれた床に響かせながら歩く。なかにはファッションモデルのような女子学生もいるが、無表情で超然としているのではなく、社交的で笑みを浮かべているところがモデルとは違う。男子学生は身だしなみがよく、運動が得意そうだ。見るからにリーダータイプだが、友好的で、優秀なボーイスカウト団員のように見える。もし車で通りかかって、道を訊いたら、きっと自信たっぷりな笑みを浮かべて、目的地までの行き方を熱心に教えてくれるに違いない――たとえ道を知らなくても。

私はドライブ旅行の計画を立てている男女の隣に座った――HBSの学生はいつも、パブめぐりやパーティの相談をしたり、行ってきたばかりの旅行の土産話をしたりしている。キャンパスを訪ねた理由を訊かれたので、内向的な人間と外向的な人間の本を書くために情報収集をしていると答えた。

私の友人のHBS卒業生が、HBSを「外向的な人間の総本山」と呼んだことは言わないでおいた。だが、そんなことは言うまでもなかったようだ。

「ここで内向的な人間を見つけられるよう、幸運を祈っていますよ」ひとりが言った。

「この学校は外向的な人間の集まりだから」もうひとりも言った。「成績も社会的ステータスも外向性しだいです。ここにいるのはみんな、はっきりしゃべり、社交性に富んでいる、外向きの人間ばかりですよ」

「内向的な人はひとりもいないの？」私は尋ねた。

彼らはものめずらしげな目つきで私を見た。

「さあ、思いつきませんね」最初の学生がそっけなく答えた。

五五％しか自信がなくても確信を持って話せ！

HBSはあらゆる意味で特別な場所だ。創立は一九〇八年。ちょうどデール・カーネギーがセールスの道に足を踏み入れた頃で、弁論術の教室で教えはじめるわずか四年前のことだ。「世界を変えるリーダーを教育する場」を自負している。ジョージ・W・ブッシュ元大統領はここの卒業生であり、ほかにも歴代の世界銀行総裁や財務長官やニューヨーク市長、〈ゼネラル・エレクトリック（GE）〉〈ゴールドマン・サックス〉〈プロクター・アンド・ギャンブル〉といった大企業のCEO、さらには〈エンロン〉事件で悪名を轟かせたジェフリー・スキリングなどが卒業生名簿に名前を連ねている。二〇〇四年から二〇〇六年のあいだ、『フォーチュン』誌が選んだ全米上位五〇〇社の重役トップスリーのうち二〇％をＨＢＳの卒業生が占めていた。

ＨＢＳの卒業生たちは、知らないうちにあなたの人生に影響を及ぼしている。彼らは誰が、いつ、戦争へ行くべきかを決め、デトロイトの自動車産業の運命を決定し、大企業や中流階級や米政府を揺さぶるあらゆる危機において指導的役割を担うのだ。あなたがアメリカの大企業で働くのならば、あなたの日常生活はＨＢＳの卒業生によって決められる可能性が高い。職場でのプライバシーはどれくらい必要か、チームビルディングのためのセッションに年間どれくらいの時間を割くべきか、創造性を養うにはブレインストーミングが必要かそれとも孤独が必要か、決めるのは彼らなのだ。その影響力を考えれば、どんな人間がＨＢＳに入学し、卒業するまでにどんな価値観を身につけるか、知っておいて損はないだろう。

ＨＢＳで内向的な人間を見つけられるように祈ると言っていた学生は、そんなことは不可能だと信じていたのだろう。けれど、彼はきっと、一年生のドン・チェンを知らなかったに違いない。スパングラー・センターで出会ったとき、チェンはドライブ旅行の計画を立てている男女から少し離れたソファに座っていた。初対面の彼は典型的なＨＢＳの学生に見えた。背が高く、礼儀正しく、高い頬骨、魅力的な笑み。卒業したら、個人投資関係の仕事に就きたいと言う。だが、話しているうちに、彼の声がクラスメイトたちよりも落ち着いていて、首をほんの少しかしげて、ためらいがちな笑みを浮かべてしゃべっているのに気づいた。「苦しい内向的人間」とチェンは自分を評した。ＨＢＳで暮らすにつれて、自分を変えなければいけないという確信が強まるので「苦しい」のだと、彼は快活に説明した。

チェンはひとりで過ごすのが好きだそうだが、それはＨＢＳでは例外的だ。彼らの毎日は午前中の一時間半の「学習チーム」ミーティングではじまる。学習チームは前もって割りあてられたグループで、必ず参加しなければならない（HBSの学生はトイレへ行くのもチーム単位だ）。午前中の残りの時間は教室で過ごしたり、階段式座席がある九〇人収容の大教室で講義を受けたりする。教授はまず、学生を指名して、現実世界のビジネスにもとづいたケーススタディを検討するように指示する――たとえば、CEOが自社の給与体系を変革しようと試みる例など。このケーススタディでは、CEOは「主役」と呼ばれる。「もし、きみが主役だったら、どうする？」と教授は問いかける。すぐにきみは実際にそうなるのだよという意味が含まれているのだ。

HBSの教育の本質は、リーダーは自信を持って行動し、不十分な情報しかなくても決断しなければならない、というものだ。その教育法は、昔ながらの質疑応答を利用したものだ。最大限の情報を手に入れるまで行動を控えるべきか？　それとも、ためらうことで、他者からの信頼や自分の勢いを失うリスクを冒すべきか？　答えは明白ではない。間違った情報をもとに断言すれば、人々を悲劇に導く可能性がある。だが、迷いを見せれば、士気が落ちたり、投資を得られなかったり、組織が崩壊したりしかねない。

HBSの教育法は、あきらかに確実性を求めている。CEOはつねに最善の道を知っているとはかぎらないが、いずれにしろ行動しなければならない。HBSの学生たちは順番に意見を求められる。学習チームでケーススタディをしてあれば、それは学生にとって理想的だ。ひとりが意見を発表し終わると、教授はほかの学生たちに異なる意見を求める。学生たちの成績の半分、そして社会的ステータスのかなり大きな部分が、この論争に身を投じるかどうかにかかっている。説得力のある発言をたくさんする学生はプレーヤーであり、そうでない学生は傍観者だ。

　学生たちの多くは、このシステムにすぐに慣れる。だが、チェンはそうではなかった。彼は他人を押しのけてまで発言するのは苦手で、授業でほとんどしゃべらないこともある。有意義な内容だと確信できるときや、誰かの意見に断固反対だと思ったときだけ発言したいのだ。それはもっともだとうなずけるが、もっと発言回数を増やしたほうが教室での居心地がよくなるだろうと、彼は感じている。

　チェンと同じく思慮深く熟考を好むタイプの友人たちは、授業についていろいろ考えたり相談したりしている。どれくらい発言すると多すぎるのか？　逆に、少なすぎると判断されるのはどれくらいか？　他人の意見への反論は、どの程度ならば健全な討論とみなされるのか？　チェンの友人のひとりは、その日のケーススタディについて現実世界での経験がどれくらいあるか、教授が学生たちに問い合わせるメールを送ってきたことを気にやんでいた。教授がそんなメールをくれたのは、先週の授業で自分が発したようなばかな発言を未然に防ごうとしているのではないかと心配なのだ。別のひとりは、大きな声で発言できないのを心配していた。「地声が小さいから、ほかの学生たちと討論するには、叫ぶくらいのつもりで話さなければならない。僕にとっては大変なことなんです」

　学校側もおとなしい学生を雄弁家に変身させようと一生懸命だ。教授たちは自分たちの学習チームをつくって、寡黙な学生に発言させる技術を研究する。学生が教室で発言できなければ、それは学生本人の欠陥とみなされるだけではなく、教授の欠陥とみなされる。「もし、学期末までずっと発言しない学生がいれば、それはちゃんと教えていないという意味だ」とマイケル・アンテビー教授は語った。

　どうすれば授業に貢献する発言ができるか、学校側は講座を開いたりウェブページに掲載したりしている。チェンの友人たちはその内容を覚えて、すらすらと教えてくれた。

「確信を持って話す。たとえ五五%しか自信がなくても一〇〇%信じているかのように」

「ひとりだけで授業の準備をすれば、きっと失敗する。HBSではけっして単独行動をしないように」

「完璧な答えを考えるな。授業に出席して発言することは、黙っているよりもいい」

学生新聞『ハーバス』もさまざまな助言を載せている。紙面には「上手に考え、上手にしゃべるには――即断即決!」「発表の仕方」「傲慢それとも自信満々?」といった記事が並んでいる。

教室以外のところでも状況は似ている。午前の授業が終わると、学生の大半はスパングラー・センターの食堂で昼食をとる。ある卒業生はその様子を「高校よりも高校らしい」と表現した。そして、チェンは毎日のように悩む。本当のところは、自分のアパートへ戻って静かに食事をしたいのだが、クラスメイトたちと一緒に食べるべきだろうか? たとえいやいやながらスパングラー・センターで昼食をとったとしても、それで終わりではない。ジレンマはさらに続く。夕方のハッピーアワーもみんなにつきあうべきだろうか? HBSの学生たちは週に何度も夜一緒に出かける。一緒に行くのは義務ではないものの、集団行動が苦手な者にとっては、義務のように感じられる。

「ここでは人づきあいは過激なスポーツみたいなものだ。みんなしょっちゅう出かける。もし一晩サボれば、翌日には『どこへ行っていた?』と訊かれる」とチェンの友人のひとりが言った。チェンによれば、ハッピーアワーやディナーやドリンキングフェストといったイベントを企画するのは人気者の学生たちだ。「クラスメイトは将来の自分の結婚式に来る人間たちだと教授は言う。豊かな交友ネットワークを築かずに卒業してしまったら、HBSに来た価値がないって」とチェンが語った。

夜ベッドに入る頃、チェンは疲れはてている。そして、どうしてこれほど努力してまで外向的にふるまわなければいけないのかと考えることがある。彼は中国系アメリカ人で、夏休みには中国で働くという経験をした。そして、社会規範がアメリカとまるで違うのに驚き、中国のほうがずっと居心地がいいと感じた。中国ではアメリカよりも、他人の話に耳を傾け、しゃべりまくるのではなく質問をし、他人の意向を優先する。アメリカでは会話は自分の経験を効果的に語るためのものだが、中国ではつまらない情報で相手の時間を取りすぎるのを心配する傾向が感じられる、とチェンは言う。

中国のことはさておき、マサチューセッツ州ケンブリッジの話に戻ろう。学生たちを「現実の世界」に対応できるよう準備させるという点からすれば、HBSはすばらしい成果をあげている。結局のところ、ドン・チェンが卒業後に出ていくビジネスの世界は、スタンフォード・ビジネススクールの研究によれば、巧みな話術と社交性こそが、成功するかどうか予測するための二つの重要な指針になっている。GEのミドルマネジャーから、こんな話を聞いたことがある。「あなたがパワーポイントと『成功計画』を持っていなければ、この会社の人間は会おうともしない。たとえ同僚になにかを提案するときでも、ただ相手のオフィスに座って、話しだすわけにはいかない。賛否両論と気の利いた差し入れを持って、プレゼンテーションをしに行かなければならない」というのだ。

自営や在宅勤務の人を別にすれば、オフィスで働く人たちは同僚と円滑な関係を築くことに留意しなければならない。二〇〇六年の〈働くプロフェッショナルのためのウォートン・プログラム〉（WPWP）にこんな記事があった。「ビジネスの世界では、どこのオフィスもアトランタ地区の企業研修トレーナーの表現がぴったりあてはまる。『ここでは外向型であることが重要で、内向型であることは問題だと誰もが知っている。だから、人々は居心地のよさは二の次にして、外向型に見られようと必死に努力する。たとえば、CEOと同じシングルモルトのウィスキーを飲み、それなりのスポーツクラブへ通う』というものだ」

アーティストやデザイナーなど創造的なタイプの人間を雇う企業でさえも、外向型の人間を好むことが多い。「われわれはクリエイティブな人間の心を惹きつけたい」とある大手企業の人事の責任者が言った。「クリエイティブ」とはどんな意味かと問うと、彼女はすかさず答えた。「外向的で、楽しく、ここで働きたいと強い意欲を持っている」ことだと。

リーダーは雄弁でなければならないのか

だが、HBSのなかでも、判断に時間をかける静かなタイプよりも、すばやく決断する独断的なタイプを重要視するリーダーシップは間違っているかもしれない、と考える兆しがある。

毎年秋に、〈亜北極サバイバルシチュエーション〉と名づけられた手の込んだロールプレイングゲームが実施される。学生たちに与えられるのはこんな課題だ。「時刻は一〇月五日午後二時三〇分。あなたたちが乗った水上機が、亜北極圏であるカナダのケベック州とニューファンドランド州の北部境界近辺のローラ湖の東岸に不時着した」という状況下で、学生たちは少人数のチームに分けられ、水上機のなかから一五点の品物を見つけだしたという設定が与えられる——コンパス、寝袋、斧といった品物だ。その後、生き残るために重要な順番で品物をランクづけするように言われる。学生たちはまず各人で品物の重要度をランキングしてから、チームで同じ作業をくりかえす。つぎに、自分たちのランキングを専門家の模範解答と照らし合わせる。最後に、チームが話し合いをしたときのビデオを観て、どこが正しくどこが誤りだったかを確認する。

この課題の目的は共同作業を教えることにある。上手な共同作業とは、個人よりもチームに重きを置くことを意味する。個人が考えたランキングがチームで決めたランキングよりも得点が高ければ、そのチームは失敗したということだ。そして、学生たちが積極的な発言を高く評価しすぎる場合には、失敗を招く可能性が高い。

チェンのクラスメイトのひとりは、幸運にも北部奥地での生活に詳しい若者と一緒のチームになった。その若者は一五個の品物をランキングするのに役立つ知識をいろいろ持っていた。だが、彼は積極的に主張するタイプではなかったため、チームの面々は彼の意見に耳を傾けなかった。

「チームの行動計画は、雄弁なタイプのメンバーたちの意見で決定された」とそのクラスメイトは思い返す。「あまり弁が立たないメンバーが意見を言っても採用されなかった。生き残るためにもトラブルを防ぐためにも重要な考えだったのに、雄弁なメンバーたちがあまりにも自信たっぷりに自説を押し通したせいで、無視されてしまったのだ。あとからビデオで確認したのだが、とても恥ずかしかった」

この授業は象牙の塔の内部で実施される害のないゲームのように思えるかもしれないが、これまでに体験した話し合いを振り返ってみれば、積極的で雄弁な人が全員を説き伏せて、それが結局は全員の利益を損なう結果を招いたという体験が、あなたにもきっとあるだろう。たとえば、ＰＴＡの会合を毎週火曜日にするか金曜日にするかといった、さほど害のない議題ならばいい。だが、重要な問題である場合もあるかもしれない。たとえば、〈エンロン〉社の重役会議で、不正な経理について公表するかどうかを決定するような場合だ（エンロンについては7章を参照のこと）。あるいは、シングルマザーを刑務所へ送るかどうか、陪審団が話し合う場合も。

リーダーシップ・スタイルの専門家であるHBSのクイン・ミルズ教授に話を聞いた。ミルズはピンストライプのスーツに黄色い水玉模様のネクタイをした、礼儀正しい男性だ。よく響く声をしていて、話もうまい。HBSの教育は「リーダーは雄弁であるべきと考えている。そして、私の見解ではそれは現実の一部分です」と彼は率直に語った。

だが、ミルズはまた、「勝者の呪い」として知られる現象について指摘した。オークションなどで競って商品を落札する場合、最高額で入札する必要がある。となると、その額は不合理なほど高くなる可能性がある。競争相手に落札されたくないために、高すぎる金額で入札して、勝者が結局は損をするわけだ。「そうした行動は積極的な人間にありがちです。日常的に見かけるものです。『どうしてこんなことになったんだ？　なんでこれほどお金を払ったのだろう？』と人々は訊きます。たいていの場合、状況に流されてしまったのだと納得するところでしょうが、じつはそうではありません。独断的で押しの強い人々に流されたのです。学生たちはそういう人々の意見に流されるリスクがあります。それが正しい道だという保証はないのです」

もし、物静かなタイプと声高なタイプがほぼ同数ずつ、それぞれの考えを持っているとすると、雄弁で説得力がある後者がつねに勝利を得ることになるのではなかろうか。となれば、悪い考えがよい考えを押しつぶして勝利するという事態が、しばしば起こりかねないだろう。実際に、集団の力学に関する研究は、それが現実だと示唆している。私たちはしゃべる人のほうが物静かな人よりも頭がいいと認識する――たとえ学校の成績や大学進学適性試験（ＳＡＴ）や知能指数が、その認識が正しくないことを示していても。面識のない二人を電話でしゃべらせる実験では、よくしゃべる人のほうが知的で外見がすぐれ、感じがいいと判断された。さらに、私たちはよくしゃべる人をリーダーとみなす。会議の場でしゃべればしゃべるほど、その場にいる人々は彼に注意を向け、会議が進むにつれて彼はパワーを増す。早口でしゃべることもそれを助長する。一般に、口ごもりながらしゃべる人よりも、立て板に水のようにしゃべる人のほうが有能であるとみなされる。

内向型でも有能なリーダーたち

雄弁さが洞察力の深さと相関しているのならば、なんの問題もないが、研究によればそんな相関関係は存在しない。たとえば、こんな研究がある。二人の大学生に数学の問題を一緒に解かせ、その後各自の知性と判断力を自己評価させた。早口でしゃべり、発言回数も多い学生のほうが、自分の発言が問題を解決するうえで物静かな学生の発言よりも貢献していなくても（さらにSATの数学の点数が劣っていても）、一貫して評価が高かった。また、企業立ちあげのための戦略を各自で練った場合でも、彼らは自分の独創性や分析力を高く評価した。

カリフォルニア州立大学バークレー校のフィリップ・テトロックが実施した有名な実験がある。テトロックはテレビで解説する専門家たち――かぎられた情報を元に長々としゃべることで生計を立てている人々――による経済や政治の予測が当たる確率は素人の予測が当たる確率よりも低いことを、実験から発見したのだ。そのうえ、的中率がもっとも低いのは、もっとも有名で自信満々な専門家だった――つまり、ＨＢＳの教室で生まれながらのリーダーとみなされるような人々だ。

米陸軍では、「アビリーンへのバス」と呼ばれる同じような現象が知られている。これは「陸軍の人間なら誰でも知っている」もので、米陸軍大学校の行動科学の教授スティーブン・Ｊ・ジェラスが

『二〇〇八年エール同窓会報』でつぎのように説明している。「夏の暑い日、テキサスのある家で家族がベランダに座っていた。そのうちに、退屈したからアビリーンまで行かないかとひとりが言いだした。そして、ようやく目的地のアビリーンへ着いてみると、本当はこんなところまで来たくはなかったと提案者が言いだす。すると、自分も来たくなんかなかったが、おまえが来たいのだと思ったから……という声があがり、結局のところ、全員が本心ではここへは来たくなかったのだとわかる。そんな話だ。だから、陸軍では、誰かが『どうやら、われわれはアビリーン行きのバスに乗ろうとしているみたいだ』と言えば、それは危険信号だ。会話はそこで終わりにする。これは非常に強力な文化の産物だ」

「アビリーンへのバス」の寓話は、私たちが真っ先に行動を起こす人のあとを追う傾向があることを示している――それがどんな行動だろうと。同じく、私たちは雄弁な人に同意しがちである。若い起業家から頻繁に売り込みを受けている成功したベンチャー投資家は、仕事仲間がプレゼンテーションのうまさと本物のリーダーシップとを見分けられないと嘆いていた。「すぐれた考えを持っているからではなく、しゃべるのがうまいおかげで専門家の地位にいる人がいるのです。しゃべる能力と才能は見分けがつきにくい。プレゼンテーションがうまく、社交的であれば、報われやすい。さて、それはなぜだろうか？　たしかに貴重な特質だとは思うけれど、われわれは外見に重きを置きすぎて、内容や批判的な考えをおろそかにしすぎている」とその投資家は語った。

脳科学者のグレゴリー・バーンズは著書『偶像破壊者』（*Iconoclast*）のなかで、よいアイデアを選別しようとするときにプレゼンテーションの出来に頼りすぎるとどうなるかを調査した。バーンズは〈ライト・ソリューション〉という企業が、スタイルではなく内容を重視する手段として、オンラインの〝アイデアマーケット〟を通じて従業員にアイデアを発表させる試みに成功した例をあげた。ライト・ソリューションの社長であるジョー・マリノと、CEOのジム・ラヴォイエは、過去の苦い経験を踏まえてこのシステムを考案した。「以前いた会社では、誰かが名案を考えついたら、会議で発表させてさまざまな質問を浴びせていた」とラヴォイエはバーンズに語った。マリノによればそれはこんな様子だったという。

ある技術系の男性が名案を考えついた。すると、会議の場で、彼のことをなにも知らない社員たちから質問の集中砲火だ。「マーケットの規模はどれくらい？」「マーケティングはどんなアプローチでやる？」「それに対するきみのビジネスプランは？」「商品化した場合のコストは？」といった具合だ。たいていの人間は、そんな質問には答えられない。そういう会議を切り抜けられるのは、最高の名案を考えつく人間ではない。プレゼンテーションが最高にうまい人間だ。

HBSが推奨する声高なリーダーシップ・モデルとは対照的に、有能なCEOたちのなかには内向型の人物が多い。たとえばアメリカを代表する実業家のチャールズ・シュワブ、ビル・ゲイツ、世界最大のアパレルメーカー〈サラ・リー〉のCEOだったブレンダ・バーンズ、〈デロイト・トウシュ・トーマツ〉のCEOだったジェイムズ・コープランドなどだ。「この五〇年間に出会ったり一緒に働いたりしたきわめて有能なリーダーのなかには、オフィスに閉じこもる人物もいたし、超社交的な人物もいた。せっかちで衝動的な人物もいれば、状況を詳しく分析して判断に長時間かける人物もいた……共通する唯一の特質は、彼らが備えていないものだった。すなわち彼らは『カリスマ的才能』をまったくあるいは少ししか持っておらず、それを利用することもなかった」と経営学のグルと呼ばれるピーター・ドラッカーは書いている。ブリガムヤング大学の経営学教授ブラッドリー・エイグルは大手企業一二八社のCEOを調べた結果、重役たちからカリスマ的だとみなされている人物は、そうでない人物と比較して給料は多いが経営手腕はすぐれていないことを発見し、ドラッカーの主張を裏づけた。

私たちは社交性に富んだリーダーが必要だと思い込みすぎている。「企業で大きな決断は少人数の会議でなされたり、書類やビデオによるコミュニケーションを通じてされたりする。大集団の前ではなされない。だから万能である必要はないのだ。アナリストでいっぱいの会議室に入ってくるなり、恐怖で真っ青になって立ち去るようでは、さすがに企業のリーダーはつとまらない。だが、すべてを自分だけで背負う必要はないのだ。非常に内省的で人前に出るのを嫌うリーダーを、私はたくさん知っている」とミルズは語った。

ミルズは典型的な例として、IBMをみごとに復活させた伝説の元会長ルー・ガースナーをあげた。「ガースナーはHBSの卒業生である。彼が自分の性格をどう評価しているかは知らない。とにかく、重要なスピーチをしなければならない状況に何度となく遭遇してきただろうし、実際に、きわめて平静にそれをこなしてきた。だが、私の印象では、彼は少人数のグループでいるときのほうが、ずっと居心地がよさそうだ。著名な人々の多くがそうである。全員ではないが、そういう人物は驚くほど多い」

それどころか、絶大な影響力を持つビジネス理論家ジム・コリンズの研究によれば、二〇世紀末のすぐれた大企業の多くは、彼が言うところの〝第五水準の指導者〟に率いられていた。これらの例外的なCEOたちは派手なパフォーマンスやカリスマ性ではなく、極端な謙虚さと職業人としての意志の強さを持つことで知られていた。コリンズは『ビジョナリー・カンパニー2 飛躍の法則』（山岡洋一訳）で、〈キンバリークラーク〉のトップを二〇年間つとめて、紙製品の分野で世界を牽引する企業に育てあげ、株価を大幅に上昇させたダーウィン・スミスについて語っている。

スミスはJ・C・ペニーのスーツを着て地味な眼鏡をかけた、内気で控えめな人物で、休日にはウィスコンシン州の農村部にある家の周辺をひとりで散歩するのを好んだ。『ウォールストリート・ジャーナル』紙にマネジメントスタイルについて問われると、スミスは質問者が気まずく感じるほど長時間じっと見つめてから、「エキセントリック」と一言だけ答えた。CEOになったスミスはそれまで基幹製品だった印刷用加工紙の工場を売り払い、将来の展望が見込めると確信した消費者用紙製品の分野に積極的に投資した。誰もがこの方針は誤りだと考え、キンバリークラークの株価は下がった。だが、スミスは外野の騒ぎにいっさい動じず、自分が正しいと思った方針を貫いた。その結果、キンバリークラークは業績を上げて他社を抜いた。のちに戦略について尋ねられたスミスは、職務にふさわしい人間であろうとつねに努力している、と答えた。

コリンズは静かなリーダーシップに最初から目をつけていたわけではない。彼は調査をはじめた頃、どのような特質が抜きんでた企業を生みだすかに関心を抱いており、優良企業一一社を選んで、深く掘り下げた。極度に単純化された答えを避けるために、はじめのうち彼はリーダーシップに関する問題を無視した。だが、優良企業に共通するものはなにかと分析したとき、CEOの性質に共通点があることに気づいた。一一社のすべてがダーウィン・スミスのような謙虚なリーダーに率いられていたのだ。そういうリーダーと一緒に働いた人々は、彼らをつぎのような言葉で表現する傾向があった――物静か、控えめ、無口、内気、寛大、温厚、でしゃばらない、良識的。
この調査から得られた教訓は明確だとコリンズは言う。企業を変身させるのには偉大な個性は必要ない。自分のエゴを育てるのではなく、自分が経営する企業を育てるリーダーが必要なのだ。

内向型リーダーと外向型リーダー

では、内向型リーダーは外向型リーダーとどんなところが違い、どんなところが勝っているのだろう？

ペンシルヴェニア大学のビジネススクールである〈ウォートン・スクール〉のアダム・グラント教授は、その答えのひとつを示してくれる。グラントは長年にわたって『フォーチュン』誌が選ぶ全米五〇〇社の重役や米軍高官――グーグルから米陸軍・海軍など――の相談を受けてきた。私が最初に話を聞いた当時、グラントはミシガン大学の〈ロス・ビジネススクール〉で教えていて、外向性とリーダーシップの相関関係を示す従来の研究は全体像をとらえていないと確信するに至っていた。

グラントが、ある空軍大佐について語ってくれた。将官に次ぐ位で、数千人の部下を指揮し、ミサイル基地を防衛する任務に就いていたその大佐は、典型的な内向型の人物であると同時に、グラントがそれまで出会ったなかで最高のリーダーのひとりだった。彼は人と話してばかりいると気が散るので、ひとりで考えごとをしたり気力を充電したりする時間をつくっていた。落ち着いた口調で話し、大げさな抑揚をつけたりせず、表情も淡々としていた。自分の意見を主張したり発言の機会を独占したりするよりも、他人の意見を聴いて、情報を収集することに関心を持っていた。

彼はまた多くの人々から尊敬されていた。口を開けば、みんながじっと耳を傾けた。それはなにも珍しいことではない——もしあなたが軍の高官ならば、誰もが話を熱心に聴いてくれるだろう。だが、この空軍大佐の場合、人々は彼の肩書だけではなく、リーダーとしての彼の態度をも尊敬していたのだ。彼は最終的な決定権が自分にあることを明確にしながらも、人々の意見をきちんと検討し、有意義な考えに適切な補足を与えた。手柄を自分ひとりのものにしたり賞賛されたりすることに関心を持たず、部下を適材適所に配置して最大限に力を発揮させた。すなわち、他のリーダーたちならば自分のためにとっておくような、もっとも興味深く有意義で重要な仕事を他人に任せたのだ。

いったいなぜ、既存の調査はその空軍大佐のような人材の存在を反映していないのだろうか？　グラントはその理由を考えた。第一に、性格とリーダーシップに関する既存の調査を綿密に検討したところ、外向性とリーダーシップとの相関関係は大きくないとわかった。第二に、それらの調査は現実の結果とは異なり、どんな人物がすぐれたリーダーであるかについての人々の認識にもとづいていた。そして、個人的な意見は、単純な文化的バイアスを反映している場合が多い。

だが、グラントがもっとも興味を抱いたのは、既存の調査ではリーダーが直面する状況の多様性が考慮されていないことだった。つまり、状況によって、内向型のリーダーが適切である場合もあれば、外向型のリーダーが求められる場合もあるのに、調査はその点を明確に区別していないのだ。

グラントはどのような状況で内向型のリーダーが求められるかを理論づけた。彼の仮説によれば、外向型のリーダーは部下が受動的なタイプであるときに集団のパフォーマンスを向上させ、内向型のリーダーは部下がイニシアチブを取る能動的なタイプであるときにより効果的だ。この仮説を確かめるために、彼はＨＢＳのフランチェスカ・ジノ教授、ノースカロライナ大学〈ケナン・フラグラー・

ビジネススクール〉のデヴィッド・ホフマンとともに、二つの研究を実施した。

第一の研究で、グラントらはアメリカの五大ピザ・チェーン店を対象にしたデータを分析した。それによると、外向型の店長がいる店舗の一週間の売り上げのほうが、内向型の店長の店舗よりも一六%多いとわかった。ただし、これは従業員が自分でイニシアチブを取らない受動的なタイプである場合だけだった。店長が内向型の場合、結果はまったく逆だった。内向型の店長が、積極的に作業手順などを向上させようとするタイプの従業員と一緒に働いている場合には、外向型の店長の店舗よりも一四%売り上げが多かったのだ。

第二の研究では、グラントらは一六三人の学生をいくつかのチームに分けて、一〇分間に何枚のTシャツを畳めるか競わせた。各チームには、気づかれないように注意して二人ずつ役者を交ぜた。いくつかのチームでは、役者は受動的な態度を取り、リーダーの指示に従った。他のチームでは、役者のひとりが「もっと効率的なやり方があるかもしれない」と発言し、もうひとりが日本人の友人から教わったTシャツの上手な畳み方があると言いだして、「教えるのには一、二分かかるけれど、習いたいですか？」とリーダーに尋ねる。

実験の結果は驚くべきものだった。内向型のリーダーは外向型のリーダーより、Tシャツの畳み方を習う確率が二〇%高く、彼らのチームの結果は外向型のリーダーのチームの結果よりも二四%よかった。それに対して、チームの全員がなにも主張せず、リーダーの指示どおりに作業を進めた場合、外向型リーダーのチームのほうが作業効率が二二%勝っていた。

いったいなぜ、従業員が受動的か能動的かでリーダーの有能さに変化が見られるのだろうか？ 内向型リーダーは能動的な人間を導くのが非常に得意だと、グラントは言う。他人の話に耳を傾け、社会的地位の独占にこだわらない傾向ゆえに、内向型リーダーは助言を受け入れやすい。従業員の能力から恩恵を受ければ、いっそう能動的になるように従業員に動機づけをする。要するに、内向型リーダーは能動性の有効な循環をつくる。Tシャツ畳みの実験で、内向型リーダーは心を開いて意見を聞き入れてくれ、そのせいで意欲がいっそう湧いたと、チームのメンバーたちは報告した。

それに対して、外向型リーダーは自分のやり方にばかり気をとられて、他人の名案に耳を貸せず、チームのメンバーたちを受け身に陥らせる傾向があった。「彼らはひとりでしゃべっていることが多くなりがちで、他のメンバーたちが助言しようとしても耳を貸さない」とフランチェスカ・ジノは言う。だが、外向型リーダーは他人を鼓舞する能力によって、受動的な人々から結果を引き出すのがうまい。

この研究はまだはじまったばかりだ。だが、グラントの後援ですぐに進展するだろう。彼自身は非常に能動的な人物だ（同僚のひとりは、グラントを「開始予定時間よりも二八分前に物事をはじめられる人物」と評している）。年中無休で夜中も営業という現代のビジネス環境では、リーダーの指示を待たずに自分で判断して動ける能動的な従業員は企業の成功に欠かせなくなってきていることから、これまでの発見は非常に有意義なものだとグラントは考えている。そうした従業員の貢献をどのように最大化するかを理解することは、すべてのリーダーにとって役立つだろう。企業にとっては、外向型だけでなく内向型をリーダーの役割を担えるよう訓練することもまた重要である。

大衆向けの出版物には、内向型のリーダーは人前で話したり笑顔を見せたりするスキルをもっと磨くべきだという助言だらけだと、グラントは言う。だが、グラントの研究は、少なくとも重要な点をひとつ示唆している——従業員にイニシアチブを取らせることだ。内向型リーダーはそれを自然に実行している。その一方で、外向型リーダーは「もっと控えめで静かなスタイルを採用したいと思っているかもしれない」とグラントは書いている。彼らは自分が席に座ってほかの人が立っていてくれる方法を学びたいのかもしれない。

それこそ、アメリカ公民権運動のパイオニアと呼ばれるローザ・パークスが学ばずとも知っていたことだ。

陰と陽、補完し合う内向型と外向型

本書の冒頭に書いたローザ・パークスは、アメリカの公民権運動のパイオニアとして知られている。パークスは以前から全米有色人種地位向上協会（ＮＡＡＣＰ）の裏方をつとめて、非暴力抵抗運動に親しんでいた。彼女が政治に関わるようになったのには、さまざまな原因があった。子供時代に住んでいた家の前では、白人至上主義団体クー・クラックス・クラン（ＫＫＫ）が行進した。彼女の兄は米陸軍の兵士として第二次大戦に従軍し、白人兵士の命を救ったにもかかわらず、故郷へ戻ると侮辱された。一八歳の黒人青年が、レイプの罪を着せられて電気椅子へ送られた。パークスはＮＡＡＣＰのモンゴメリー支部の書記になり、近隣の子供たちに本を読み聞かせた。彼女は勤勉で尊敬すべき人物だったが、リーダーとみなされてはいなかった。言うなれば一介の歩兵だったのだ。

知っている人は少ないだろうが、パークスは市営バスの運転手と対決する一二年前にも、彼と出会っていた。一九四三年一一月の午後、パークスはバスの後方乗車口がひどく混んでいたので、前方から乗り込んだ。運転手のジェイムズ・ブレークは、後ろから乗れと命令して、彼女を力ずくで押しだそうとした。彼女は体に手を触れないでくださいと言った。毅然とした態度で、自分で降りますからと静かに伝えた。ブレークは「さっさと降りろ」と唾を吐きかけた。

パークスは運転手の命令に従ったが、バスから降りる前に、ハンドバッグを落として、それを拾うついでに「白人専用」の座席に腰をおろした。「レオ・トルストイが提唱し、マハトマ・ガンジーが信奉した〝消極的抵抗〟を、彼女は直観的に実践したのだ」と歴史家のダグラス・ブリンクリーはパークスの評伝で書いている。キング牧師が非暴力主義を提唱するよりも一〇年以上前のことだったが、「非暴力主義の根本方針は彼女の個性と完璧に合致するものだった」とブリンクリーは述べた。

パークスはブレークにひどい仕打ちをされ、その後一二年間彼のバスには乗らなかった。だが、ブリンクリーによれば、一二年後にうっかり彼のバスに乗ってしまい、その結果、「公民権運動の母」と呼ばれる存在になったのだ。

バスでのパークスの行動はとても勇気が必要で、なかなかできないことだが、彼女の静かな力強さがもっと輝いたのは、その後の法廷闘争の場だった。パークスは市条例違反で有罪判決を受けたが、地元の公民権運動の活動家たちの後押しで、バス車内での人種分離を決めている条例がそもそも違憲であるとして控訴した。これは非常に困難な決断だった。病気の母親の面倒を見ていた彼女にとって、自分ばかりか夫までもが職を失うことを意味していた。しかも、身に危険が迫ることも意味していたからだ。「バスの出来事で逮捕されただけでも大変なことだった。そのうえ、控訴することは、歴史家のテイラー・ブランチの言葉のように『自ら進んで窮地に再突入する』に等しかった」とブリンクリーは書いている。

だが、パークスは原告として最適な性質を備えていた。熱心なクリスチャンで、清廉潔白な市民であり、物静かな人物だったからだ。落ち度のないパークスに対する仕打ちに人々は怒った。パークスの静かな力強さは反撃の隙を与えなかった。

決心するのに時間がかかったものの、結局パークスは控訴に同意した。裁判の夜に開かれた集会にも参加した。この集会で、発足したてのモンゴメリー向上協会の責任者だった若きマーティン・ルーサー・キング・ジュニア牧師が、地元の黒人住民に向けて市営バスのボイコットを呼びかけた。「起こるべくして起こった出来事だが、ローザ・パークスのような高潔な人物が当事者になったのを喜ばしく思っている。彼女が人格者であることには、誰も疑問を差し挟めない。ミセス・パークスは謙虚で、高潔な人格者である」とキング牧師は聴衆に語った。

その後、パークスはキング牧師ら活動家とともに寄付集めの講演会にも参加した。講演会で各地をめぐるあいだ、彼女は不眠症や胃潰瘍やホームシックに悩まされた。尊敬していたエレノア・ルーズベルト夫人とも面会したが、夫人はそのときの出会いを新聞のコラムに「彼女はとても物静かでやさしい女性で、いったいどうしてこれほど前向きで独立心に溢れた行動をとれるのか想像もつかないほどだった」と書いている。一年以上続いた市営バスのボイコットがようやく終わり、最高裁が違憲判決を出して公共交通機関における人種差別を禁じたとき、パークスは報道に無視された。『ニューヨーク・タイムズ』紙は一面でキング牧師の勝利を祝ったが、彼女についてはまったく触れなかった。他の新聞はボイコットの指導者たちがバスを背後にして並んでいる写真を載せたが、そこに彼女の姿はなかった。だが、彼女は気にしなかった。市営バスの人種差別が撤廃された日、彼女は自宅で母親の世話をするほうを選んだのだ。

ローザ・パークスの話は、私たちがスポットライトをあてられるのを好まない歴史上のリーダーを賞賛してきたことを、あらためて思い出させてくれる。たとえば、預言者モーセは、旅行の計画を立てたり長々としゃべったりするHBSの学生のように、精力的で口数の多い人物ではなかったようだ。それどころか、現代の基準からすれば、ひどく内気だと言えよう。彼は口ごもりながらしゃべり、自分ははっきり意見が言えないと思っていた。旧約聖書の『民数記』は、モーセを「この世のすべての人間のなかでも、とりわけおとなしい」と表現している。

神が燃える柴となってはじめて語りかけてきたとき、モーセは義父に雇われて羊飼いをしており、自分の羊を持ちたいという野心さえ持っていなかった。そして、ユダヤの民を救うという使命を神から伝えられたとき、彼はすぐにその機会に飛びついただろうか？　誰かほかの者を送ってください と、彼は言った。「私は人を導くほど雄弁ではありません。しゃべるのは遅く、弁舌も爽《さわ》やかではありません」と訴えたのだ。

外向的な兄アロンを代弁者とすることで、モーセはやっと自分の使命を受け入れる。モーセはまるでシラノ・ド・ベルジュラックのように、スピーチの原稿を書く役割を担ったわけだ。アロンはモーセの意見を人前で代弁した。「彼はおまえの口のようであり、おまえは彼の神のようである」と神は言った。

アロンの協力を得て、モーセはユダヤ人を率いてエジプトから逃れ、四〇年間も彼らを砂漠で養い、シナイ山から十戒を持ち帰った。そして、それらの行動のすべてを内向型ならではの能力を駆使してやり遂げた。知恵を求めて山を登り、そこで学んだことを注意深く二つの石版に刻みつけたのだ。

私たちは『出エジプト記』の物語からモーセの性格を想像しがちだ。セシル・B・デミル監督の名画『十戒』では、モーセはがむしゃらな性格で、堂々としゃべる人物として描かれ、アロンの助けは借りない。私たちは、なぜ神が人前でうまくしゃべれない内気な人物を預言者に選んだのか問いかけようとはしない。だが、考えてみるべきなのだ。『出エジプト記』ではあまり説明されていないが、この物語は内向型と外向型は陰陽を成していると示唆している。媒介物は必ずしもメッセージではない。そして、人々がモーセに従ったのは、彼がうまくしゃべるからではなく、彼の言葉が思慮深かったからだ。

ソーシャルメディアの普及で内向型もアピールできる時代

パークスが行動で語り、モーセが兄アロンを通じて語ったのだとすれば、現在では、インターネットを通じて語る内向型リーダーがいる。マルコム・グラッドウェルは『急に売れ始めるにはワケがある』（高橋啓訳）で〝コネクター〟の影響について探っている。コネクターとは、「世界を結びつける特別な才能」や「社会のつながりをつくる本能的な天賦の能力」を持った人々のことだ。グラッドウェルは「典型的なコネクター」として、ロジャー・ホーチョウをあげた。実業家として成功したホーチョウは『レ・ミゼラブル』など大ヒットミュージカルの後援者であり、「まるで切手を集めるように人々を集める」という。「もし、大西洋を横断する飛行機のなかで隣の席に座ったなら、ホーチョウは飛行機が動きはじめたとたんにしゃべりだし、シートベルト着用のランプが消える頃には、あなたは気分よく笑っていて、気づけばまたたくまに目的地に着陸しているだろう」とグラッドウェルは書いている。

一般に、コネクターと言えば、グラッドウェルが描写したホーチョウのような、話好きで社交性に富み、雄弁な人物を思い浮かべるはずだ。だが、クレイグ・ニューマークという控えめで思索的な人物のことを考えてほしい。背が低く、禿げ頭で眼鏡をかけたニューマークはＩＢＭで一七年間にわたってエンジニアをしていた。それ以前は、恐竜やチェスや物理学に興味を抱いていた。もし、飛行機のなかで隣に座ったら、彼はずっと本を読んでいるだろう。

にもかかわらず、彼は自分の名前を冠して〈クレイグズリスト〉と名づけた、人と人を結びつける巨大コミュニティサイトの創設者にして大株主なのだ。二〇一一年五月二八日時点で、クレイグズリストは世界第七位の英語のウェブサイトだ。七〇ヵ国の七〇〇都市にユーザーがいて、求人求職やデートの相手さがしから、腎臓移植のドナーさがしにいたるまで、さまざまな投稿が掲載されている。このサイトを通じて、ユーザーはコーラスグループに入ったり、たがいの俳句を鑑賞したり、恋愛話を打ちあけたりする。このサイトはビジネスではなく、人々のための広場なのだと、ニューマークは表現する。

ハリケーン・カトリーナに襲われたあと、クレイグズリストは行き場を失った人々が新しい家を見つけるのに役立った。二〇〇五年にニューヨークシティで公共交通機関がストを実施したときには、車の相乗りをさがすには欠かせないサイトになった。あるブロガーがそのストライキのときのクレイグズリストの役割についてこう書いている。「もう一度あんなことがあれば、クレイグズリストがまた社会を指揮するだろう。クレイグズリストはどうしてあれほど組織的に、あんなにも多種多様な人々の人生に触れることができるのだろう？　そして、どうしてユーザーたちは、たがいの人生に触れることができるのだろう？」

ここにひとつの答えがある。ソーシャルメディアは、ＨＢＳの基準にはあてはまらない多くの人々にとっても可能な、新しい形のリーダーシップを生んだのだ。

二〇〇八年八月一〇日、〈アップル〉のエバンジェリストをつとめたこともあり、ベストセラーを数多く書いているガイ・カワサキは、「信じられないかもしれないが、僕は内向型の人間だ。『役割』を演じてはいるが、基本的には単独で行動する」とツイートした。これはソーシャルメディアの世界に騒ぎを巻き起こした。

二〇〇八年八月一五日、ソーシャルメディアのニュースサイト〈マッシャブル〉の創設者であるピート・キャッシュモアもこれに参戦した。彼は問いかけた。「もし『イッツ・アバウト・ピープル』というマントラを唱えている代表的な人々が、現実世界では大勢の人々に会うことに魅力を感じていないのだとしたら、それはとても皮肉な話じゃないかい？　おそらくソーシャルメディアは、現実の人間関係では僕らに欠けているコントロールをもたらしているのだろう」そしてキャッシュモアは自分をさらけだした。「僕を『内向型』のキャンプに入れてくれ」とツイートしたのだ。

じつのところ、研究によれば、内向型の人々は外向型の人々よりも、オンライン上で自分について親や友人が読んだら驚くようなことまであきらかにし、「本当の自分」をさらけだし、オンラインの会話により多くの時間を割くことがわかっている。彼らはデジタルコミュニケーションの機会を歓迎する。二〇〇人収容の講義室では絶対に手をあげて発言しない人が、ブログではためらいなく二〇〇〇人はおろか二〇〇万人を相手に語っていたりする。初対面の人に挨拶するのもままならない人が、オンライン上では生き生きと自分をアピールし、その関係を現実世界にまで広げたりもする。

もし亜北極サバイバルシチュエーションがオンラインで実施されて、すべての人の声が反映されたなら、どんな結果がもたらされただろう？ ローザ・パークスもクレイグ・ニューマークもダーウィン・スミスもみんな参加して。もし不時着した集団が、穏やかに意見を促す内向型のリーダーに率いられた、外向型の人々だったなら、どうだろう？ ローザ・パークスとキング牧師のようにそれぞれの立場を貫く内向型と外向型がいたら、どうだろう？ 彼らは正しい結論にたどりつくだろうか？

その問いに答えるのは不可能だ。私が知るかぎり、そういう研究は誰もしたことがない——残念なことだ。HBSが信奉するリーダーシップが、自信と迅速な決断に重きを置くのは理解できる。もし積極的な人間が決定権を持つとしたら、他人に影響力を行使するのが仕事であるリーダーにとって、それは有用なスキルとなる。決断力は自信をもたらし、それに対して、躊躇《ちゅうちょ》は（あるいは、躊躇しているように見えるだけでも）士気を脅かしうる。

だが、そうした真実を重要視しすぎる場合がありうる。一部の状況では、物静かで謙虚なスタイルのリーダーシップが同等、あるいはそれ以上に効果的かもしれない。HBSのキャンパスから去るとき、ベイカー図書館のロビーで、『ウォールストリート・ジャーナル』紙の漫画がいくつか貼ってあるのが目についた。そのひとつでは、見るからにやつれた重役が右肩下がりの利益表を見ている。「なにもかもフラッドキンのせいだ。彼はビジネスセンスは悪いが、リーダーとしてのスキルは最高だから、みんな彼に連れられて破滅の道をまっしぐらだ」と、重役は同僚に言っていた。

3章 共同作業が創造性を殺すとき

新集団思考の登場と単独作業のパワー

私は一頭立て用の馬で、二頭立てにもチームワークにも向いていない……なぜなら、明確な成果を手にするためには、ひとりの人間が考え、指揮をすることが欠かせないとよく知っているからだ。

――アルベルト・アインシュタイン

彼らはつねに単独で行動する

一九七五年三月五日。カリフォルニア州メンロパーク、冷たい霧雨が降る夜。無愛想なエンジニアたちが、ゴードン・フレンチの自宅ガレージに集まった。〈ホームブリュー・コンピュータ・クラブ〉と名づけられた集まりの第一回目の会合だった。彼らの目的は、一般向けのコンピュータをつくること。大学や企業で使われる大型のものしかなかった当時、それは画期的な大仕事だった。

ガレージには隙間風が吹き込んでくるうえに、出入りする人々のために、湿った夜の外気に向かってドアが開け放たれていた。そのなかに、〈ヒューレット・パッカード〉で電卓設計の仕事をしている二四歳の若者がいた。生真面目な性格で、眼鏡をかけ、髪を肩まで伸ばして、茶色のひげをたくわえていた。彼は椅子に座って、仲間たちが『ポピュラーエレクトロニクス』誌に紹介されたばかりのコンピュータキット〈アルテア８８００〉の登場に驚き、熱心に語り合っているのにじっと耳を傾けていた。アルテアはまだ本物の個人向けコンピュータではなかった。操作が難しく、興味を持つのは、雨の水曜日の夜にこのガレージに集まってマイクロチップの話をするようなタイプの人間だけだった。だが、パソコン開発の重要な第一歩だったのだ。

若者の名前はスティーブ・ウォズニアック。彼はアルテアの話を聞いてわくわくしていた。ウォズニアックは三歳のときからずっと、エレクトロニクスに興味を持っていた。そして、一一歳のときに、アメリカで開発された最初期のコンピュータであるＥＮＩＡＣ《エニアック》（電子式数値積分計算機）についての記事に出会って以来、自宅に置けるような小型で使いやすいコンピュータをつくることを夢見るようになった。そして今、このガレージで、その夢が実現されるかもしれないと知ったのだ。

当時の経緯を語った自伝『アップルを創った怪物』（井口耕二訳）で、ウォズニアックは同じ志を持った人々が周りにいたことが大きな刺激になったと語っている。ホームブリュー・コンピュータ・クラブの面々にとってコンピュータは人類に貢献するための道具であり、彼もまた同じ考えだった。最初の会合で彼はそれを口にはしなかった――あまりにも内気だったからだ。だが、その晩自宅に帰ってから、さっそく彼はキーボードとスクリーンがついた現在使われているような形のパソコンの設計にとりかかった。三ヵ月後、最初のプロト機ができあがった。そして、その一〇ヵ月後、彼はスティーブ・ジョブズと一緒に〈アップル・コンピュータ〉を設立した。

今日、ウォズニアックはシリコンバレーで崇拝される存在だ――カリフォルニア州サンノゼには彼の名前にちなんだ通りがある――そして、彼はアップルのおどけ者と呼ばれることもある。彼は公の場で話をしたりうちとけたふるまいをしたりするすべを身につけ、BBCのリアリティ番組『ダンシング・ウィズ・ザ・スターズ』に出演したこともある。私は彼がニューヨークシティの書店で講演しているのを見たことがある。立ち見だけの会場は混みあって、詰めかけた人々はウォズニアックの業績に敬意を表して、一九七〇年代のアップルのマニュアルを持ってきていた。

だが、名声はウォズニアックだけのものではない。ホームブリュー・コンピュータ・クラブの最初の会合はコンピュータ革命のはじまりであり、自分の人生でもっとも重要な夜だったと、ウォズニアックは言う。したがって、志を同じくする人々が集まっていたホームブリューへの参加が、ウォズニアックの成功をもたらした重要な条件だったと指摘されるかもしれない。ウォズニアックの偉業は創造性に対する共同アプローチの輝かしい一例だと、あなたは思うかもしれない。革新的でありたいと思う人々はたがいに交流しながら働くべきだと結論づけるかもしれない。

だが、それは間違いかもしれない。

メンロパークでの会合のあと、ウォズニアックがどんな行動をとったかを考えてみよう。彼はクラブの仲間たちと一緒にコンピュータの設計に取り組んだろうか。答えはノーだ（ただし、水曜日の集会には欠かさず参加したが）。では、意見を交換し合う広い開放的なオフィスを求めただろうか。これも答えはノーだ。自伝に書かれたパソコン開発の経緯を読んで、もっとも驚かされるのは、彼がつねに単独で行動していたことだ。

ウォズニアックは作業の大半をヒューレット・パッカードの狭い自分のオフィスで行った。毎朝六時三〇分頃に出社し、そんな早朝からひとりで専門誌やチップのマニュアルを読み、パソコンの設計に試行錯誤した。仕事が終わると、いったん自宅へ戻って簡単な食事をしてから、車でオフィスへ取って返し、夜遅くまで作業した。パソコンの設計に明け暮れたこの孤独な日々を、彼は「それまでの生涯で一番ハイだった」と表現している。一九七五年六月二九日の夜一〇時頃、地道な努力がついに成果を実らせ、プロト機第一号が完成した。彼がキーボードを打つと、目の前のスクリーンに文字が現れた。それこそ、かぎられた人間しか味わえないブレークスルーの瞬間だ。その瞬間も、彼はひとりだった。

彼は故意にそうしたのだ。自伝のなかで、彼は偉大な創造に憧れる子供たちにこんな助言をしている。

これまで会った発明家やエンジニアの大半は僕と似ている――内気で自分の世界で生きている。彼らはアーティストに近い。実際、彼らのなかでもとくにすぐれた人たちはアーティストそのものだ。そして、アーティストは単独で働くのが一番いい。ひとりならば、マーケティング委員会だのなんだのに意見を差し挟まれることなく、自分の発明品の設計をコントロールできる。本当に革新的なものが委員会によって発明されるなんて、僕は信じていない。もしきみが、発明家とアーティストの要素を持ったたぐい稀なエンジニアならば、僕はきみに実行するのが難しい助言をしよう――ひとりで働け。独力で作業してこそ、革新的な品物を生みだすことができる。委員会もチームも関係なく。

創造性に富むのは内向型

一九五六年から一九六二年にかけて、カリフォルニア州立大学バークレー校の〈インスティテュート・オブ・パーソナリティ・アセスメント・アンド・リサーチ〉が、創造性に関する一連の研究をした。研究者たちはすばらしい創造性に富んだ人々を対象にして、いったいどんな要因が彼らを一般人と一線を画する存在にしているのかをあきらかにしようとした。研究者らはまず、建築家や数学者、科学者、エンジニア、作家など各分野で大きく貢献した人々のリストを作成し、その人々を招いて性格検査や問題解決実験を実施し、特定の質問をした。

つぎに、研究者たちは各分野でそれほど革新的な業績をあげていない人々を招いて、同じ検査や実験や質問をした。

研究の結果得られたもっとも興味深い発見のひとつは、すばらしい創造性に富んだ人々は落ち着いた内向型だという点で、のちの研究でも同じ結果が得られた。彼らは人間関係を維持するのが上手だが、「特別に社交的だったり、積極的に人間関係を築こうとしたりする性格ではなかった」。彼らは自分自身について、自立していて個人主義だと表現していた。そして、多くの人が一〇代の頃には内気で孤独だったという。

これらの発見は内向型が外向型よりもつねに創造力が豊かだという意味ではないが、特別な創造力を発揮する人々のなかには内向型の人間が多くいるということを示唆している。これはいったいなぜだろう？　静かな性格は創造力を育てる力があるのだろうか。これについては6章で詳しく検討しよう。

内向型が創造力に勝っていることを説明する理由はいろいろあり、その理由からは誰もが学ぶところがある。たとえば、内向型は単独作業を好み、孤独は革新の触媒となりうる、ということだ。著名な心理学者のハンス・アイゼンクによれば、内向型は「当面の課題に意識を集中させ、仕事と関係のない人間関係や性的な問題にエネルギーを浪費することを避ける」のだ。つまり、人々がパティオで楽しく乾杯しているときに、裏庭でリンゴの木の下に座っていれば、あなたの頭にリンゴが落ちてくる確率が高いということだ（ニュートンは偉大なる内向型のひとりだった。そして、ウィリアム・ワーズワースは自分自身を「永遠なる心、思考という奇妙な海を孤独に旅する」と表現した）。

「新集団思考」がつみとる創造性の芽

もし本当に孤独が創造性の重要な鍵ならば、私たちはみな孤独を愛そうとするだろう。ひとりで勉強しなさいと子供に教えるだろう。企業は従業員にプライバシーと自主性を与えるだろう。けれど、実際には、現代の社会では逆のことをしている。

自分たちは創造的な個人主義を重要視する時代に生きているのだと、私たちは信じたがる。そして、バークレー校で創造性の研究が開始された一九五〇年代を振り返って、優越感を覚える。一九五〇年代当時の体制に順応していた人々とは違うのだと考え、舌を突き出して因習に囚《とら》われないぞと主張しているアインシュタインのポスターを壁に貼る。インディーズの音楽を聴き、映画を観て、独自のオンラインコンテンツをつくる。私たちは「発想を変える《シンク・ディファレント》」（たとえ、それがアップル・コンピュータの有名な広告スローガンに発想を得たものであっても）。

だが、たとえば学校や職場など、世の中の重要な組織がどんな状況かを見れば、話は違ってくる。私はそうした現状を「新集団思考《グループシンク》」と呼んでいる。この現象は職場で生産性を閉塞させ、競争が激化する社会ですばらしい成果を得るために必要になるスキルを、学校へ通う子供たちから奪ってしまう。

新集団思考は、なによりもチームワークを優先する。創造性や知的業績は社交的な場からもたらされると主張する。多数の人々がこれを強力に提唱している。「革新（知識を基盤とした経済の心臓部）はそもそも社会的なものだ」と著名なジャーナリストのマルコム・グラッドウェルは書いている。組織コンサルタントのウォーレン・ベニスは著書『「天才組織」をつくる　グレート・グループを創造する15の原則』（佐々木直彦・佐々木純子訳、服部明監修）で、「私たちは誰ひとりとして、私たち全員よりも賢くない」と書いた。この本の第一章は、「グレート・グループ」の隆盛と「グレート・マンの終焉」を告知している。クレイ・シャーキーは『みんな集まれ！　ネットワークが世界を動かす』（岩下慶一訳）のなかで「ひとりの人間によるものと考えられている仕事の多くは、じつは集団を必要としている」と言っている。「大天才ミケランジェロでさえ、システィーナ礼拝堂の天井画を書くときにアシスタントたちを使った」というのだ（アシスタントは交換可能だが、ミケランジェロはそうではないことは考慮されていない）。

新集団思考は多くの企業に採用され、しだいに労働力をチームに組織化した。これは一九九〇年代はじめのことだ。経営学教授フレデリック・モーゲソンによれば、二〇〇〇年までには全米企業の半数が、現在ではほぼすべてが、チーム制を採用している。最近の調査で、上位管理職の九一％が、チームは成功の鍵だと信じているとわかった。コンサルタントのスティーブン・ハーヴィルは、二〇一〇年に彼が関わった、〈J・C・ペニー〉〈ウェルズファーゴ〉〈デル〉〈プルデンシャル〉など大企業三〇社のうち、チーム制でないところはなかったと語った。

たがいに離れた場所で働く仮想チームの場合もあるが、それ以外の場合には、チームをつくり維持するために、オンラインで各人の日程を管理してミーティングの期日を決める必要があり、物理的なオフィス空間にはプライバシーはほとんどない。最近のオフィスはオープンなつくりになっており、自室を持っている者はいないし、壁や仕切りのない広い部屋で、重役が中央に陣取って各部に指示を出す形になっている。じつのところ、雇用者の七〇％がそうしたオープンオフィスで働いている。たとえば、〈P&G〉〈アーンスト・アンド・ヤング〉〈グラクソ・スミスクライン〉〈アルコア〉〈ハインツ〉などがこの形式をとっている。

不動産管理・投資会社〈ジョーンズ・ラング・ラサール〉の重役ピーター・ミスコヴィッチによれば、従業員ひとりあたりのオフィス空間は、一九七〇年代には五〇〇平方フィートだったが、二〇一〇年には二〇〇平方フィートにまで縮小した。オフィス家具メーカーである〈スティールケース〉のCEOジェイムズ・ハケットは、二〇〇五年にビジネス誌『ファスト・カンパニー』で、「職場は『私』から『私たち』へシフトしている。かつて従業員たちは『私』を基盤に働いていた。だが、現在では、チームやグループで働くことが高く評価される」と述べた。ライバル企業である〈ハーマン・ミラー〉は、「職場での共同作業やチーム編成」に適した新しいオフィス家具を開発しただけでなく、自社の役員たちも個室からオープンなオフィスへ移動した。二〇〇六年、ミシガン大学ロス・ビジネススクールは、大グループに対応できない教室を取り壊した。

新集団思考は「協同学習」や「小グループ学習」と呼ばれる、しだいに人気を集めている手法を通して、職場や大学以外の学校教育の場でも実践されている。多くの小学校で、従来は一律に教壇に向かって置かれていた児童机が、多くなったグループ活動に便利なように四個ほどにまとめて配置されるようになった。算数や作文などの科目でさえ、グループ単位で授業が進められるようになった。私が訪問した四年生の教室では、「グループワークのためのルール」が壁に貼りだされてあり、そのなかには、グループの全員が同じ疑問を持ったときでなければ先生に助けを求めてはならないというルールがあった。

二〇〇二年に四年生と八年生の教師一二〇〇人以上を対象に実施された全国規模の調査によれば、四年生の教師の五五％が協同学習を好み、教師が主導する授業を好むのはわずか二六％だった。授業時間の半分以上を従来のやり方で指導する教師は、四年生で三五％、八年生では二九％で、それに対して、四年生の四二％、八年生の四一％の教師が、少なくとも授業時間の四分の一をグループ学習にあてていた。若い教師のあいだでは小グループ学習の人気がさらに高く、今後もこの傾向が続くだろうと推測できる。

協同アプローチの根底には政治がらみの進歩的な考えがある——生徒がおたがいに学び合えば、自主的な学習ができるという理論だ。だが、ニューヨーク州やミシガン州やジョージア州の公立や私立の小学校で教師たちから話を聞いたところ、グループ学習は大企業に牛耳られるアメリカ社会のチーム文化のなかで自己主張するための練習の場にもなっているのだと語ってくれた。「協同学習はビジネス社会の状況を反映しています。ビジネス社会では独創性や洞察力ではなく言語能力が評価の基盤になっています。上手にしゃべれて、注目を集められる人間でなくてはならないのです。真価以外のなにかにもとづいたエリート主義ですね」マンハッタンの公立学校で五年生を教える教師が語った。

「最近ではビジネスの世界がグループ単位で動いているので、子供たちも学校でそれに慣れなければならないのです」とは、ジョージア州ディケイターの三年生の教師の説明だ。「協同学習はチームで働く際のスキルを身につけさせる——職場では欠かせないスキルだ」と、教育コンサルタントのブルース・ウィリアムズは書いている。

ウィリアムズはまた、リーダーシップを身につけることが協同学習の最大の利益であると考えている。実際に、私が会った教師たちは生徒たちのマネジメントスキルに大いに注目していた。アトランタ州のダウンタウンのある公立校では、三年生を受け持っている教師が「単独作業が好きな」物静かな生徒について、「でも、朝の安全パトロールを任せたので、彼もリーダーになる機会を得たのです」と請け合った。

この教師は親切な善意の人だが、生徒がみんな従来の意味でのリーダーになりたいと願っているとはかぎらないと認めてあげたほうが、その子にとってはよかったのではないだろうか——集団にうまく調和したいと願う人間と、ひとりでいたいと願う人間がいるのだ。ずば抜けて創造的な人間は、後者に含まれていることがよくある。ジャネット・ファラールとレオニー・クロンボーグは『才能と能力のある人々のためのリーダーシップ構築』(*Leadership Development for the Gifted and Talented*)でつぎのように書いている。

外向型が社会でのリーダーシップをとる傾向があるのに対して、内向型は思索や芸術の分野でリーダーシップをとる傾向がある。チャールズ・ダーウィン、マリー・キュリー、パトリック・ホワイト、アーサー・ボイドといった、思想の新分野を築いたり、既存の知識に新しい光をあてたりした傑出した内向型のリーダーは、人生の大部分を孤独に過ごした。したがって、リーダーシップとは社会的な状況でのみ発揮されるのではなく、芸術の分野で新手法を生みだす、新しい哲学を築く、重要な書物を執筆する、科学の分野で新発見をするといった、孤独な状況でも発揮されるものである。

新集団思考はあるとき突然に登場したのではない。協同学習、チームワーク、そしてオープンオフィスの設計は、それぞれ違った時点で違った理由から生まれたものだ。だが、これらの傾向をひとつにまとめたのはワールドワイドウェブ（WWW）の誕生だった。WWWは協働《コラボレーション》という考えをクールで魅力的なものにしたのだ。インターネット上には、人々がすぐれた知能を分かち合うことを通じて驚くべき創造物が生みだされた。たとえば、フリーソフトウェアとして公開されたOSである〈リナックス〉、オンライン百科事典の〈ウィキペディア〉、インターネットで活躍する草の根政治団体の〈ムーブオン・ドットオルグ〉などだ。これらの急激に発展した共同作業《コラボレーション》の産物はまさに畏怖を感じさせるものだったため、私たちは集合精神や集団の知恵やクラウドソーシングの奇跡を尊敬するようになった。「コラボレーション」は、成功を増幅させる鍵として、不可侵の概念となった。

だが、つぎに私たちは求められた以上に一歩前進した。透明性を尊重し、オンライン上だけではなく人と人との関係においても、壁を打ち抜いたのだ。送信側と受信側がタイミングを気にせずにやりとりする「非同期」は、インターネット上のやりとりの特徴のひとつである。だが、オープンオフィスという、さまざまな人間関係がからみ、さまざまな騒音が満ちているかぎられた空間内では、それがうまく機能しないかもしれないと私たちは認識してはいなかった。オンラインのやりとりと人間どうしのやりとりを区別せずに、前者で学んだことを後者にあてはめたのだ。

だから、オープンオフィス設計など新集団思考の側面について語るとき、インターネットに頼りがちになるのだ。「働く人々はフェイスブックやツイッターなどに自分の生活をなんでもかんでもアップしている。それなのに、個室の壁のなかに隠れている理由はない」とソーシャルマーケティング会社〈ミスター・ユース〉のCFOであるダン・ラフォンテインがナショナル・パブリック・ラジオで語った。別のマネジメントコンサルタントも同じようなことを私に言った。「オフィスの壁はまさに『壁』なんです。思考方法が新鮮な人ほど、壁など必要ないと感じますよ。オープンオフィス設計を取り入れている企業は、WWWと同じく、まだティーンエイジャーみたいな新しい企業です」

初期のウェブが内向的な個人主義者たちのつながりを可能にした媒体だったことからして、人間どうしの集団思考を促進するうえでインターネットが果たしている役割はとりわけ皮肉に感じられる。ファラールやクロンボーグが言及したような人々が、ウェブ上で協力して通常の問題解決方法をくつがえし、それを越えるものを生みだしたのだ。一九八二年から一九八四年までにアメリカ、英国、オーストラリアで働くコンピュータ専門家一二二九人に関する研究によれば、初期のコンピュータに夢中になった人々の大多数は内向型だった。「内向型がオープンソースに惹かれるのは当然だ」――シリコンバレーでコンサルタントやソフトウェア開発をしているデイヴ・W・スミスは、オープンソースとはソフトウェアの設計図にあたるソースコードをインターネットなどを通じて無償で公開し、誰でもそのソフトウェアの改良や再配布ができることだからと説明した。そうした人々の多くは世の中に貢献したいと願い、自らの業績を社会で認められたいと願って行動したのだった。

だが、最初期のオープンソース・クリエイターたちは、共有のオフィス空間で働いてはいなかった。そもそも、同じ国にいないことさえあった。彼らのコラボレーションはおもに想像空間で行われたのだ。これはささいな要素ではない。もし、リナックスをつくった人々を広い会議室に集めて一年間で新しいOSをつくってほしいと頼んだとしても、画期的な成果が出るとは考えにくい。その理由について、この章でじっくり検討してみよう。

孤独なほうが「集中的実践」が可能になる

心理学者のアンダース・エリクソンは一五歳でチェスをはじめた。腕前はたちまち上達して、昼休みにクラスメイトと対局してつぎつぎに破った。ところが、チェスがすごく下手だったひとりの少年が、ある日突然、連戦連勝しはじめた。

いったいなにが起きたのかとエリクソンは不思議に思った。「理由を一生懸命考えた。あんなに簡単にやっつけていた少年に、これほど簡単に負けるようになったのはなぜなのか。彼がチェスクラブに入って勉強しているのは知っていたが、本当のところ、いったいなにが起きたのだろうか」と彼は『ザ・タレント・コード』（*The Talent Code*）の著者ダニエル・コイルとの対談で語った。

この問いかけがエリクソンのキャリアを方向づけた。偉大な業績をあげる人は、いったいどのようにしてそれをなし遂げるのか。エリクソンはチェスやテニスやクラシック・ピアノなど広範囲な領域でこの問いの答えを模索した。

エリクソンが同僚らとともに実施した有名な実験がある。まずベルリン音楽アカデミーの教授の協力を得て、バイオリン専攻の学生を三つのグループに分けた。第一のグループは、将来世界的なソリストになれるほどの実力を持つ学生たち。第二のグループは、「すぐれている」という評価にとどまる学生たち。第三のグループは、演奏者にはなれず、バイオリン教師をめざす学生たち。そして、全員に時間の使い方について同じ質問をした。

その結果、グループごとに驚くべき違いがあることが判明した。三つのグループが音楽関連の活動にかける時間は同じで、週に五〇時間以上だった。課題の練習にかける時間もほぼ同じだった。だが、上位の二つのグループは音楽関連の時間の大半を個人練習にあてていた。具体的には一週間に二四・三時間、一日あたり三・五時間。それに対して第三のグループが個人練習にあてる時間は、一週間に九・三時間、一日あたり一・三時間だけだった。第一のグループの学生たちは、個人練習をもっとも重要な活動と評価していた。すぐれた音楽家たちは――たとえ集団で演奏する者であっても――個人練習が本当の練習であり、集団でのセッションは「楽しみ」だと表現する。

エリクソンらは他の分野についても、ひとりで練習したり学習したりすることが同じような結果をもたらすと発見した。たとえば、チェスの世界でも「ひとりで真剣に学ぶこと」がプロのチェスプレーヤーになるスキルを得るかどうかの指針になる。グランドマスターは一般に、修業時代の一〇年間に五〇〇〇時間という途方もない時間をひとりで指し手の研究をするために費やす――中級レベルのプレーヤーの約五倍にものぼる時間だ。ひとりで勉強する学生は、グループで勉強する学生よりも、長年のうちに多くを身につける。チームスポーツのエリート選手もまた、驚くほど多くの時間を個人練習にあてている。

いったいなぜ、孤独はこれほど魔法のような働きをするのだろうか。ひとりでいるときにだけ集中的実践が可能になり、それこそが多くの分野において驚異的な成果をもたらす鍵なのだと、エリクソンは語った。なにかに集中して練習しているときには、より高い知識を身につけたり、パフォーマンスを向上させたり、自分の進捗状況を検討して軌道修正したりすることが可能になる。こうした水準に達しない練習は無益なだけでなく、逆効果を招きかねない。向上をもたらすどころか、現状の認知メカニズムを強化してしまうのだ。

集中的実践がひとりでやってこそ効果があるのには、いくつか理由がある。極度の集中を必要とするので、他人の存在は気を散らすもとになりうる。心の底から自然に湧いてくるような強い意欲も必要だ。だが、もっとも重要なのは、あなた個人にとって非常にやりがいを感じさせる事柄に取り組まなければならない、という点だ。ひとりでいるときにだけ、あなたは「自分にとってやりがいのある事柄に、まともに向き合える。自分の技術や能力を向上させたければ、自発的でなければならない。グループ学習を考えてください——あなたは集団のなかのひとりでしかありません」とエリクソンは語った。

「集中的実践」の具体例を見るには、スティーブ・ウォズニアックの話がうってつけだろう。ホームブリュー・コンピュータ・クラブの会合は、彼にとって最初のパソコンをつくるための触媒の働きをしたが、それを可能にした知識や労働習慣はすべて他の場所で得たものだった。ウォズニアックは子供の頃からずっと自分の意思でエンジニアリングを学んでいた（エリクソンによれば、真の専門家になるにはおよそ一万時間の集中的実践が必要だそうなので、子供時代からスタートすることが役に立つ）。

ウォズニアックは『アップルを創った怪物』のなかで、子供時代に抱いたエレクトロニクスに対する情熱について語っており、そこには図らずもエリクソンが強調する集中的実践のすべての要素が含まれている。第一に、彼には動機づけがあった。〈ロッキード〉のエンジニアだった彼の父親は、エンジニアは人々の生活を変えることができる「世界にとって重要な人間だ」と教えた。第二に、彼は一歩一歩努力して専門技術を身につけた。小学生の頃から数々のサイエンス・フェアに出品していたおかげで得たものについて、彼はこう書いている。

僕は自分のキャリア全般を助けてくれる大切な能力を獲得した。それは忍耐力だ。ジョークじゃない。忍耐力は一般にひどく過小評価されている。僕は小三から中二までのあいだずっと、出品する作品をつくるために、どうやったら電子部品を組み立てられるか、たいして本に頼らずに学んだ……結果はあまり気にせずに、目の前の作業だけに集中して、それをできるだけ完璧に仕上げようとすることが大事だと学んだ。

第三に、ウォズニアックはしばしばひとりで作業に取り組んだ。これは必ずしも意図的にそうしたわけではなかった。理科系にのめり込んだ子供にはよくあることだが、中学生になった彼は、それ以前とはうって変わって仲間からの人気を失った。それまでは友達が理科や算数の能力を褒めてくれていたのに、誰からも認められなくなったのだ。彼は無駄話が嫌いだったし、興味の対象が同級生たちとはズレていた。当時の白黒の写真に写っているウォズニアックは、わざとしかめ面をしてサイエンス・フェアで優勝した自分の作品を指差している。だが、この頃の苦しい日々にも、夢を追うのはやめなかった。それどころか、その夢をさらに育てたようだ。もし、自分が家にこもるほど内気でなかったら、コンピュータについてあれほど学ばなかっただろうと、ウォズニアックは今になって振り返っている。

自ら選んで苦しい思春期を送ろうとする人はいないだろうが、ウォズニアックが一〇代の頃孤独で、そのあいだに生涯の情熱を傾けるべき対象に熱心に取り組んだという事実は、並外れて創造的な人にとって典型的な話である。一九九〇年から一九九五年にかけて、芸術、科学、ビジネス、政治の分野で並外れて創造的な人物九一人を研究した、心理学者のミハイ・チクセントミハイによれば、対象者の多くは孤独な思春期を過ごし、その理由のひとつは「同級生たちには奇妙に思えることに強い関心を持っていた」ことだという。「音楽や数学の勉強には孤独が必要なので」、一〇代の子供が社交的すぎてひとりでいる時間がないと、才能を育てるのに失敗することがよくある。『五次元世界のぼうけん』（渡辺茂男訳）をはじめ六〇冊以上もの作品があるヤングアダルト小説の名手マデレイン・レングルは、もし読書と空想に明け暮れる孤独な子供時代がなかったら、奔放な発想は育たなかっただろうと語った。少年時代のチャールズ・ダーウィンは友人には不自由しなかったが、自然のなかを長時間ひとりで散歩するほうが好きだった。大人になっても、それは変わらなかった。あるとき、著名な数学者からディナーパーティへの招待を受けたダーウィンは、「親愛なるバベッジ様へ。パーティへご招待くださいまして、まことにありがたく存じますが、残念ながらお受けできかねます。なぜなら、天国の聖人諸氏に誓って私は外出いたしませんと言った相手に、パーティで顔を合わせる恐れがあるからです」と書き送った。

だが、並外れた成果は、集中的実践によって基礎となるものを築くだけではなく、適切な労働条件もまた必要とする。そして、現代の職場では、それを手に入れるのは難しい。

オープンオフィスは生産性を阻害する？

コンサルタントをしていると、多種多様な職場環境をよく知ることができるという余得がある。コンサルティング会社である〈アトランティック・システムズ・ギルド〉を率いるトム・デマルコはかなりの数のオフィスに出入りし、特別に人口密度が高いオフィスがあることに気づいた。そして、それが会社の業績にどんな影響をもたらすかに関心を持った。

デマルコはティモシー・リスターと一緒に〈コーディング・ウォー・ゲーム〉と名づけた研究をした。目的は最高と最低のプログラマーの性格を明確にすることだった。九二社の六〇〇人以上の開発者が研究に参加した。各人がプログラムを設計し、コードを書き、テストした。参加者はそれぞれ、同じ会社からパートナーを割りあてられた。パートナーどうしは別々に作業するが、情報を交換し合わなくても、できあがったプログラムはよく似ていた。

ゲームの結果、パフォーマンスに大きな差があるのがわかった。最高と最低では一〇対一の割合だった。最上位のプログラマーは中位のプログラマーの約二・五倍の成果を出した。これほど驚くべき差が生じた理由はなんなのか、デマルコとリスターが調べたところ、経験年数や給与額や仕事に要した時間といった通常考えられる要因はすべて、結果とはほとんど関連がなかった。経験一〇年のプログラマーは二年のプログラマーよりも点数が悪かった。中央値以上を記録した半数のプログラマーの給料は、中央値以下の半数の給料と比較して、一〇％以下の違いしかなかった——能力の差はほぼ二倍だというのに。「不良ゼロ《ゼロ・ディフェクト》」のプログラマーは、そうでないプログラマーと比較して所要時間はわずかに短かった。

この結果は謎だったが、ひとつ興味深い手がかりがあった。同じ会社のプログラマーは、一緒に作業しなかったにもかかわらず結果はほぼ同レベルだった。そして、最上位のプログラマーたちは、従業員にプライバシーや個人的スペースを十分に与え、物理的環境の管理を自由にさせ、邪魔されない状況に置いている会社で働いている率が圧倒的に高かった。労働スペースで十分にプライバシーが保たれていると答えたプログラマーは、最上位グループでは六二%だったのに対して、最下位グループではわずか一九%だった。仕事中に必要もないのに邪魔されると答えたのは、最上位グループでは三八%、最下位グループでは七六%だった。

コーディング・ウォー・ゲームはテクノロジーの世界ではよく知られているが、デマルコとリスターの発見はコンピュータ・プログラムの世界にとどまらない。多種多様な産業界でのオープンオフィスに関する山のようなデータが、ゲームの結果の確証となっている。オープンオフィスは生産性を減少させ、記憶力を損なうことがわかっている。また、スタッフの離職率も高める。働く人の気分を悪くさせ、敵対的にし、意欲を奪い、不安を抱かせる。オープンオフィスで働く人は血圧が高くなり、ストレスレベルが上昇し、インフルエンザにかかりやすい。同僚と対立しやすくなる。同僚に電話を盗み聞きされたり、パソコン画面を盗み見られたりするのではないかと心配する。同僚との個人的で親密な会話が少なくなる。自分ではコントロールできない騒音にさらされることが多く、それが心拍数を増加させたり、体内で闘争‐逃走反応をもたらす「ストレス」ホルモンと呼ばれるコルチゾールを分泌させたりする。そして人々を、孤立した、怒りっぽく攻撃的な、他人に手を差しのべない人間にしてしまうのだ。

それどころか、過度の刺激は学習を阻害するようだ。最近の研究によれば、森のなかを静かに散歩した人は、騒音が溢れる街中を歩いた人よりも学習効果が高いと判明した。多種多様な分野の三万八〇〇〇人の知識労働者を対象にした別の研究では、邪魔が入るという単純なことが、生産性を阻害する最大の要因のひとつだとわかった。一度に複数の仕事をこなすことは、現代の会社員にとって賞賛される偉業だが、これもまた神話だとわかった。人間の脳は一度に二つのことに注意を払えない、と科学者たちは知っている。一度に二つのことをこなしているように見えても、じつは二つの作業のあいだを行き来しているだけで、生産性を低下させ、ミスを最大で五〇％も増加させる。

多くの内向型が、このことを本能的に知っていて、ひとつの部屋に大勢で閉じ込められるのを嫌う。カリフォルニア州オークランドのゲーム制作会社〈バックボーン・エンターテインメント〉では、当初オープンオフィス・プランを採用していたが、内向型が多いゲーム制作者たちから居心地が悪いという声が聞こえてきた。「なんだか大きな倉庫にテーブルが置いてあるみたいで、壁もないし、おたがいに丸見えだった」とクリエイティブ・ディレクターだったマイク・マイカは回想する。「そこで、部屋に仕切りをしたのだが、クリエイティブな部門でそれがうまくいくかどうか心配だった。ところが、結局のところ、誰もがみんな人目につかないで隠れられる場所を必要としていたとわかった」

二〇〇〇年に〈リーボック・インターナショナル〉がマサチューセッツ州カントンの本社で一二五〇人の社員を整理統合したときにも、同じようなことが起きた。デザイナーたちにはブレインストーミングできるようなたがいにアクセスしやすいオフィスが必要だろうと、上層部が考えた（おそらくMBA時代の体験からそう考えたのだろう）。だが幸運にも、彼らはまずデザイナーたち当人から意見を聞いたので、本当に必要なのは意識を集中するための静かさと平安だとわかった。

この話は、ソフトウェア企業〈37シグナルズ〉の共同設立者ジェイソン・フリードにとっては驚きではなかった。二〇〇〇年以降一〇年にわたって、フリードは数百人の人々（おもにデザイナーやプログラマーやライター）に対して、なにかをなし遂げなくてはならないとき、どこで作業したいか尋ねた。すると、彼らはオフィス以外のさまざまな場所を口にした。オフィスはうるさすぎて、しょっちゅう邪魔が入るからだ。そんなわけで、現在フリードのもとで働く一六人のうち本社があるシカゴに住んでいるのは八人だけで、会議のために招集されることさえない。会議は「有害」だとさえ、フリードは考えている。彼は共同作業に反対しているわけではない。37シグナルズのホームページは、自社製品が共同作業を生産的かつ快適なものにすると売り込んでいる。だが、フリードはメールやインスタントメッセージやオンラインでのチャットツールといった受け身の共同作業を好んでいる。世の中の経営者たちに彼はどんな助言をするだろう？　「つぎの会議をキャンセルしなさい。そして、二度と予定に入れないで、記憶から消し去るのです」と彼は助言する。さらに、「おしゃべりなしの木曜日」を推奨する。一週間に一度、従業員どうしが会話してはいけない日をつくるのだ。

フリードの質問に答えた人々は、クリエイティブな人たちがすでに知っていることをあらためて口にしたのだ。たとえば、カフカは執筆中には愛する婚約者でさえ近づけたがらなかったそうだ。

僕が書いているそばで座っていたいと、きみは言ったことがある。けれど聴いてくれ、そうすると僕はなにも書けなくなってしまうんだ。なぜなら、書くというのは、自分をなにもかもさらけだすことだから。そうした極限の状態に身を任せているその場に他人が入ってきたら、正常な人間ならば誰だって身がすくんでしまうはずだ……だからこそ、書くときにはいくら孤独でも孤独すぎることはないし、いくら静かでも静かすぎることもないし、夜の闇がいくら深くても深すぎることはない。

世界で愛される絵本作家シオドア・ガイゼル（ドクター・スースという名前でよく知られている）はカフカよりは陽気だろうが、カリフォルニア州ラホヤ郊外の、壁にスケッチや絵をずらりと並べた鐘楼のような仕事場にこもって作業をしていた。リズム感に溢れた文章とは対照的に、ガイゼルは物静かな人物だった。絵本読者の子供たちはきっと『キャット・イン・ザ・ハット』に出てくるような陽気でよくしゃべる人物だと思っているだろうから、そうした期待を壊してはいけないと、ガイゼルはめったに読者たちの前に姿を見せなかった。「私が出て行くと、たいていの場合、子供たちは怖がった」とガイゼルは認めた。

ブレインストーミング神話の崩壊

個人的な空間が創造力にとって欠かせないものだとしたら、「同僚たちの圧力」から自由になることもまた、そうだと言える。伝説的な広告マンのアレックス・オズボーンのこんな話を考えてみてほしい。今でこそオズボーンの名前を知る人は少なくなったけれど、二〇世紀前半には彼は画期的な発想で同時代の人々を魅了した英雄的存在だった。オズボーンは広告代理店〈バットン・バートン・ダスティン・オズボーン〉（ＢＢＤＯ）の共同設立者だが、作家として有名になった。そのきっかけは一九三八年、ある雑誌編集者が彼をランチに招待して、趣味はなにかと問いかけたことだった。

「イマジネーションです」オズボーンは答えた。

「オズボーンさん、それをテーマに本を書くべきです。そういう本がずっと待ち望まれてきました。最高に重要なテーマです。時間とエネルギーをそそぐだけの価値があります」と編集者が言った。

そこで、オズボーンは本を書いた。一九四〇年代から五〇年代にかけて数冊を執筆したが、いずれもBBDOのトップとしての彼を悩ませていた原因がテーマだった。すなわち、社員が十分にクリエイティブでない、といったことだ。彼らはすぐれたアイデアを持っているのに、同僚たちからの評価を恐れてそれを発表しようとしない、とオズボーンは信じていた。

オズボーンの解決策は社員たちをひとりで働かせるのではなく、集団思考による批判の脅威を取り除くことだった。彼はブレインストーミングの概念を発案した。集団でたがいに批判せず自由にアイデアを発表し合うのだ。ブレインストーミングには四つのルールがある。

1 判断や批判をしない。
2 自由に考える。アイデアは自由奔放であるほどいい。
3 質より量。アイデアは多いほどいい。
4 たがいのアイデアを結合し、発展させる。

批判や評価されることがなくなれば、集団は個人よりも、よりすぐれたアイデアをより多くもたらすに違いないとオズボーンは信じ、ブレインストーミングを強力に喧伝した。「集団によるブレインストーミングの量的な成果は疑問の余地がない。あるグループは電気製品の宣伝に四五件、募金キャンペーンに五六件、毛布の販売促進には一二四件ものアイデアを生みだした。また、ある問題について一五のグループでブレインストーミングを実施したところ、八〇〇件ものアイデアが出た」と彼は書いた。

オズボーンの理論は大きな衝撃をもたらし、企業のリーダーたちはこぞってブレインストーミングを採用した。今日にいたるまで、アメリカの大企業にいたことのある人ならば誰でもみな、ホワイトボードやマーカーがたくさん置かれた部屋に同僚と一緒に閉じ込められて、いかにも精力的な進行役に、さあ意見を出しなさいと言われた経験があるはずだ。

オズボーンの画期的なアイデアには、ひとつだけ問題があった。集団のブレインストーミングは実際には機能しないのだ。それを最初に立証した研究は一九六三年に行われた。ミネソタ大学の心理学教授マーヴィン・デュネットは、〈ミネソタ・マイニング・アンド・マニュファクチュアリング〉(3Mという社名で知られている、ポストイットをつくった企業)で働く科学系研究職の男性四八人と広告分野の管理職の男性四八人を集めて、単独作業と集団でのブレインストーミングをさせた。当初デュネットは、管理職の人々は集団作業からより大きな成果を得るだろうと考えていた。そして、内向型である可能性が高いと思われる研究職の人々については、その可能性は比較的低いだろうと考えていた。

各四八人の被験者は、四人ずつ一二のグループに分けられ、六本指で生まれてくることの利益と不利益はなにかといったような問題についてブレインストーミングをするよう指示された。また、各人は同じような問題についてひとりで考えるようにとも指示された。そして、デュネットらの研究チームは、集団から生まれたアイデアと個人が考えたアイデアの数を比較した。さらに、アイデアの質を評価して、「実現性」について〇点から四点の点数をつけた。

結果は非常に明快だった。二四組のうち二三組の人々がグループよりも個人で考えたほうがたくさんのアイデアを生みだした。また、質の点では、個人作業で生まれたアイデアは、集団作業で生まれたアイデアと同等あるいはそれ以上だった。そして、広告分野の管理職のほうが科学系研究職よりも集団作業を得意としているという結果は出なかった。

これ以後四〇年以上にもわたってさまざまな研究が続けられたが、結果はつねに同じだった。集団が大きくなるほどパフォーマンスは悪くなることが、研究から立証されているのだ。四人のグループよりも六人のグループのほうがアイデアは質・量ともに低下し、九人のグループではさらに低下する。「科学的な証拠からすると、集団でのブレインストーミングを採用するのは正気とは思えない。能力とやる気がある人々には、創造性と効率が最優先で求められる場合には単独作業をするよう勧めるべきだ」と、組織心理学者のエイドリアン・ファーンハムは書いている。

例外は、オンライン上のブレインストーミングである。電子機器を使った集団のブレインストーミングは、きちんと管理されていれば単独作業よりもよい結果をもたらす。そして、集団が大きいほどパフォーマンスも向上する。これは学問的研究の分野にもあてはまる——教授たちが離れた場所から電子機器を使って共同作業をすると、単独作業や対面での共同作業をした場合よりも有力な研究成果を得られる。

これは驚くような結果ではない。すでに述べたように、新集団思考に貢献した電子機器を通じた共同作業の興味深いパワーなのだ。もし電子機器上の大掛かりなブレインストーミングがなかったら、リナックスやウィキペディアは存在しただろうか。けれど、私たちはそうしたオンライン上のコラボレーションのパワーに驚嘆するあまり、あらゆる集団作業を過大評価して、個人による思考を軽視しているのではないだろうか。オンライン上で集団作業している人々はみな、それぞれに単独作業をしているのだという事実を、私たちは見逃してしまっている。それどころか、オンライン上の集団作業の成功が、対面の世界でも可能だと思い込んでいるのだ。

実際に、長年の研究から従来の集団ブレインストーミングは有効でないとわかっているのに、いまだに人気がある。ブレインストーミングの参加者たちはその成果を過大評価しており、この手法が人気を得ているのには重要な理由がある――集団でのブレインストーミングには結びつきが感じられるのだ。だが、目的が社会的な結びつきであるとするならば価値があるけれど、創造性の点からは目的に反している。

集団であることのプレッシャー

心理学者たちはブレインストーミングが失敗する理由を、通常三つあげている。第一は、**社会的手抜き**。つまり、集団で作業すると、他人任せで自分は努力しない人が出てくる傾向がある。第二は、**生産妨害**。つまり、発言したりアイデアを提示したりするのは一度にひとりなので、その他の人たちは黙って座っているだけだ。第三に、**評価懸念**。つまり、他者の前では自分が評価されるのではないかと不安になる。

オズボーンのブレインストーミングの「ルール」は、この不安を消すためのものだが、恥をかくことに対する恐れは非常に強力なものだと、さまざまな研究が示している。たとえば、一九八八年から一九八九年のバスケットボールのシーズン中、麻疹の流行で大学が休校になって、ＮＣＡＡの二チームが観客なしで一一ゲームを戦った。敵のファンも味方のファンもいないなかで、両チームともいつもよりも好成績（たとえばフリースローの成功率など）を残した。

行動経済学者のダン・アリエリーはこれと同じような現象に気づいた。アリエリーは三九人の被験者に、自分の机でひとりで、あるいは他人が見ている前で、文字を並べかえて別の単語にするパズルを解いてもらった。見ている人がいればやる気がそそられて、ひとりでやるよりもよい結果が出るのではないかと、アリエリーは予測した。ところが、結果は逆だった。観客の存在は、やる気を生むと同時に、ストレスをかけたのだ。

評価懸念に対する対応が難しいのは、私たちができることはほとんどないというところだ。意志力や訓練やアレックス・オズボーンが定めた集団のルールによって克服できると、あなたは思うだろう。だが、最近の神経科学の研究によれば、評価されることに対する恐れは非常に根深く、想像以上に広範囲な影響をもたらしているのだ。

オズボーンがブレインストーミングを奨励していたちょうど同じ時期、一九五一年から一九五六年にかけて、ソロモン・アッシュという心理学者が集団心理の危険性に関する、現在ではよく知られた一連の研究をした。アッシュは学生の被験者を募って、視覚テストをした。まず学生たちをいくつかのグループに分けて、長さが違う三本の直線が描かれた図Ａを見せ、どれが一番長いかと尋ねた。つぎに、図Ｂに一本だけ描かれた直線と同じ長さなのはどれかを答えさせた。そんな具合に質問を続けた。質問はどれも単純で、九五％の学生が全問正解した。

ところが、アッシュがグループのなかにサクラを複数仕込んで、同一の間違った答えを声高に主張させると、全問正解者の割合は二五％にまで低下した。すなわち、七五％もの学生が少なくともひとつの問題で、サクラにひっぱられて間違った答えを出したのだ。

アッシュの実験は「同調」のパワーの強さを立証し、オズボーンはその鎖から私たちを解き放とうとしたのだ。だが、私たちがなぜ周囲に同調しやすいのかについては、二人とも語っていない。長いものに巻かれてしまう人々の心のなかでは、いったいなにが起きているのだろう？　他人のプレッシャーに負けて直線の長さが違って見えてしまうのか、それとも仲間はずれになるのが怖くて、間違いだとわかっている答えを選んでしまうのか。何十年ものあいだ、心理学者たちはこの問いに頭を悩ませてきた。

現在では、脳の働きを画像で見るｆＭＲＩ（機能的磁気共鳴画像法）の助けを借りて、私たちはその答えに近づいているようだ。二〇〇五年、エモリー大学の神経科学者グレゴリー・バーンズは、アッシュの実験の最新版を実行することにした。バーンズらの研究チームは一九歳から四一歳の男女三二人を被験者とした。被験者たちはコンピュータ画面で二つの異なる三次元の物体を見せられ、最初に見た物体を回転させると二番目に見たものと同じになるかと訊かれる。そして、そのときの被験者の脳がどのように働いているかが、ｆＭＲＩで観察された。

結果は長年の疑問を解明するとともに、不安をも感じさせるものだった。第一に、それはアッシュの発見を確認した。被験者がひとりで判断して答えた場合、誤答率は一三・八％だった。だが、集団で自分以外の全員がもれなく間違った答えを選んだ場合、四一％が集団にひっぱられて誤答を選んだ。

だが、バーンズの実験は、なぜ私たちが周囲に同調してしまうかにも焦点をあてていた。被験者の脳内を観察すると、被験者が単独で答えたときには、脳の視空間認知を司る後頭皮質と意識的な意思決定を司る前頭皮質の部分で、神経細胞のネットワークが活性化していた。だが、他人の誤答に同調したときには、脳の働きがはっきり違っていた。

思い返してみれば、アッシュが知りたかったのは、被験者が集団の意見は間違っていると知っていながら同調したのか、それとも集団によって認知が変化させられたのか、ということだった。もし、前者が正しければ、意思決定を司る前頭皮質で活動が活発化するはずだと、バーンズらは推論した。逆に、視空間認知を司る部分の働きが活発化していれば、集団がなんらかの形で個人の認知を変化させたのだということになる。

結果はまさに後者だった。集団に同調して誤答した人の脳内では、意思決定に関わる部分ではなく、視空間認知に関わる部分が活性化していたのだ。要するに、集団によるプレッシャーは不快なだけでなく、あなたが問題をどう見るかを実際に変化させるのだ。

これらの初期の発見は、集団がまるで幻覚誘発物質のように作用することを示唆している。集団が答えはＡだと考えれば、あなたはＡが正答だと信じてしまう傾向が強い。「よくわからないけれど、みんながＡだと言っているから、そうしておこう」と意識的に考えるのではなく、「みんなに好かれたいから、答えはＡにしておこう」というのでもない。もっとずっと思いがけないことが、そして危険なことが起こっているのだ。バーンズの実験で集団に同調した被験者の大半は、「思いがけない偶然で意見が一致した」から自分も同意見だったと報告した。つまり、彼らは集団からどれほど強く影響されているか、まったく意識していない。

これのどこが社会的な恐れと関連しているのだろう？　アッシュの実験でもバーンズの実験でも、

被験者全員がつねに同調したわけではないのを思い出してみよう。一部の人々は周囲からの影響に負けず正解したのだ。そして、バーンズらの研究チームは、それについて非常に興味深い発見をした。正解した被験者の脳内では、拒絶されることに対する恐れなどの感情を司る扁桃体が活性化していたのだ。

バーンズが「自立の痛み」と呼んだこの現象は、深刻な意味を持っている。選挙や陪審裁判から多数決原理にいたるまで、重要な市民制度の多くは意見の相違があることによって成立している。だが、もし集団が私たち一人ひとりの認知を文字どおり変化させることができるのならば、そうした制度の健全性は一般に考えられている以上に脆弱《ぜいじゃく》なのかもしれない。

多様化された職場空間がもたらす恩恵

ここまで私は対面の共同作業を単純化して反証してきた。だが、つまるところ、スティーブ・ウォズニアックはスティーブ・ジョブズと共同作業をした。二人の結びつきがなかったら、現在のアップルはなかっただろう。母親と父親、両親と子供それぞれの結びつきは、創造的な共同作業の実践だ。実際、対面のやりとりはオンラインのやりとりでは生みだせない信頼感をもたらしうる。また、人口密度の高さが革新的な発見と相関しているとする研究もある。静かな森のなかでの散歩は利益をもたらすものの、混雑した街に住む人々は、都会生活が提供する相互作用の網の目から恩恵を受けているのだ。

この現象については、私自身も身に覚えがある。この本の執筆にかかったとき、まず机を整理し、ファイル棚や資料を置くカウンターを用意して、自宅の仕事場を完璧に準備した。その結果、あまりにも世界から隔絶されてしまったように思えて、いざキーボードに向かうと、なにを書けばいいかわからなくなった。結局、この本の大部分は、近所にある行きつけの混み合ったカフェにノートパソコンを持ち込んで書いた。そうした理由は、まさに新集団思考の信奉者が考えそうなものだった。すなわち、周囲に人がいるだけで、発想の飛躍の助けになるからだ。カフェにはノートパソコンをかかえ込むように座っている人がたくさんいて、もし彼らのいかにも没頭している表情が本物なのだとすれば、仕事がはかどっているのは私だけではなかった。

だが、私にとってカフェが仕事場として機能したのは、現代の学校や職場の大半にはない特性を持っていたからだ。外界との接点がありながら、くつろいだ雰囲気で、好きなときに行き来できるカフェという場所は、私を面倒なしがらみから解き放って、書くことの「集中的実践」を可能にしたのだ。私は観察者になったり、社会の一員になったり、好きなときにスイッチを替えられた。環境もコントロールできた。店内の中央かそれとも一番隅のテーブルか、つまり傍観者に徹したいのかそうでないのか、その日の気分しだいで毎日好きなテーブルに座ったのだ。そして、その日に書いた分を邪魔されずに静かに読み直したければ、カフェから退散すればいい。たいていの場合、数時間でその日の分は終わったので、勤め人たちがたくさんやってくるまで、八時間も一〇時間も一四時間も長居することはなかった。

私たちが進むべき道は、対面での共同作業をやめるのではなく、そのやり方を改良することだろう。ひとつには、個々人の強さや気質に応じてリーダーシップや他の職務が分けられるような、内向型と外向型との共生関係を積極的に追求すべきである。もっとも達成度の高いチームは内向型と外向型が適切に混在していると数々の研究が示しているし、リーダーシップの構造についても同じことが言える。

　また、万華鏡のように変化する人間どうしの相互作用のなかで自由に動きながらも、集中したり孤独が必要になったりすれば自分だけのワークスペースに隠れることができる、そんな環境を設定する必要もある。学校は子供たちに他人と一緒に働くスキルを教えるべきだが――十分に実践され時代に即した形であれば、協同学習は効果的になりうる――意図的にひとりで学習する時間や訓練もまた必要なのだ。さらには、多くの人々が――スティーブ・ウォズニアックのような内向型はとくに――最大限の成果を生みだすために普通以上の静けさやプライバシーが必要だという認識も欠かせない。

　一部の企業は静けさや孤独の価値を理解しはじめたらしく、単独の作業スペースに、静粛ゾーン、カジュアルなミーティングエリア、カフェ、読書室、コンピュータ・ハブ、そして、他人の仕事を邪魔せずに社員どうしが気軽に会話できるように〝ストリート〟までも提供する、〝フレキシブル〟なオフィスプランを提案している。〈ピクサー・アニメーション・スタジオ〉のオフィスは、一六エーカーの広大な敷地に立ち、中央にはメールボックスやカフェテリアやバスルームまで備えたフットボール場サイズのアトリウムがある。偶然の出会いをできるかぎり促進する、というのが設計のアイデアだ。さらに、社員たちは小さく仕切られた部屋に机を置いた個人のオフィスを持ち、その内部を好きなように飾ることができる。同じように、〈マイクロソフト〉の社員たちも個人用のオフィスを持っている。しかも、各オフィスはスライドドアや可動式の壁などで仕切られていて、共同作業が必要かそれともひとりで考えるためにプライバシーが必要か、用途に応じて使用できるようになっている。システムデザイン研究者のマット・デイヴィスによれば、こうした多様化された職場空間は、従来のオープンオフィスよりもこもる場所が多いので、内向型にも外向型にも恩恵をもたらすという。

きっとウォズニアックもこうした新しいオフィス空間設計を肯定するだろう。アップルを創設する以前、ウォズニアックはヒューレット・パッカードで計算機の設計をしていた。彼がその仕事を気に入っていた理由のひとつは、会社が同僚どうし雑談しやすい環境だったことだ。毎日午前一〇時と午後三時にコーヒーとドーナッツが出て、社員たちは気軽にアイデアを交換し合った。そのやりとりが特別だったのは、社員たちが落ち着いたリラックスした状態だったことだ。自伝のなかでウォズニアックはヒューレット・パッカードについて、外見にこだわらない、社会的な駆け引きに重きを置かない能力主義で、愛するエンジニアリングの仕事から彼を引き離してマネジメントをさせようとはしなかったと書いた。それこそが、ウォズニアックにとって意味のある共同作業なのだ。気取らない恰好をした、批判とは縁遠いのんびりした同僚たちと、ドーナッツやひらめきを分かち合い、彼が仕事に真剣に取り組むために仕切りのなかに隠れても、誰も少しも気にしない。そんな環境が大切だったのだ。

パートⅡ

持って生まれた性質は、あなたの本質か？

4章

性格は運命づけられているのか？

天性、育ち、そして「ランの花」仮説

一部の人々は、すべての物事について私よりも確信を持っている。
——ロバート・ルービン『ルービン回顧録』

一〇年ほど前の私

時間は午前二時。私はどうしても寝つけず、いっそ死んでしまいたいと思っていた。

ふだんは自殺など考えたこともないが、大切な講演を翌日に控えて、頭のなかは不安と心配でいっぱいだった。もし緊張で口が渇きすぎて、しゃべれなくなってしまったら、どうしよう？　もし、聴いている人たちを退屈させてしまったら？　もし、演壇上で気分が悪くなってしまったら？

ボーイフレンド（現在では夫）のケンは、私が眠れずに寝返りを打ってばかりいるのに気づき、そのあまりの憔悴ぶりに驚いた。国連平和維持活動に関わっていたケンは、ソマリアで待ち伏せ攻撃に遭《あ》った経験があるのだが、そのとき彼が感じた恐怖よりも、きっと私がその晩感じていた恐怖のほうが強かったに違いない。

「なにか楽しいことを考えなさい」彼はそう言って額を撫《な》でてくれた。

天井をじっと見ていると、涙が溢れてきた。楽しいことって、どんな？　演壇とマイクばかりが浮かんできて、楽しいことなどなにも考えられない。

「十数億人もいる中国人はみんな、きみがどんなスピーチをしようと、これっぽっちも関心がないと思うよ」ケンはなんとか落ち着かせようとジョークを言った。

少しだけ気が楽になったが、効果はほんの五秒間ほどしか続かなかった。また寝返りを打って、目覚まし時計を見た。時間はすでに六時半。少なくとも一番つらい時間はもう過ぎた。講演さえ切り抜ければ、明日はすっかり自由の身だ。だが、その前に、なんとか本番を乗り越えなければ。私は暗い気分で身支度して、コートを着た。ベイリーズのアイリッシュクリームを入れたスポーツ用ウォーターボトルを、ケンが手渡してくれた。お酒はあまり飲まないが、このアイルランド産のリキュールはチョコミルクシェイクの味がするので気に入っている。ケンは「会場に立つ一五分前に飲みなさい」と言って、さよならのキスをした。

エレベーターで一階へおりて、迎えの車に乗り込み、ニュージャージー州の郊外にある大企業の本社へ向かった。車に乗っているあいだずっと、いったいどうして自分をこんな破目に追い込んでしまったのかと後悔していた。私はウォール街の弁護士という仕事を辞めて、自分のコンサルタント事務所を立ちあげたばかりだった。たいていの場合一対一もしくは少人数で働いていたので、居心地がよかった。だが、大手メディア企業の法律顧問をしている知人から重役陣を対象にセミナーをしてくれと依頼されて、今となってはいったいどうしてなのか理由は見当もつかないが承知してしまったのだ――それも喜んで！　目的地へ向かいながら、ここでちょっとした地震かなにかが起きて、セミナーが中止にならないものかと心の奥で祈っていた。そして、そんな罰当たりなことを祈ったことに罪の意識を感じた。

先方のオフィスに到着して車から降り、自信満々の潑剌としたコンサルタントに見えるように背筋をぐっと伸ばした。担当者が会場へ案内してくれた。私はトイレの場所を尋ねて、個室に入ると、ウォーターボトルの中身をごくりと飲んだ。立ったまま、アルコールが全身に回って魔法がかかるのを待った。だが、なにも起こらない——まだ怖くてたまらなかった。もう一口飲んだほうがいいのかも。いいえ、セミナーの開始時間まであと一五分しかない——もし、息が酒臭いと気づかれたらどうしよう？　口紅を塗り直して、会場へ戻り、演台の上にメモカードを並べていると、見るからに重要な地位にある人々が会場を埋めた。たとえなにがあろうと、とにかくこの場で吐いてはいけないのだと、私は自分に言い聞かせた。

重役たちのなかには、こちらを見つめている人もいたが、大半の視線は手元のスマートフォンに釘付けだった。いったいどうしたら、急ぎの用件を発信している彼らの注意をこちらへ向けることができるのだろう？　セミナーなんて二度としない、そのとき私は心に誓った。

内向型か外向型かを分けるもの

さて、その後、私は数えきれないほどたくさんのセミナーで話をした。恐怖心を完全に克服してはいないが、長年の経験から、人前で話をしなければならないときに役に立つ心得を発見したのだ。詳しくは5章を参照のこと。

それはさておき、自分の絶望的な恐怖についてお話ししたのは、それが内向性をめぐる根本的な疑問に関連しているからだ。人前で話をすることに対して恐怖を感じることは、静かで知的なものを愛する性格と、どこか深い部分でつながっているような気がする。はたして、本当にそうなのか? もしそうだとしたら、どのようにつながっているのだろう? 「育ち」の結果、つまり育った環境や教育の結果だろうか? 私の両親は物静かで思慮深いタイプだ。母は私と同じく人前で話すのが嫌いだった。とすれば、「天性」のもの、つまりは遺伝子のなせる業なのだろうか?

私は成人してからずっと、この疑問を考えてきた。ありがたいことに、ハーバード大学の科学者たちも同じ疑問を持ち、人間の脳を研究し、個人の性格の生物学的起源を発見しようと試みてきたのだ。

二〇世紀の偉大な発達心理学者である現在八二歳のジェローム・ケーガン教授は、そうした科学者のひとりだ。ケーガンは子供の感情や認知能力の発達についての研究に人生を捧げてきた。一連の革新的な長期的研究を重ねて、ケーガンは子供たちを乳児期から思春期まで追跡調査し、彼らの生理機能や性格の変化を記録した。こうした長期的研究は手間だけでなく費用もかかるために、ほとんど類を見ない。だが、その成果は大きく、ケーガンの研究はまさにそうだった。

その一環である一九八九年に開始され現在も継続中の研究で、ケーガンらの研究チームはハーバード大学〈児童発達研究所〉に生後四ヵ月の乳児五〇〇人を集め、四五分間かけて観察すれば、一人ひとりの赤ん坊が将来内向的に育つか外向的に育つかを予測できるとした。もし、あなたが生後四ヵ月の赤ん坊の親ならば、それはなんとも大胆な発言に思えるはずだ。だが、ケーガンは長年にわたって気質の研究をしており、ある理論を持っていた。

ケーガンらは、生後四ヵ月の赤ん坊に慎重に選んだいくつかの新しい体験をさせた。録音した声を聞かせたり、色鮮やかなモビールを見せたり、先端をアルコールに浸した綿棒を嗅がせたりしたのだ。それらの未知の体験に対して、赤ん坊たちはそれぞれに反応した。全体の約二〇％は元気よく泣いて、手足をばたつかせた。ケーガンはこのグループを「高反応」と呼んだ。約四〇％は静かで落ち着いたままで、時々手足を動かすものの、さほど大きな動きではなかった。ケーガンはこのグループを「低反応」と呼んだ。残りの約四〇％は「高反応」と「低反応」との中間だった。ケーガンは物静かな一〇代に成長するのは「高反応」グループの赤ん坊だと予測した。

その後、赤ん坊たちは二歳、四歳、七歳、一一歳の時点でケーガンの研究室に呼ばれて、見知らぬ人やはじめて体験する事柄に対する反応をテストされた。二歳のときには、ガスマスクをかぶって白衣を着た女性や、ピエロの恰好をした男性や、無線で動くロボットに引き合わされた。七歳のときには、初対面の子供と遊ぶよう指示された。一一歳のときには、見知らぬ大人から日常生活についてあれこれ質問された。ケーガンらはこうした外部からの刺激に対して子供がどう反応するかを観察し、ボディランゲージを解読するとともに、自発的に笑ったり話したり笑みを浮かべたりする様子を記録した。さらに、両親と面接して彼らのふだんの様子について尋ねた――少数の親しい友達とだけ遊ぶのが好きか、あるいは大勢で遊ぶのが好きか？　知らない場所を訪ねるのが好きか？　冒険派か、それとも慎重派か？　自分のことを内気だと思っているか、それとも大胆だと思っているか？

子供たちの多くが、ケーガンが予測したとおりに成長した。モビールを見て盛大に手足を動かして騒いだ二〇％の「高反応」の赤ん坊の多くは、思慮深く慎重な性格に成長した。激しく反応しなかった「低反応」の赤ん坊は、大らかで自信家の性格に成長している例が多かった。言い換えれば、「高反応」は内向的な性格と、「低反応」は外向的な性格と一致する傾向が見られた。ケーガンは一九九八年の著書『ガレノスの予言』(*Galen's Prophecy*)のなかで、「カール・ユングが七五年以上も前に書いた内向型と外向型についての記述は、われわれの高反応・低反応の子供たちに驚くほどぴたりとあてはまる」と書いた。

ケーガンは二人の一〇代の少年を例にあげている。内向的なトムと外向的なラルフ、この二人は驚くほど違う。トムはとても内気で、成績優秀、慎重で物静か、女友達や両親にやさしく、心配性で、ひとりで勉強したり考えごとをしたりするのが好きだ。将来は科学者になりたいと思っている。「内気な子供時代を送った内向型の著名人と同じく……彼は〝心の人生〟を選んだのだ」と、ケーガンはトムを詩人で劇作家のT・S・エリオットや数学者で哲学者のアルフレッド・ノース・ホワイトヘッドになぞらえて書いた。

ラルフはまったく対照的で、ざっくばらんな自信家だ。ケーガンの研究チームの一員である二五歳も年上の専門家に対しても、まるで友達どうしのように話す。頭は非常にいいのだが、勉強をサボったせいで英語と科学の授業で落第点を取った。それでも、ラルフはまったく気にしていない。自分自身の欠点を明るく認める。

心理学者はしばしば、「気質」と「性格」との違いについて論じる。気質とは生まれ持ったもので、生物学的な基盤を持った行動や感情のパターンであり、乳児や幼児の頃にも観察できる。それに対して、性格とは後天的に獲得したさまざまな要素が複雑に混じり合ってつくられる。気質が土台であり、性格は建物であると表現する人もいる。ケーガンの研究は、トムとラルフの例のように、乳児の気質と思春期の性格とを結びつけるのを助ける働きをするものだ。

高反応な子供と低反応な子供

ところで、いったいなぜケーガンは、刺激に対して激しく反応した赤ん坊がトムのように慎重で内省的に育ち、激しい反応を示さなかった赤ん坊がラルフのように外向的に育つ可能性が高いとわかったのだろうか？　その答えは生理学にある。

ケーガンの研究チームは、子供たちに刺激を与える際に、心拍や血圧や指先の温度や、神経系のさまざまな数値の変化を測定した。それらが脳内の扁桃体と呼ばれる器官によってコントロールされると信じられているからだ。扁桃体は大脳辺縁系の奥に位置し、ラットなど原始的な動物にもある原始的な脳だ。「感情脳」とも呼ばれ、食欲や性欲や恐怖といった根源的な本能の多くを司っている。

扁桃体は脳内の感情スイッチの役割を担っており、外界からの刺激を受けるとそれを脳の他の部分へ伝え、神経系に指令を出す。その機能のひとつは、外界の新しいものや脅威になるものの存在——たとえば、飛んでくるフリスビーや、シューッと音を発して威嚇するヘビ——を即座に感知して、瞬時に闘争–逃走反応の引き金を引くことだ。フリスビーが顔面を直撃しそうに見えたとき、屈《かが》んで避けなさいと命じるのは扁桃体だ。ガラガラヘビが鎌首をもたげて威嚇してきたとき、逃げなさいと指示するのも同じだ。

ケーガンはこんな仮説を立てた——生まれつき扁桃体が興奮しやすい乳児は外界からの刺激に対して大きく反応し、成長すると、初対面の人間に対して用心深く接するようになる。そして、この仮説は立証された。つまり、生後四ヵ月の乳児が刺激に対してまるでパンクロッカーのように大きく手足を振って反応したのは、外向型に生まれついたせいではなく、彼らが「高反応」であり、視覚や聴覚や嗅覚への刺激に強く反応したせいだったのだ。刺激にあまり反応しなかった乳児は内向型だからではなく、まったく逆に、刺激に動じない神経系を備えているからなのだ。

扁桃体の反応が大きいほど、心拍数が多く、瞳孔が広がり、声帯が緊張し、唾液中のコルチゾール（ストレスホルモン）値が高くなる。つまり、刺激に対してより強い苛立ちを感じるわけだ。高反応の子供たちは、成長するにつれて、生まれてはじめて遊園地へ行くとか、幼稚園へ通いだして知らない大勢の子供たちと触れ合うとか、さまざまな形で新しい刺激を受ける。私たちは初対面の人に対する子供たちの反応に目を向けがちだ。登校初日にどうふるまったかしら？　知らない子がたくさん集まった誕生会で、あの子はとまどっていたかしら？　と。だが、私たちが本当に目にしているのは、他人に対するふるまいだけではなく、経験のない物事全般に対する子供の反応なのだ。

おそらく、内向性や外向性を決める要素は、反応の高低だけではないだろう。内向型でも高反応でない人はたくさんいるし、割合は少ないものの、高反応の子供が外向型に成長することもある。それでも、ケーガンの数十年かけた一連の発見は、性格タイプを理解するうえで劇的な変革をもたらした——私たちの価値判断をも含めて。外向型は「社交的」で他人を思いやり、内向型は他人と触れ合うのを好まない「人間嫌い」だという説がある。しかし、ケーガンの研究では、乳児は人間に対して反応しているのではない。アルコールを含ませた綿棒に反応している（あるいは反応していない）のだ。高反応な赤ん坊は人間嫌いではなく、破裂した風船に反応して手足を動かす（あるいは動かさない）のだ。高反応な赤ん坊は人間嫌いではなく、たんに刺激に敏感なのだ。

じつのところ、高反応の子供たちの神経系は、恐ろしいものだけでなく、すべてのものに敏感に気づくように結びついているようだ。高反応の子供は人間に対しても事物に対しても「注意を喚起」する。彼らは決定をくだす前に選択肢を比較するために、文字どおり目をより多く動かす。その様子はまるで、周囲の世界に関する情報を、意図的にせよそうでないにせよ、ひどく真剣に処理しているように見える。ケーガンは初期の研究で、小学一年生の子供たちに絵合わせゲームをさせた。まずクマが椅子に座っているカードを一枚見せてから、つぎに似たような絵柄のカードを六枚見せる。そのうちの一枚だけが、先に見せたカードとまったく同じ絵柄だ。高反応の子供は他の子供よりも時間をかけて六枚のカード全部に目を通し、正しいカードを選ぶ確率が高かった。単語ゲームをさせても、高反応の慎重な子供たちは、衝動的な子供たちよりも正答率が高かった。

高反応の子供はまた、自分が気づいたことについて深く考えたり感じたりして、あらゆる日常的な体験から微妙なニュアンスを感じとる傾向がある。このことはさまざまな形で現れる。人との関係に関心がある子供ならば、他人を観察していろいろ考えることに長い時間をかけるかもしれない――ジェイソンはどうして玩具を貸してくれなかったのだろう？　ニコラスがぶつかったときにメアリーはなんであんなに怒ったのだろう？　といった具合に。たとえば、パズルを解いたり絵を描いたり砂の城をつくったり、なにかに特別な関心を持てば、並外れた集中力で取り組むことが多い。高反応の幼児が他の子の玩具をうっかり壊してしまったら、罪の意識と悲しみが混じった感情を低反応の子供よりも強く抱くと、研究は示している。もちろん、どんな子供も周囲のさまざまな事柄に気づき、それなりの感情を抱くが、高反応の子供は物事をよりしっかり見て、より深く感じる。科学ジャーナリストのウィニフレッド・ギャラガーは、みんながひとつの玩具を欲しがったらどうしたらいいかと七歳の高反応の子供に尋ねれば、「みんなの名前を書いて、アルファベット順に使えばいいよ」というような高度な答えが返ってくることが多いと書いている。

「彼らにとって、理論を実践に適用することは難しい。なぜなら、彼らの敏感な性分や複雑なやり方は学校内の雑多な状況にはそぐわないからだ」とギャラガーは書いている。とはいえ、この先の各章で見ていくように、こうした特質——警戒心、微妙なニュアンスへの敏感さ、感情の複雑さ——は、過小評価されているパワーなのだ。

生まれつきか育ちか

ケーガンは高反応が内向性の生物学的基盤のひとつであることを示す証拠を入念に記録しているが、彼の発見の数々に説得力があるのは、その内容が私たちが以前から感じてきたことを確かめているからでもある。ケーガンの研究は、大胆にも文化的神話の領域にまで踏み込んでいる。たとえば、彼は自分のデータにもとづいて、高反応は青い目やアレルギーや花粉症といった身体的特質と関連していると信じている。また、高反応の男性はそうでない男性よりも、痩せた体つきで顔がほっそりしていることが多いとも信じている。そうした結論は推論的であり、頭蓋骨の形から人間の魂を知ろうとする一九世紀の占いを思い起こさせる。だが、結果が正しかろうと誤っていようと、小説に登場する物静かで内気で知性的な人物がまさにそういう姿形で描かれるのは、じつに興味深い。あたかも、そうした生理学的傾向が無意識に私たちの文化の深層に埋め込まれているかのようだ。

ディズニー映画を例にとってみよう。アニメ制作者たちがシンデレラやピノキオやドーピーといった繊細なキャラクターは青い目で、シンデレラの姉たちやグランピーやピーターパンといった押しの強いキャラクターは黒っぽい目で描くのは、彼らが無意識のうちに高反応について理解しているからだと、ケーガンらは推測する。本やハリウッド映画やテレビドラマでも、同じような傾向が見られる。さらにケーガンは、白い肌で青い目の女性を好む男性は、そういう女性に無意識に繊細さを感じているのだと推測する。

外向性・内向性は生理学的な、ひいては遺伝的な要素にもとづいているという推論を支持する研究はほかにもある。「生まれつきか育ちか」の問題を解くもっとも一般的な方法のひとつは、一卵性双生児と二卵性双生児の性格特性を比較することだ。一卵性双生児はひとつの受精卵から育つので同じ遺伝子を持っているが、二卵性の場合は偶然に排出された二つの卵子が受精するので、遺伝子は平均で五〇％しか共通していない。だから、一卵性と二卵性の双生児の内向性と外向性の度合いを比較して、もし一卵性のほうが二卵性よりも酷似していれば、遺伝要因が働いているということになる。実際、数々の研究で、たとえ双生児が別々の環境で育っても、そういう結果が出ている。

研究はどれも完璧ではないが、結果は一貫して、内向性・外向性は調和性や勤勉性など他の主要な特質と同じく、四〇％から五〇％は遺伝によるというものだ。

だが、内向性についての生物学的説明は完全に満足できるものだろうか。ケーガンの『ガレノスの予言』をはじめて読んだとき、私は眠れないほど興奮した。そこには、友人たちが、家族が、私自身が――それどころかすべての人間が――「穏やかな神経系」対「高反応の神経系」というプリズムを通してきちんと整理されていたのだ。まるで、人間の性格の謎をめぐる数世紀にもわたる哲学的な問いが、科学的明晰さによって解明された輝かしい瞬間のように私には思えた。そこには「生まれつきか育ちか」の問いに対する明快な答えがあった――私たちは定められた気質を備えて生まれ、それが大人になってからの性格を強力に形づくるのだ、と。

だが、そんなにシンプルな答えで本当にいいのか。内向性や外向性は持って生まれた神経系のせいにしてしまえるのだろうか。私はたぶん高反応な神経系を持っているのだろうが、手のかからない赤ん坊で風船に向かって泣き叫んだことなどない、と母は言っていた。とんでもなく自信を喪失してしまうことはあるが、正しいと信じたことは勇気を持って実行する。異国で過ごす最初の日は居心地が悪いが、旅行は好きだ。子供の頃は内気だったけれど、成長してからは最悪の状態は脱した。さらには、こうした矛盾はあまり例外的だとは思えない。誰でも矛盾し合う性格を持っている。そして、人間は年月とともに驚くほど変わるのではないだろうか。自由意志はどうだろう？　私たちは自分がどんな人間で、どんな人間になるか、まったく左右できないのだろうか。

私はケーガン教授に直接会って、話を聞こうと決心した。彼の発見が非常に興味深かっただけではなく、「生まれつきか育ちか」論争で彼の存在がとても大きかったので、強く心を惹かれたからだ。一九五四年に研究を開始した当初、ケーガンは強固な「育ち派」として科学界の定説に歩調を合わせていた。当時、生まれつきの気質という考えは、ナチの優生学や白人至上主義を連想させるとして、政治的にも認められなかった。それに対して、子供は白紙で生まれてくるという考えは民主主義国家にアピールするものだった。

だが、ケーガンは途中で考えを変えた。「データからすれば、どう否定しようと努力しても、気質は考えていた以上に強力だった」と現在の彼は言う。一九八八年『サイエンス』誌に発表した高反応の子供に関する論文が、生まれ持った気質に関する考えを正当化するのに役立ったのは、ひとつには「育ち派」としての彼の評判が非常に高かったおかげだった。

私が「生まれつきか育ちか」論争を解くのを助けてくれる人がいるとしたら、それはジェローム・ケーガンに間違いなかった。

なぜ人前で話すのは怖いのか

ハーバード大学のウィリアムズ・ジェイムズ・ホールの自室へ招き入れてくれたケーガンは、私が腰かけるのをじっと見つめていた。その視線は厳しくはないが、洞察力に満ちている印象だった。私はコミックに出てくるような、白衣を着て試験管を手にした穏やかな人物を想像していた。ところが、現実はまったく違っていた。ケーガンは私が想像していたような物腰の柔らかい老教授ではなかった。ヒューマニズムに溢れた本を書く科学者であり、幼い頃は心配性で怖がりだったというケーガンは、周囲を威圧するようなオーラを放っていた。私はまず、彼が否定するような基本的な質問を切りだした。すると彼は、「ノー、ノー、ノー！」と大声を発した。

たちまち、私のなかの高反応の性質が激しく反応した。いつもなら小さな声で話すのだが、なんとか人並みの声を発しようと必死になった（それでも、このときの録音を聴くと、ケーガンの声が朗々と響くのに、こちらの声ははるかに小さい）。気づくと、私は背筋に力を入れて体を硬くしていた。自然と現れる高反応のしるしのひとつだ。ケーガンもそれに気づいているはずだと思うと、妙な気分だった。彼は私にうなずきかけ、高反応の人はライターのような「自分が責任者である」知的な職業につくことが多いのだと言った。「ドアを閉め、ブラインドをおろして、仕事に専念できるし、予想外の出来事に遭わないで済む」職業だそうだ（学歴があまり高くない場合には、同じ理由から、事務員やトラック運転手になる傾向があるという)。

私は知り合いの「エンジンがかかりにくい」少女の話に触れた。彼女は初対面の人に挨拶するよりも観察する。家族と一緒に毎週海へ行くのだが、彼女だけがなかなか足先を海水につけようとしない。典型的な高反応ではありませんか、とケーガンに訊いてみた。

「ノー！」ケーガンは大声で否定した。「どんな行動にも複数の理由があるものです。それを忘れてはいけない！　統計を取ってみれば、エンジンがかかりにくい子供は高反応の例が多いでしょうが、生まれてから三年半の体験が大きく影響している場合もあるのです！　ライターやジャーナリストが話すとき、一対一の関連で物事を判断したがります。つまり、ひとつの行動にひとつの原因、というわけです。だが、重要なことを忘れないでください。エンジンがかかりにくいとか、内気だとか、内省的だとかいう性質が生じるには、さまざまなルートがあるのです」

ケーガンは、神経系との関連の有無にかかわらず、内向的な性格をもたらしうる環境因子をつぎつぎにあげた。子供は頭のなかで新しいアイデアを考えて、そのせいで時間がかかっているのかもしれない。あるいは、健康上の問題が心のうちに影響を及ぼしているのかもしれない。

人前で話すことに対して私が抱く恐怖感もまた、同じように複雑なのかもしれない。人前で話すのが怖いのは、私が高反応の内向型だからだろうか。たぶん、そうではないだろう。高反応でも、人前で話したり演じたりするのが好きな人もいるし、外向型なのにスピーチ嫌いだという人も多い。スピーチはアメリカ人にとって怖いものの第一位で、死に対する恐怖をうわまわっている。スピーチ恐怖症の原因はいろいろあり、たとえば幼時体験があげられるが、その内容は人それぞれであり、生まれつきの気質ではない。

じつのところ、スピーチ恐怖症は人間の本質に関わるもので、神経系が高反応に生まれついた人々だけにかぎったものではないのかもしれない。社会生物学者のE・O・ウィルソンの著作にもとづいた、こんな理論がある——私たちの祖先が草原で生活していた当時、見つめられることの意味はひとつだけだった。捕食獣に狙われている、ということだ。食べられそうだと危険を感じたときに、私たちは背筋をぴんと伸ばして自信たっぷりに長々としゃべるだろうか。とんでもない。逃げだすに決まっている。つまり、演壇にあがって聴衆の視線が集中すると、私たちの本能はそれを捕食獣の目のぎらつきと錯覚して、演壇から逃げたくなってしまいかねない。だが、聴衆のほうは、私たちが落ち着いてその場にじっとしているものと期待している。このような生物学と礼儀との衝突は、人前で話すことが恐ろしく感じられる理由のひとつなのだろう。リラックスさせようとして、聴衆がみんな裸だと思えと言う人がいるが、そんな助言は恐怖にかられた話者にはまったく役に立たない。なぜなら、裸だろうと優雅に着飾っていようと、ライオンは恐ろしいのだから。

だが、たとえすべての人が聴衆を捕食獣だと思ってしまいがちだとしても、闘争‐逃走反応を起こすきっかけは人さまざまだ。どれくらい危険な視線を感じたら、相手が飛びかかってくると思うのだろうか？　壇上にあがる前から、もうすでに逃げだしたくなるのか、それとも、急所を突いた質問をされるとアドレナリンが放出されるのか。扁桃体の感受性が高いと、話している最中に聴衆が顔をしかめたり欠伸《あくび》をしたりスマートフォンをチェックしたりすることに敏感に反応する、というのは納得できるだろう。そして、実際の研究によれば、内向型は外向型よりも人前で話すのを恐れる傾向がずっと高い。

ケーガンがこんな話をしてくれた。あるとき、同僚の科学者が学会ですばらしい講演をした。その後一緒にランチを食べている最中に、その科学者が、自分は毎月のように講演をしているのだが、壇上での堂々たる姿とはうらはらに、いつも怖くてたまらなくなるのだと打ちあけた。そして、じつはケーガンの本を読んで、まさに目からうろこが落ちたような気持ちになったと語った。「きみは僕の人生を変えたんだ。これまでずっと母のせいだと思っていたが、自分は高反応なのだと気づいたのだよ」と彼はケーガンに言ったそうだ。

遺伝子と環境

はたして、私が内向的なのは、両親の高反応を受け継いだせいか、彼らの行動を真似たせいか、それとも両方なのか。双生児を対象にした遺伝研究では、内向型となるか外向型となるかは四〇％から五〇％が遺伝だったことを思い出そう。これはつまり、ある集団のなかで平均して半数が、遺伝子によって内向型になるか外向型になるかが決定されるということだ。数多くの遺伝子が働いていることが状況をさらに複雑にしており、ケーガンが提唱する高反応という枠組みも、内向性をもたらす数多い生理学的原因のひとつなのだろう。さらに言えば、平均とはなかなか扱いが難しいものだ。五〇％の確率で遺伝するということが、必ずしも私の内向性が両親から五〇％受け継がれていることや、私と親友とのあいだにある外向性の違いの半分が遺伝であることを、必ずしも意味しているわけではない。私の内向性は一〇〇％遺伝子から来ているのかもしれないし、そうでないかもしれない——あるいは、遺伝子と経験がなんらかの割合で混じり合っているのかもしれない。それが生まれつきのせいか育ちのせいかを問うことは、雪嵐は気温のせいか湿度のせいかと問うようなものだとケーガンは言う。両者が精妙に影響し合って、私ができているのだ。

となれば、おそらく私は間違った質問をしていたのだろう。性格の何％が生まれ持ったもので、何％が育ちのせいなのかという問いよりも、生まれつきの気質は環境や自由意志とどのように影響し合うのかという問いのほうが重要なのかもしれない。気質とは、どの程度逃れられない運命なのか。

一方で、遺伝子と環境の理論によれば、特定の性質を持つ人は、その性質を強化する人生体験を求める傾向がある。たとえば、きわめて低反応の子供は、よちよち歩きの頃から危険を招きやすいので、成長すると大きな危険にも動じなくなる。彼らは「いくつもの壁をよじ登り、それによって感作《かんさ》され、屋根に登るのだ」と心理学者のデヴィッド・リッケンが『アトランティック』誌に書いている。「外向型の子供は、ほかの子供がしないような体験をたくさんする。はじめて音速を超えた名パイロットであるチャック・イェーガーなら、爆撃機の腹からロケットに飛び移ることだってできただろう。それはたんに彼が私やあなたと違う遺伝子を持っていたからではなく、生まれてからの数十年間で、木登りにはじまる数々の体験を重ねて、危険や興奮のレベルが上がっていったからだ」というのだ。

逆に、高反応の子供がアーティストやライターや科学者や思想家になることが比較的多いのは、新しいことを嫌って、自分の頭のなかの慣れ親しんだ――そして想像力に富んだ――環境で過ごそうとするからかもしれない。「大学には内向的な人間がたくさんいる」とミシガン大学〈子供と家族のためのセンター〉の所長であるジェリー・ミラーは言う。「大学教授はまさにその典型だ。彼らは本を読むのが好きだ。なぜなら、彼らにとって思考や知識ほどわくわくさせられるものはないからだ。このことは、ひとつには彼らが成長期にどんなふうに時間を使ってきたかと関連している。もし戸外でなにかを追いかけていれば、読書したり勉強したりする時間はない。人生の時間はかぎられている」

とはいえ、どんな気質でも、それが生みだす結果は幅広い。低反応で外向的な子供は、安全な環境で注意深い家族に慈《いつく》しんで育てられれば、たとえばリチャード・ブランソンやオプラ・ウィンフリーのような、大らかな性格のエネルギッシュな成功者に成長しうる。だが、親にネグレクトされたり、劣悪な環境で生活させられたりして育てば、非行に走ったり犯罪に手を染めたりする可能性があると言う心理学者もいる。リッケンはサイコパスとヒーローは「同じ遺伝子の幹の小枝」だと表現した。

子供が正邪の感覚を獲得するメカニズムを考えてみよう。子供はなにか不適切なことをして親などから叱られることによって良心を築く、と多くの心理学者が信じている。自分のしたことを否定されることで不安になり、不安は不快なので、そうした非社会的な行動を避けることを学ぶのだ。これは、親の行動基準の内在化として知られ、その核心には不安がある。

だが、極端に低反応な子供のように、そうした不安を感じにくい場合はどうだろう？　そういう子供を導く最良の方法は、前向きなロールモデルを与えて、建設的な行動へ心を向けてやることだ。あるアイスホッケーチームで低反応の少年が活躍し、肩で相手チームの選手を押しのけて（これは反則ではない）果敢に攻撃することでチームメイトから高く評価されていた。だが、もし行き過ぎて、肘で相手選手を突いて転倒させ、脳震盪《のうしんとう》でも起こさせたら、彼はペナルティボックス入りだ。そして、時間をかけて、リスクを冒すことの危険性を学ぶのだ。

では、この少年が危険な地域に住んでいて、しかも自分の無謀さを学べるようなスポーツチームなどがないとしたら、どうだろう？　非行に走ってしまう可能性が高いのは目に見えている。不幸な条件下に置かれて問題を抱えるようになってしまう子供は、貧困やネグレクトだけでなく、溢れるエネルギーを健全に吐きだす道を奪われていることによっても苦しめられているのだろう。

高反応であるということ

極端に高反応の子供たちの運命は周囲の環境によっても影響される。デヴィッド・ドブズが『アトランティック』誌に発表した論文で主張した「ランの花」仮説によれば、彼らは標準的な子供たちよりも強く周囲から影響される。この理論によれば、大半の子供たちはタンポポの花のように、どんな環境でもたくましく成長する。だが、そうでない子供たちは、ケーガンが研究した高反応のタイプを含めて、ランの花のような存在だ。ランの花は枯れやすいが、適切な状況のもとでは強く育ち、みごとな花を咲かせる。

この考えの中心的な提唱者で、子育てを研究しているロンドン大学の心理学教授ジェイ・ベルスキーによれば、そういう子供は標準的な子供とくらべると、逆境に置かれると悪影響を受けやすいが、よい環境で育てられることで受ける恩恵も大きいという。つまり、ランの花タイプの子供は、よきにつけ悪しきにつけ、あらゆる体験から影響を受けやすいのだ。

科学者たちは高反応の気質には危険因子がつきものだと知っていた。そういう子供は、両親の不和や死、虐待などに対して、非常に脆弱だ。そんな体験をすると、鬱《うつ》状態に陥ったり、不安に襲われたり、極端に内気になったりする傾向が標準的な子供よりも強い。それどころか、ケーガンが高反応とする子供たちの四分の一は、程度の差こそあるものの、強い不安を主訴とする「社会不安障害」と呼ばれる状態に悩まされている。

そうした危険因子にはよい面があるということに、科学者たちは最近になって気づいた。すなわち、感受性の鋭さと強い心は表裏一体なのだ。高反応の子供は、安定した家庭環境できちんと育てられれば、低反応の子供よりも感情的問題を抱えることが少なく、社会技能《ソーシャルスキル》にもすぐれる傾向があると、研究は示している。共感する力が強く、思いやりがあり、協力的なのだ。他人と協力して働くのも得意だ。彼らは親切で誠実、そして、残酷さや不正や無責任に心を痛めやすい。大切だと思ったことは成功させる。学級委員や劇の主役に必ずしもなりたがるとはかぎらないけれど、なかにはそう思う子供もいる。「クラスのリーダーになるのが大切だと思う子もいれば、よい成績をとったり仲間から好かれたりすることが大切だと思う子供もいる」とベルスキーは語った。

高反応の気質が持つよい面についての研究は、最近になってようやくまとめられてきた。ドブズの『アトランティック』誌の論文には、アカゲザルの社会に関する興味深い発見が報告されている。アカゲザルはＤＮＡの九五％が人間と一致しており、人間と似た複雑な社会構造を持っている。

アカゲザルでも人間でも、セロトニントランスポーター遺伝子（ＳＥＲＴ）あるいは５－ＨＴＴＬＰＲと呼ばれる遺伝子が、気分に影響をもたらす神経伝達物質であるセロトニンの量を調節している。このＳＥＲＴは長さによって、短い型と長い型に分かれている。そして、短い型の遺伝子は、高反応や内向性と関連しているだけでなく、鬱状態を引き起こして苦しい人生を送るリスクを高めると考えられている。ある実験で、アカゲザルの赤ん坊を母親から離して育てたところ、短い型の遺伝子を持つサルは長い型の遺伝子を持つアカゲザルよりもセロトニンの産生効率が悪くなった（鬱状態や不安の危険因子）。だが、同等の安全な環境で母親に育てられた場合、短い型の遺伝子を持つサルは、つがいの相手を見つけたり、仲間をつくったり、衝突を処理したりなど社会的な働きをするうえで、長いほうの遺伝子を持つアカゲザルよりもすぐれていた。そして、彼らは群れのリーダーになることが多かった。セロトニンの産生もより効率的だった。

これらの研究を実施した科学者のスティーブン・スオミは、高反応のアカゲザルがすぐれた能力を発揮したのは、自分から行動するよりも群れの仲間たちの行動を長時間にわたって観察して、社会的な力学の法則を身につけたせいだと推論する。この仮説は、高反応の子供の親から見れば、わが子が少し離れた場所から仲間たちのやりとりを眺めてから、ようやくじわじわとなかへ入り込むのと似ている。

人間を対象にした実験では、ストレスの多い家庭環境におかれた場合、短いＳＥＲＴを持つ思春期の少女たちは、長い型のＳＥＲＴを持つ少女たちよりも鬱状態になる確率が二〇％高かったが、安定した家庭環境にある場合には、鬱状態になる確率は二五％低かった。同じように、短い型の遺伝子を持つ大人は、ストレスの多い一日を送った夜には、長い型の遺伝子の持ち主よりも不安を感じることが多いが、平穏に過ぎた日の夜にはより少なかった。道徳的な価値葛藤《モラル・ジレンマ》に直面すると、高反応の四歳児は他の子供たちよりも向社会的な反応を示す――だが、この違いは、五歳になると、母親に穏やかで厳しくないしつけをされた子供だけに残る。支援してもらえる環境で育った高反応の子供は、他の子供よりも風邪や呼吸器疾患にかかりにくいが、ストレスの多い環境で育つと、そうした病気にかかりやすくなる。短い型のＳＥＲＴはまた、広範囲な認知行動においてパフォーマンスの高さに結びついている。

これらは驚くべき発見だが、最近になってようやく注目されはじめた。それはある意味で当然なのかもしれない。心理学者は心を癒すことを目的としているので、研究の題材はなんらかの問題や病状に集中する。「船乗りは船を沈没の危険にさらす氷山をさがして水平線ばかりに目を凝らしているせいで、高い氷山のてっぺんに登れば、散在する氷山を避けて通れる道筋が見えるかもしれないとは思ってもみない、それと同じだ」とベルスキーは書いている。

「高反応の子供を持つ親は非常に幸運だ。なぜなら、子育てに手間ひまをかければ、かけただけ報われるからだ。わが子は逆境に弱いのではなく、よくも悪くも影響されやすいと考えるべきだ」とベルスキーは言う。彼は高反応の子供に対して、親はどんな態度で接すれば理想的かを雄弁に語った。子供の気持ちを慮《おもんぱか》り、個性を尊重すること。ことさら厳しくしたり敵対したりはしないが、温かくしっかりと要望を伝えること。好奇心を育て、学業を奨励し、自分の満足を後回しにしたり自分をコントロールしたりする気持ちを育むこと。厳しすぎたり放任しすぎたりせず、一貫していること。これらの助言は、すべての親にとって非常に参考になるが、とくに高反応の子供を育てる親にとっては欠かせない（もし、わが子は高反応な子供だとあなたが考えているのなら、ほかにどんなことができるだろうかと思っていることだろう。11章にいくつか答えがある）。

だが、ランの花タイプの子供でも逆境に抵抗できるとベルスキーは言う。たとえば両親の離婚を考えてみよう。一般に、親の離婚はこのタイプの子供をその他の子供よりも混乱させる。「もし両親が激しく口論すれば、一番苦しむのは板ばさみになってしまう子供」なのだ。だが、離婚するにしても、両親が良好な関係を維持して、子供が心理的に必要としている栄養素を与えられれば、ランの花タイプの子供でも逆境を切り抜けられる。

まったく問題のない子供時代を過ごせる人はまずいないので、たいていの人は、これはもっともな意見だと認めるだろう。

自分がどんな人間で、この先どんな人間になりたいかを考えるとき、誰もが望むことがもうひとつある。私たちは自分の運命を築きあげる自由を望んでいる。自分が持っている気質のよい部分を生かして、さらに向上させるとともに、スピーチ恐怖症のような悪い部分を捨てたいと望んでいる。生まれつきの気質に加えて、子供時代の体験の運不運を超えて、大人として自己を形づくり、自分が望む人生を生きられると信じたいのだ。

はたして、私たちにそれができるだろうか？

5章

気質を超えて

自由意志の役割（そして、内向型の人間がスピーチをするには）

挑戦が人間の行動力とちょうどバランスをとっているとき、楽しさは退屈と不安の境界線上にあるように思える。

――ミハイ・チクセントミハイ

生まれ持った気質は消えない

マサチューセッツ総合病院のマルティノス生体医学イメージング・センターの廊下は、なんともいえず煤《すす》けて見えた。私は神経画像・精神病理学研究ラボの責任者であるカール・シュワルツ博士と一緒に、窓がない部屋の鍵が閉まったドアの外に立っていた。シュワルツは好奇心の旺盛さを感じさせる明るい目に、白髪交じりの茶色の髪で、静かな物腰だが強いパワーを感じさせた。

室内には、現代の神経科学を大きく躍進させた、数百万ドルもするｆＭＲＩ（機能的磁気共鳴画像法）装置がある。ｆＭＲＩの開発にもっとも貢献したのは、この建物で働いているケネス・クウォンという優秀で謙虚な科学者だと、シュワルツは言った。この建物のなかには、物静かで謙虚で驚くべき業績をあげている人間がたくさんいるのだ、と誰もいない廊下に向かって博士は賞賛を込めて片手を大きく差しのべてみせた。

室内へ入る前に、金のイヤリングとインタビューの記録に使う金属製テープレコーダーを置いていくようにと注意された。ｆＭＲＩ装置がつくる磁場は地球の重力の一〇万倍も強く、イヤリングはたちまち耳から引きちぎられて飛んでいってしまうというのだ。思わずブラの金具が心配になったが、それを口に出す勇気はなかった。そこで、ちょうど同じくらいの大きさの金属がついている靴のバックルを指差して、これは大丈夫ですかと尋ねた。シュワルツが大丈夫だと答えたので、一緒に部屋へ入った。

まるで横たわったロケットのように見えるｆＭＲＩ装置を、私はうやうやしい気持ちで見つめた。研究の対象者である一〇代後半の若者たちはここに横たわって頭部をスキャナーに入れ、さまざまな顔写真を見せられる。そして、この装置が彼らの脳の反応を追跡するのだ。シュワルツは扁桃体の活動にとくに関心を抱いている――内向型と外向型の気質を形づくるうえで、脳のこの部分が重要な役割を担っているのだとケーガンが発見した。

シュワルツはケーガンの同僚であり弟子でもあり、彼の研究は性格に関するケーガンの長期的研究が残した分野を拾いあげている。ケーガンが高反応・低反応と分類した乳児たちはすっかり成長していて、シュワルツは彼らの脳の内部をｆＭＲＩで調べている。ケーガンは乳児期から思春期まで研究を継続したが、シュワルツはその後なにが起こるかを知りたかったのだ。成長して大人になった彼らの脳に、幼い頃の気質が残したなんらかの足跡を見つけられるのだろうか。それとも、環境と意図的な努力とによって、跡形もなく消え去ってしまっているのだろうか。

おもしろいことに、ケーガンはシュワルツがこの研究に取り組むことに賛成しなかったそうだ。科学研究という競争が熾烈な領域では、重要な発見をもたらしそうにない研究のために時間を無駄にすることは許されない。そして、ケーガンはそうした発見がないことを心配した。気質と運命とのつながりは、乳児が成長するあいだに断たれてしまうだろうと考えたのだ。

「彼は私のために心配してくれたのです」シュワルツは私に語った。「興味深い逆説でした。なぜなら、ジェローム・ケーガンは乳児に関する徹底的な研究をして、大きく違うのは社会的行動だけではないことを確かめました——子供たちのすべてが違っていたのです。問題解決にあたるときの瞳孔の開き具合、言葉を発するときの声帯の緊張、心拍パターンなどです。すべてが、生理学的な違いを示唆するものでした。そうした研究結果にもかかわらず、彼は、環境因子の影響が非常に複雑なので成長後に気質の足跡を見つけることは難しいだろうと考えていたのでしょう」

だが、自身が高反応であるシュワルツは、自分自身の体験も考慮したうえで、高反応・低反応の足跡はケーガンの研究対象期間よりも長く残っているはずだと直感した。

彼は私をｆＭＲＩ装置のなかへこそ入れなかったが、被験者に対するときと同じような手順を踏んで、研究について説明してくれた。私が椅子に座ると、目の前のモニターに見知らぬ人の顔写真がつぎつぎに映しだされた。写真の移り変わりがだんだん速くなって、私は鼓動が速まるのを感じた。そのうちに、時々同じ写真が交じっていて、見覚えのある写真が映ると自分がリラックスするのに気づいた。それをシュワルツに伝えると、彼はうなずいた。このスライドショーは、高反応の人がにぎやかなパーティ会場に足を踏み入れて、「わおっ！　この人たちは誰なの？」と感じるときの状況を再現しているのだそうだ。

シュワルツはケーガンが生後四ヵ月から継続して観察した高反応の子供たち（現在はすっかり成長

している）に、このスライドショーを見せてデータを取った。その結果、乳児期に高反応だった子供たちは、低反応だった子供たちよりも、見知らぬ人の顔写真に敏感に反応したという。つまり、成長しても高反応・低反応の痕跡は消えなかった。一〇代後半になって、高反応グループの一部は社交的な若者に成長していたものの、遺伝子の遺産は消え去ってはいなかったのだ。

シュワルツの研究は重要な事実を示唆している。性格を変化させることはできるが、それには限度があるのだ。年月を経ても、生まれ持った気質は私たちに影響をもたらす。性格のかなりの部分は、遺伝子や脳や神経系によって運命づけられている。とはいえ、高反応の子供たちの一部に柔軟性が見られたことは、その逆もまた真だと示している。私たちには自由意志があり、それを使って性格を形づくれるのだ。

この二つはたがいに矛盾するように思われるが、じつはそうではない。シュワルツ博士の研究が示すように、自由意志は私たちを大きく変えるが、それは遺伝子が定めた限界を超えて無限にという意味ではない。どんなに社交術を磨いてもビル・ゲイツはビル・クリントンにはなれないし、どんなに長くコンピュータの前に座っていても、ビル・クリントンはビル・ゲイツにはなれないのだ。

このことは、性格の「輪ゴム理論」と呼べるかもしれない。私たちは輪ゴムのようなもので、自分自身を伸ばすことができるが、それには限度があるのだ。

そのとき脳内で起こっていること

高反応の人の反応を理解するには、カクテルパーティに出席して初対面の人々に挨拶しているときに、私たちの頭のなかでどんなことが起きているかを考えるとわかりやすいだろう。すでに書いたように、ここで鍵となる扁桃体と大脳辺縁系は、脳のなかでも古い部分であり、原始的な哺乳類も備えている器官だ。だが、哺乳類がより複雑になるにつれて、辺縁系の周囲に大脳新皮質と呼ばれる部分が進化した。この新皮質、とくに前頭前皮質と呼ばれる部分は、歯磨きのブランドを選んだり、会議を計画したり、真実について考えたり、驚くほどさまざまな機能に関わっている。そのひとつが根拠のない不安をやわらげることだ。

もし、あなたが高反応の赤ん坊だったなら、人生のあいだずっと、カクテルパーティで初対面の人に挨拶するたびに、あなたの扁桃体は低反応の人のそれよりも少しばかり活発に働くことだろう。けれど、そんな場面で、もしリラックスしていられるようになったなら、それは、あなたの前頭前皮質が落ち着いて笑顔で握手しなさいと命じているおかげなのだ。じつのところ、最近のｆＭＲＩを使った研究によって、私たちが自分を落ち着かせようとしているとき、前頭前皮質の働きが活発化するとともに扁桃体の活動が低下することがわかっている。

だが、前頭前皮質は全能ではない。扁桃体の働きをすっかり止めることはできない。ある研究で、科学者たちはまず、ネズミに決まった音を聞かせるたびに電気ショックを与えた。その後、ネズミが恐怖を忘れるまで、電気ショックを与えずに何度も音を聞かせた。

だが、この「逆学習」は科学者たちの予想に反して成功しなかった。ネズミの新皮質と扁桃体との神経のつながりを絶つと、ネズミはふたたび音を怖がるようになった。すなわち、恐怖は新皮質の働きによって抑えられていたが、扁桃体には存在していたということだ。高所恐怖など、人間が正当な根拠のない恐怖を抱く場合にも、同じことが言える。エンパイヤステートビルに何度も昇ることで恐怖は消えるように思えるが、ストレスを与えられると恐怖はぶり返す――新皮質がストレス対応で手一杯になるために、扁桃体の沈静は二の次になるのだ。

このことは、多くの高反応の子供たちが、成長して人生経験を積んだり自由意志で性格を変えようと努力したりしても、物事を恐れる気質のなにがしかの部分を失わずにいる理由を説明している。私の同僚のサリーが、その典型的な例だ。サリーは思慮深く有能な編集者で、自分は内気な内向型だと言うが、私が知るかぎり非常に魅力的ではっきりものを言う人間だ。彼女をパーティに招いて、あとで出席者たちに誰が一番会って楽しい人だったかと尋ねると、サリーの名前があがる確率がかなり高い。とても生き生きした人だと、誰もが褒める。ウィットに富んで、魅力的な人だと。

サリーは自分が他人によい印象を与えることを認識していた。たしかに、自分で気づかずにあれほどよい印象を他人に与えるのは無理だ。だが、彼女の扁桃体がそうと知っていたわけではない。パーティに行くたびに、サリーはどこかへ隠れたい気持ちにかられる。だが、そのうちに、前頭前皮質が働いて、自分がどれほど人当たりのいい人間かを思い出す。とはいえ、長年鍛えた社交性にもかかわらず、ときには扁桃体が勝ってしまうこともある。サリーは車で一時間もかけて出かけたのに、到着して五分後にパーティ会場から去ることもあると認めていた。

自分の経験をシュワルツの発見に照らしてみると、私が内向型を克服した、というのは真実ではない。演壇の上で独り言を言う方法を学んだだけだ（前頭前皮質よ、ありがとう！）。この頃では、特別に意識せずにごく自然にできるようになった。初対面の人と話したり集団を前にしてスピーチしたりするときも、笑顔でいられるし、率直に語れるけれど、ふとわれに返ったように、まるで高い場所で綱渡りをしているような気分に襲われる一瞬がある。経験を重ねたおかげで、綱渡りは幻想だし、たとえ落ちたとしても死んだりしないと学んだ。それこそ一瞬にして、大丈夫だと自分に言い聞かせられる。だが、言い聞かせるというプロセスはいまだに存在する。そして、たまに、うまくいかないことがある。高反応の人々は抑制されて、いるとケーガンが言っていたが、私がディナーパーティの席で感じるのはまさにそれなのだ。

人間は「最適な」レベルの刺激を求めている

自分を伸ばす能力は——限界はあるけれど——外向型の人にも適用できる。私の顧客のひとりである、経営コンサルタントのアリソンは母親であり主婦でもあり、外向的な性格で親しみやすく、言いたいことはずばりと口にし、いつも動きまわっているので、「自然の驚異」と呼ばれているほどだ。幸福な結婚をして、愛する娘二人を授かって、コンサルティング会社をゼロから築きあげた。人生でなし遂げてきたことを誇りに思っている。

だが、彼女は以前からずっと満足を感じてきたわけではない。高校を卒業した時点で自分自身をじっくり見つめ直した彼女は、当時の自分が好きになれなかった。アリソンは頭脳明晰だったが、高校の成績はあまりふるわなかった。だから、アイビーリーグの大学へ進学したかったのだが、そのチャンスは手に入らなかった。

その理由は明白だった。高校生活を社交に費やして、ありとあらゆる課外活動に参加し、学業に身を入れる時間がなかったのだ。彼女は両親が娘の社交能力を誇りに思っていて、もっと学業に励むよう注意してくれなかったことを恨んだりもした。だが、一番悪いのは自分だとわかってもいた。

大人になったアリソンは、二度と同じ間違いをくりかえすまいと思った。自分がＰＴＡやビジネス上のつきあいに深入りしやすいことはわかっていた。そこで、家族に助けを求めた。彼女は内向型の両親の一人娘で、夫は内向型、下の娘は強力な内向型だった。

アリソンは身近にいる物静かなタイプの人々と波長を合わせる方法を見つけた。実家を訪ねたときには、母親の真似をして瞑想したり日記を書いたりするようにした。自分の家では、家庭的な夫と一緒に静かな夕べを味わった。下の娘とは、ゆったりした気分でじっくりと午後の会話を楽しんだ。

さらにアリソンは、物静かで内省的な友人たちとつきあった。最高の親友であるエイミーは彼女と同じくエネルギッシュな外向型だが、友人の大半は内向型だ。「聞き上手な友人はとても大切です。よく一緒にお茶をするんですよ。すごく的確なアドバイスをしてくれることがあります。自分では全然気づかずに的外れなことをしていたりすると、もっとこうしたらいいのにとか、こうしたらうまくいくのにとか、助言してくれます。エイミーならまったく気づかないようなことでも、内向型の友人は客観的に見て、わかりやすく教えてくれます」とアリソンは語った。

アリソンは外向的な自己を維持しながらも、物静かな人間でいるのはどんなものか、そこからどんな恩恵を得られるかを発見したのだ。

自分の気質を限界まで伸ばすことは不可能ではないが、自分にとって居心地がいい状態にとどまっているほうがいい場合が多い。

私の顧客で、企業の税務を担当する法律事務所に勤務している弁護士のエスターの例をあげよう。小柄でブルネットのエスターは青い瞳を輝かせてきびきび歩き、けっして内気ではない。だが、あきらかに内向型だ。毎朝、街路樹が並ぶ道を一〇分ほどかけてバス停まで歩くのを、なによりの楽しみにしている。つぎに好きなのは、オフィスの個室を閉めきって仕事に没頭する時間だ。

エスターは自分の職業を上手に選んだ。数学者の娘として生まれた彼女は、恐ろしいほど複雑な税金問題を考えるのが大好きで、そうした問題について易々と語ることができる（なぜ内向型は複雑な問題解決がうまいかについては、7章で検討している）。大規模な法律事務所は複数のグループからなり、グループ内では密接に連携して仕事をしており、彼女はもっとも若いメンバーである。グループには彼女以外に弁護士が五人いて、おたがいの得意分野を生かして助け合っている。エスターの仕事は興味を持った疑問について深く考えることで、信頼のおける同僚たちと緊密に連携していた。

問題が生じたのは、定例になっている事務所全体の会議での税務担当弁護士グループの発表に関連することだった。エスターは人前で話すことに恐怖は感じないのだが、即興で話すのが苦手なので、これが悩みの種になっていた。ところが、彼女の同僚たちは――偶然にも全員が外向型だった――ほとんどなんの準備もなしに発表をこなし、その内容は的確でわかりやすかった。

エスターは準備時間を与えられれば問題はないのだが、同僚がうっかりしていて当日の朝になってから発表の予定を彼女に伝えることがあった。同僚たちが即興で発表できるのは税法についての知識や理解が深いからで、自分ももっと経験を積めばできるようになるのだろうと彼女は思っていた。けれど、経験を重ねて知識が増えても、即興での発表が得意になることはなかった。

エスターが抱えた問題を解決するために、内向型と外向型のもうひとつの違いに焦点をあててみよう。それは、刺激に関する好みだ。

一九六〇年代終わりから数十年にわたって、著名な心理学者のハンス・アイゼンクは、人間は強すぎもせず弱すぎもしない「最適な」レベルの刺激を求めているという仮説を主張した。刺激とは、私たちが外界から受ける力のことで、さまざまな形をとり、たとえば騒音も社交もまぶしい光も刺激となる。アイゼンクは、外向型の人は内向型の人よりも強い刺激を好み、このことが両者の違いの多くを説明すると信じた。内向型の人がオフィスのドアを閉めて仕事に没頭するのを好むのは、そうした静かで知的な活動こそが彼らにとって最適の刺激だからであり、それに対して、外向型の人はチームビルディングのためのワークショップのまとめ役とか会議の司会など、より積極的で明るい活動に従事しているときがもっとも快適に感じる。

アイゼンクはまた、こうした違いは上行性網様体賦活系《じょうこうせいもうようたいふかつけい》（ＡＲＡＳ）という脳の組織にもとづいているのだろうと考えていた。ＡＲＡＳは大脳皮質と他の部分とを結ぶ脳幹の一部分である。脳は私たちを目覚めさせたり警戒させたり活動的にさせたりするメカニズムを備えている。心理学者が言うところの「覚醒」だ。逆に、沈静させるメカニズムも備えている。アイゼンクは、ＡＲＡＳが脳へ流れる感覚刺激の量をコントロールすることによって覚醒のバランスを取っているのだろうと推論した。通路が広く開いていれば多くの刺激が入り、狭くなっていれば脳への刺激は少なくなる。内向型の人と外向型の人とではＡＲＡＳの機能が異なるのだと、アイゼンクは考えた。内向型は情報が伝わる通路が広いので、大量の刺激が流れ込んで覚醒水準が高くなりすぎ、それに対して、外向型は通路が狭いので、覚醒水準が低くなりすぎることがある。覚醒水準が高すぎると、不安をもたらし、しっかりものが考えられなくなるような気がして、もう十分だから帰りたいという気持ちになる。逆に低すぎると、閉所性発熱（訳注　悪天候などで狭い室内に長時間閉じ込められることによって精神的に参ってしまった状態）のようになる。いらいらして落ち着きを失い、家から出たくてたまらないときのような気持ちになる。

現在では、現実はもっと複雑だと私たちは知っている。そもそも、ＡＲＡＳは消防車のホースのようにスイッチひとつで刺激を流したり止めたりしないし、脳全体をたちまち溢れさせたりもしない。脳のあちこちの部分をバラバラに覚醒させる。さらに、脳の覚醒レベルが高くなっても、あなた自身は必ずしもそれを感じるとはかぎらない。また、覚醒にはいろいろな種類がある。大音量の音楽による覚醒は、迫撃砲砲火による覚醒とは違うし、会議のまとめ役をつとめることによる覚醒とも違う。刺激の種類によって必要とする感受性の強弱は違ってくるだろう。私たちがつねに適度なレベルの覚醒を求めているというのは単純すぎるのではないか。サッカーの試合の観客は激しい興奮を求めているし、リラクゼーションのためにスパを訪れる人々は穏やかな雰囲気を求めている。

もっとも、世界中の科学者たちが一〇〇〇件以上もの研究によって、皮質の覚醒レベルが外向性と内向性の重要な鍵となっているというアイゼンクの理論を検証し、心理学者のデヴィッド・フンダーはさまざまな重要な点で「なかば正しい」と言っている。根底にある原因はさておき、コーヒーや大きな音などさまざまな刺激に対して、内向型の人が外向型の人よりも敏感だと示す証拠は多数ある。そして、内向型と外向型とでは、活動するために最適な刺激のレベルは大きく異なる。

一九六七年にアイゼンクが考案し、現在でも心理学の教室内でよく行われる実験は、内向型と外向型の人の舌にレモン汁をたらして、分泌される唾液の量を比較するというものだ。当然ながら、内向型のほうが感覚刺激に大きく反応して、より多くの唾液を分泌する。

よく知られた実験がもうひとつある。外向型の人と内向型の人に単語ゲームをするように指示する。ゲームは難しく、試行錯誤を重ねて、鍵となる原理を見つけなければならない。その最中に、ランダムに雑音が聞こえてくるヘッドホンをつける。ヘッドホンの音量は自分にとって「最適な」レベルに合わせるように言われる。その結果は、平均して、外向型の人は七二デシベル、内向型の人は五五デシベルだった。自分が選択した雑音レベルのときに——外向型は高く、内向型は低く——両タイプは同じ程度に覚醒した。これは心拍数などで測定されている。単語ゲームの結果も同程度だった。

内向型が外向型の好む雑音レベルで、あるいはその逆で、ゲームをすると、まったく違う結果が出た。内向型は高レベルの雑音で覚醒されすぎて、単語ゲームの結果が悪くなり、五・八回で正答できたものが九・一回かかった。外向型の人は静かな環境では覚醒が低すぎて、五・四回で正答できたものが七・三回に増加してしまった。

自分の「スイートスポット」をさがそう

高反応に関するケーガンの発見にこれらの研究を組み合わせてみると、性格に対する理解がいっそう明快になる。内向性と外向性はそれぞれ特定のレベルの刺激を好むのだと理解すれば、自分の性格が好むレベルに自分自身を置くようにすることができる。つまり、自分にとって覚醒の活性が高すぎも低すぎもしない、退屈も不安も感じない状況に。心理学者が言うところの「最適な覚醒レベル」——私はこれを「スイートスポット」と呼んでいる——を知っていれば、今よりもっとエネルギッシュで生き生きとした人生が送れる。

あなたのスイートスポットは、あなたが最適の刺激を得られるところだ。あなたはもうすでに、気づかないままにそれをさがそうとしているかもしれない。すばらしい本を手にして、満ちたりた気分でハンモックに横たわっているところを想像してみよう。それがスイートスポットだ。だが三〇分後、ふと気づくと同じ場所を何度も読んでいるのに気づく。それは覚醒が低い証拠だ。そこで、あなたは友人に電話して朝昼兼用の食事に出かけ——言い換えれば、刺激レベルを一段階上げて——ブルーベリーパンケーキを食べながら噂話をしたり笑ったりしていると、ありがたいことに、あなたはまたスイートスポットへ戻れる。けれど、より高い刺激レベルを求める外向型の友人に説き伏せられて、パーティへ出かけると、あなたにとっての心地よい時間は終わりを告げる。パーティへ行けば、うるさい音楽や初対面の人々に囲まれてしまうからだ。

友人の知り合いたちは愛想よく話しかけてくれるが、あなたはやかましい音楽に負けないよう声を張りあげて軽い雑談をすることにプレッシャーを感じて、刺激が強すぎる状態になる。自分と同じような人間を見つけて隅のほうでもっと深い話をはじめるか、さっさとパーティ会場から逃げ帰って本を読むかしないかぎり、その状態は続く。

こうしたスイートスポットの仕組みを理解しておけば、自分のためになる。仕事も趣味も社交も、できるだけスイートスポットに合うように設定すればいいのだ。

自分のスイートスポットを知っている人は、自分を消耗させる仕事を辞めて、満足できるあらたな仕事に就くパワーを持つ。自分の家族の気質に合わせて家を見つけることもできる——内向型には窓辺の椅子など居心地のいい場所がそこここにある家を、外向型にはリビングやダイニングのスペースが広いオープンな雰囲気の家を。

自分のスイートスポットを理解すれば、人生がさまざまな点でより良いものになるだけではない。それが生死に関わってくることを示す証拠もある。ウォルター・リード陸軍病院で軍人を対象に実施された研究によれば、眠りを奪われて覚醒が低い状態（睡眠がとれないと警戒心や行動力やエネルギーが低下する）では、内向型のほうが外向型よりもすぐれた機能を発揮するそうだ。外向型が眠いときに運転するなら特別に注意するほうがいい。少なくとも、コーヒーを飲んだりラジオの音量を上げたりして、覚醒レベルを高くするべきだ。逆に、内向型は騒音が激しい道で運転するときには、思考力をそがれないように意識して運転に集中するべきだ。

こうして最適な刺激レベルについて考えると、即興での発表が難しいというエスターの問題も合点がいく。過度の覚醒は集中力や短期記憶を阻害する。これらは即興で話すための能力の鍵となる要素だ。そして、人前で話をすることは本質的に刺激的な行為なので――スピーチ恐怖症ではないエスターのような人にとっても――内向型は肝心な場面で注意力がそがれてしまうのだ。だからこそ、エスターは誰にもひけをとらない知識と経験を備えているにもかかわらず、準備なしで発表をするのには不都合を感じずにはいられないのかもしれない。そんな機会があるたびに、長期記憶の膨大なデータのなかから必要なものを引き出そうとして悪戦苦闘せずにはいられないのかもしれない。

ただし、いったんそうと認識すれば、発表の予定をきちんと教えてくれるように同僚に強く頼むことができる。そうすれば、発表の練習ができるので、いざ話をするときにスイートスポットにいられる。顧客との会議も、ネットワークイベントも、同僚との打ち合わせも、どれも同じことだ。集中力を高めた状況ならば、彼女の短期記憶と即興で考える能力は、ふだんよりも少しは柔軟に働いてくれるだろう。

自分を伸ばす方法

エスターは自分のスイートスポットを知ることで問題をなんとか解決した。だが、自分を伸ばすことだけが唯一の選択肢である場合もある。数年前、私はスピーチ恐怖症を克服しようと決心した。それでもまだ、ぐずぐず先延ばしにしたすえに、〈パブリックスピーキング・ソーシャル・アングザイエティ・センター〉のワークショップに入会した。私は半信半疑だった。自分はただの内気な人間だと思っているのに、社会不安《ソーシャル・アングザイエティ》という言葉を聞くとまるで病気のように感じられていやだった。だが、はじめてみると、ワークショップの内容は脱感作の考えにもとづいていて、そのアプローチは納得できた。脱感作療法はさまざまな恐れに打ち勝つ手段としてしばしば使われ、恐怖の原因となるものにくりかえし少しずつ自分を（つまり、自分の扁桃体を）さらすのだ。泳げない人に向かって、深いプールに飛び込めば泳げるようになると言うような、悪気はないが役に立たない方法とはまったくの別ものだ。泳げない人がそんなことをすれば、パニックに陥って、恐怖と混乱と羞恥心のサイクルを脳に刻みつけるのがオチだろう。

ワークショップは盛況だった。クラスの参加者は一五人ほどで、指導者はチャールズ・ディ・カンニョという痩せた小柄な男性。やさしい茶色の目をして、洗練されたユーモアの持ち主だった。チャールズ自身も同じセラピーを長期間受けたそうだ。現在ではもうスピーチ恐怖症のせいで夜中に目覚めることはなくなったけれど、恐怖は手ごわい相手なのでなかなか気は抜けないと話していた。

ワークショップは数週間前からはじまっていたのだが、今からでも参加は歓迎だとチャールズは請け合ってくれた。参加者の顔ぶれは予想以上に多士済々だった。カールした長い髪、派手な口紅、スネークスキンのピンヒールのブーツを履いたファッションデザイナー。ぶ厚い眼鏡をかけ無味乾燥な口調でしゃべる女性は秘書をしているとかで、メンサ（訳注　全人口の上位二％の知能指数の持ち主だけが交流する国際団体）の会員だそうだ。投資銀行員が二人、背が高く運動が得意そうなタイプ。黒髪に青い目の役者はプーマのスニーカーを履いていてとても元気そうだったが、ワークショップに参加するだけでも怖くてたまらないと言っていた。やさしい笑みを浮かべて神経質そうに笑う、中国人のソフトウェアデザイナー。じつのところ、参加者の顔ぶれはニューヨーカーの典型的なサンプルだ。デジカメやイタリア料理のクラスと言ってもおかしくない。

だが、実際にはそうではない。参加者は一人ずつ順番に全員の前で、不安を抑えられる範囲内で話をする。

その晩、最初に立ったのは、カンフーインストラクターのラティーシャだった。与えられた課題は、ロバート・フロストの詩の朗読。髪をドレッドロックスにして大きな笑みを浮かべたラティーシャは、怖いものなどなにもないように見えた。だが、演壇に立って詩集を開いた彼女に、チャールズが尋ねた。怖いと思う気持ちを一から一〇までの数字で表現すれば、今はいくつぐらいかな、と。

「少なくとも七だわ」ラティーシャが答えた。

「じゃあ、ゆっくりはじめなさい。恐怖を完全に克服できる人間なんてほとんどいないし、もしいたとしても、きっと全員チベットにいるさ」チャールズが言った。

ラティーシャは静かだがはっきりした口調で詩を朗読し、その声はまったく震えなかった。読み終えると、チャールズが誇らしげな笑顔になった。

「立ってください、リサ」チャールズが指に婚約指輪を輝かせている黒髪の魅力的な女性に声をかけた。「あなたがフィードバックをする番だ。ラティーシャはそわそわしているように見えたかな？」

「いいえ」リサが答えた。

「でも、怖くてたまらなかったのよ」ラティーシャが言った。

参加者たちが強くうなずいた。全然そんなふうには見えなかったと、全員が声をそろえた。ラティーシャは安堵した表情で席に座った。

つぎは私の番だった。譜面台でつくった間に合わせの演台の前に立って、みんなに向き合った。天井で回っている扇風機と、窓の外の車の音しか聞こえなかった。自己紹介をするようにとチャールズが言った。私は大きく息を吸った。

「はじめまして‼」私は社交的に見えるようにと祈りつつ、大声を出した。

チャールズがちょっと顔をこわばらせて、「自分らしくやってください」と告げた。

私の最初の課題はシンプルだった。みんなからの質問に答えただけだ。どこに住んでいるの？　職業は？　先週末はなにをしたの？

私はいつもの物静かな口調で答えた。みんなは注意深く聴いてくれた。

「スーザンにもっと質問がある人はいるかな？」チャールズが訊くと、全員が首を横に振った。

「では、ダン」チャールズが大柄でがっしりした赤毛の男性に声をかけた。「きみは銀行員で、なかなか見る目が厳しいよね。スーザンはそわそわしているように見えたかな？」

「いいえ、全然」ダンが答えた。

みんながうなずいて同意した。全然そんなふうには見えなかったと、全員が言った。ラティーシャのときとまったく同じだ。

とても外向的に見えた。
すごく自信に満ちていた！
口ごもったりすることもなくて立派だった！

私はかなりいい気分で席に座った。だが、すぐに、フィードバックで褒めてもらえるのはラティーシャと私だけではないのだとわかった。何人かが同じように褒められていた。「とても冷静に見えた！　内心ではすごくドキドキしているなんて、きっと誰にもわからないわ！」と言われた彼らは、見るからに安堵していた。

最初のうち、いったいなぜ自分がみんなに褒めてもらってそんなにうれしいのかよくわからなかった。そのうちに、私は気質の限界を超えて自分を伸ばしたいからこのワークショップに参加しているのだと気づいた。できるかぎり最高で勇気に満ちた話し手になりたいのだ。みんなの褒め言葉は、その目標に近づいていることを示す証拠なのだ。フィードバックにはかなりお世辞が入っているのだろうと思ったけれど、気にならなかった。重要なのは、自分が人前で話をして、相手に受け入れられ、その体験に自分が満足できたことなのだ。私は人前で話すことの恐怖を脱感作しはじめた。

それ以降、私は何度も人前で話した。演壇に立つ恐怖と折り合えるようになった。それにはいくつかのステップがあったが、ひとつには、スピーチを創造的なプロジェクトだと思うようにしたことだ。すると、本番の日を前にしていろいろ準備したりするのが楽しいと感じられるようになった。また、自分にとって重要だと思えることを題材に選ぶようにした。題材に思い入れがあれば、集中しやすいのだとわかった。

もちろん、できることばかりとはかぎらない。仕事の場となれば、興味のない題材について話さなければならないこともある。表面的なやる気を見せることが苦手な内向型の人にとっては、さらに難しいことに違いない。だが、この融通のきかない部分には隠れた利点がある。まるで興味をそそらない題材に関してあまりにも頻繁に話さなければならない場合、大変だがやりがいのある仕事に転職する気を起こさせてくれるのだ。信念という勇気を持って語る人ほど勇気のある人はいない。

6章 フランクリンは政治家、エレノアは良心の人

なぜ〝クール〟が過大評価されるのか

内気な人は間違いなく他人の視線を恐れるが、他人を恐れていることをめったに悟られない。たとえ戦場では英雄のごとく大胆でも、見知らぬ人の前ではささいなことに自信を持てないのだ。

——チャールズ・ダーウィン

似つかわしくない組み合わせ

一九三九年の復活祭の日、リンカーン記念館。当時すばらしい人気を誇っていた名歌手マリアン・アンダーソンは、記念館前の広場で第一六代大統領の像を背景にして歌った。堂々と壇上に立つカラメル色の肌をした彼女の歌声を聴こうと、広場には七万五〇〇〇人もの大観衆が詰めかけていた。つば広帽子をかぶった男性たち、日曜日用の一張羅に身を包んだ女性たち、白い肌の人も黒い肌の人もいる。歌いだしたアンダーソンの声は朗々と響き、一つひとつの言葉は純粋で明瞭だった。聴衆は心を動かされ、涙ぐんだ。それは試練のすえにようやく開かれたコンサートだったのだ。

エレノア・ルーズベルトの尽力なくしては、コンサートの開催は不可能だった。この年、当初アン

ダーソンはワシントンDCのコンスティテューション・ホールでの公演を計画したが、肌の色を理由に、ホールを所有する米国愛国婦人会に拒絶された。独立戦争で戦った由緒ある家柄の出身であるエレノア・ルーズベルトは、それを知って愛国婦人会から脱会し、リンカーン記念館での公演の実現に尽力した。肌の色による差別に抗議の声をあげたのはエレノアだけではなかったが、彼女は自分の地位や評判を危険にさらしてまで、政治的な影響力を行使した。

エレノアは困っている人を見捨てておけない性格で、そうした社会的良心を発揮するのは当然のことと感じていた。世間は彼女の行為を賞賛した。「これはなかなかできないことだ。夫のフランクリンは政治家だった。自分の行動の一つひとつについて政治的な結果を考えた。彼はよい政治家でもあった。だが、エレノアは良心にもとづいて発言し、良心的な人間としてふるまった。それが二人の違いだ」と、アフリカ系アメリカ人の公民権運動家ジェイムズ・ファーマーは、エレノアの勇気ある行動を表現した。

エレノアは生涯を通じて、フランクリンの助言者として、彼の良心としての役割を演じた。それゆえに彼は彼女を妻に選んだのだと言っても過言ではないかもしれない。つまり、それほど似つかわしくない組み合わせだったのだ。

フランクリンが二〇歳のとき、二人は出会った。彼はエレノアの遠縁で、上流家庭で大切に育てられたハーバードの学生だった。当時一九歳だったエレノアはやはり名門一族の出身だが、一族の反対にもかかわらず、虐げられた貧乏な人々のための活動に没頭していた。マンハッタンの貧しい移民の子供のための学校で働いていた彼女は、窓のない劣悪な環境の工場で造花をつくって働いている子供たちを目にした。ある日、彼女は貧民街へフランクリンを連れてきた。彼は人間がそんな劣悪な環境で生活しているのが信じられなかった。そして、自分と同じ階級の若い女性がアメリカのそんな現実を教えてくれたことも信じられなかった。そして、たちまちエレノアに恋をした。

だが、エレノアはフランクリンが結婚相手として心に描いていたような、ウィットに富んだ明るいタイプの女性ではなかった。それどころか、まるで逆だった。彼女はなかなか笑わず、雑談が苦手で、まじめで、内気だった。美人でいかにも貴族的な母親は、彼女の物腰から「おばあさん《グラニー》」とニックネームをつけた。第二六代大統領シオドア・ルーズベルトの弟だった父親は魅力的な男性で、エレノアを溺愛したが、アルコール依存症で彼女が九歳のときにこの世を去った。フランクリンと出会ったエレノアは、彼のような男性が自分に興味を持つとはとても信じられなかった。彼は自分とはなにもかも違っていた。大胆で楽天的、魅力的な笑顔、誰とでも容易にうちとけた。「彼は若くて楽しくてハンサムだった。内気で不器用な私は、彼にダンスを申し込まれて胸をときめかせた」とのちにエレノアは回想している。

たくさんの人が、あなたはフランクリンにはもったいないとエレノアに言った。彼は軽薄であまり優秀ではなく、浮ついた遊び人だと見ている人たちもいた。そして、エレノア自身は自分を過小評価していたにもかかわらず、多くの人々が彼女の敬虔《けいけん》さを高く評価していた。フランクリンが彼女を射止めたとき、落胆した求婚者が何人か彼に手紙を送った。「エレノアはこれまで出会った女性のなかで、もっとも尊敬と賞賛に値する女性だ」と書いた者もいれば、「きみは最高に幸運だ。あれほどの女性を妻にできる人はまずいない」と書いた者もいた。

だが、人々の意見は要点をはずしていた。エレノアとフランクリンは、たがいに相手にはないものを持っていたのだ――彼女の共感力と彼の虚勢だ。「彼女は天使だ」とフランクリンは日記に記した。一九〇三年に彼女がプロポーズを受け入れたとき、彼は自分を世界一幸福な男と呼んだ。彼女は恋文の洪水でそれに応えた。二人は一九〇五年に結婚し、六人の子供をもうけた。

熱烈な恋に落ちて結婚した二人だったが、たがいの性格の違いは最初から問題をもたらした。エレノアは深く理解し合ってまじめな話をしたいと願ったが、フランクリンはパーティ好きでゴシップに興味を持った。恐れるものなどなにもないと公言していた彼は、内気な妻の心の葛藤を理解しなかった。一九一三年に海軍次官に就任すると、社交生活はいっそう忙しくなり、派手になって、エリートが集う社交クラブやハーバード時代の友人の豪華マンションへたびたび足を運ぶようになった。

それと同時に、エレノアも忙しい毎日を送るようになった。夫の政治活動を助けて、有力者の夫人を訪問したり自宅に客を招いて接待したり、さまざまな用事で忙殺されるようになったのだ。彼女はそうした役割を楽しめなかったので、対外的な活動を助ける秘書としてルーシー・マーサーを雇った。それは名案に思えたのだが、一九一七年、エレノアがフランクリンとマーサーをワシントンに残し、子供たちをつれてメイン州で過ごした夏以降、この二人は生涯続く不倫関係を結んでしまった。マーサーは明るい美女で、まさに当初フランクリンが結婚相手として望んでいたタイプの女性だった。

エレノアは夫がスーツケースに隠していたラブレターの束を見つけて、彼の裏切りを知った。彼女はひどく打ちのめされたが、離婚はしなかった。二人は愛の炎を再燃させることはなかったが、かわりにすばらしいものを築いた。それは、フランクリンの自信とエレノアの良心との結合だった。

「とても敏感な人」とは

ここで時間を現代へと早送りして、エレノアと同じく良心にもとづいて行動している女性の話をしよう。心理学者のエレイン・アーロン博士は、一九九七年に最初の科学書を刊行して以来ずっと、ジェローム・ケーガンらが「高反応」と呼んだ（あるいは、「消極性」「抑制」などと呼ばれたこともある）性質について独自の研究を続けてきた。アーロンはこの性質を「敏感さ《センシティビティ》」と呼び、その新しい呼び名に沿って、形を変化させるとともに理解を深めた。

カリフォルニア州マリン郡のウォーカー・クリーク牧場で毎年開催される「とても敏感な人々《ハイリー・センシティブ・ピープル》」のための週末集会でアーロンが基調講演をすると聞いて、さっそく私は航空券を買った。このイベントの運営者である心理療法医のジャクリン・ストリックランドは、敏感な心を持つ人々が一緒に週末を過ごすことで恩恵を受けられるように、この集まりを企画したのだという。彼女が送ってくれた予定表によれば、参加者には「昼寝をしたり、日記を書いたり、ぼんやりしたり、瞑想したり、考えごとをしたり」するための寝室があてがわれると書いてあった。「（ルームメイトの同意のもと）ご自分たちの部屋で静かに交流してください。あるいは、共用のエリアで歩いたり食事をしたりもできます」と予定表には書いてあった。有意義な討論をしたい人々のためにはカンファレンスが開かれていた。まじめな話し合いのための時間が多く設定されていた。だが、それに参加するかどうかは個人の自由だ。参加者の大半が長年の集団活動に疲れていて違うモデルを求めていることを、ストリックランドは知っているのだ。

ウォーカー・クリーク牧場は、カリフォルニア州北部の大自然のなかに一七四一エーカーもの敷地を持つ。ハイキングを楽しめる遊歩道があり、野生生物も数多く生息し、青空が広がるなか、居心地のいい小さな納屋のようなカンファレンスセンター、バックアイ・ロッジが建っている。六月半ばの木曜日の午後、私たち三〇人ほどの参加者がそこを訪れた。ロッジ内は丈夫そうな灰色のカーペット敷きで、大型のホワイトボードが置かれ、大きな窓からは明るい日差しを浴びたアカスギの森がよく見える。登録書類や名札と並んでフリップチャートが用意されていて、〈マイヤーズ・ブリッグズ・タイプ指標〉で自分がどんな型にあてはまるかを記入するようになっていた。リストに目を通すと、ストリックランド以外は全員が内向型らしい。ストリックランドは温かい雰囲気で感情豊かな人物だった（アーロンの研究によれば、感受性が鋭い人の大半は内向型だという）。

室内には、机と椅子が、おたがいの顔が見えるように大きな正方形に並べられていた。ストリックランドがこの集まりに参加した理由をみんなに尋ねた。トムという名前のソフトウェア・エンジニアが最初に発言した。「『敏感さという性質の心理学的基盤』を知ることができて大変うれしい。すばらしい研究だ！　自分にぴったりあてはまる！　これでもう、無理に周囲に合わせようと努力しなくていい。劣等感や罪悪感を持たなくてもいいんだ」――面長の顔、茶色い髪とひげ、トムの容貌はエイブラハム・リンカーンを思い出させた。彼が妻を紹介し、彼女はアーロンの研究を知った経緯を語った。

私の順番になったので、外向的な人間を装う必要を感じずに人前で話をするのははじめてだと話を切りだした。内向性と敏感さとのつながりに興味があると話すと、うなずいている人が何人もいた。

土曜日の午前中、アーロンがバックアイ・ロッジに現れた。ストリックランドが紹介するあいだ、彼女はフリップボードを立てかけたイーゼルの後ろに、茶目っ気たっぷりに隠れていた。そして、さっと登場した彼女は、ブレザーにタートルネック、コーデュロイのスカートという、センスのいい姿だった。小柄で茶色の髪、何事も見逃さないような青い目をしている。高名な学者でいながら、どこかにおずおずした学生時代の姿を感じさせるところがある。そして、参加者たちに敬意を払っているのが感じられた。

さっそく話しはじめたアーロンは、討論の題材として用意したサブトピックを五つ紹介し、参加者全員に第一希望から第三希望まで挙手させた。そして、複雑な計算をまたたくまにやってのけ、希望者が多い順に三つ選んだ。参加者たちはすなおに従った。どのトピックが選ばれようが、問題ではなかった。今ここにアーロンがいて、敏感さについて語ってくれること、そして、彼女が私たちの意向を汲んでくれたこと、それだけで十分だった。

一部の心理学者は、とっぴな実験をして名をあげる。だが、アーロンのやり方は、他人の研究をまったく違う方向から考え直すことだった。アーロンは少女時代に、「あまりにも敏感すぎる」と何度も言われた。上の二人のきょうだいとはまったく違う性格で、空想を楽しみ、室内で遊び、傷つきやすい心を持った子供だった。成長して社会へ出るようになるにつれ、自分自身が世の中の典型的な行動様式からはずれているのに気づくようになった。彼女はたったひとりで何時間も、ラジオもつけずにドライブできた。非常に鮮明でまるで現実のような夢を、ときには悪夢を見た。「奇妙なほど集中」することがあり、肯定的にせよ否定的にせよ感情が大きく揺れ動くことに悩んだ。日常生活のなかに尊敬できるものを見出せず、そうしたものは空想の世界にだけあるように感じていた。

成長したアーロンは心理学者になり、たくましい男性と結婚した。夫アートは、クリエイティブで直観力があり深く考える彼女の性質を愛した。彼女自身もそうした性質を評価してはいたが、自分は

「心の奥底に隠している致命的な欠陥を、表面上なんとか取り繕《つくろ》っている状態」なのだと考えていた。欠陥がある自分をアートが愛してくれたのは奇跡だと思っていた。

ところが、あるとき仲間の心理学者から、あなたは「とても敏感な」人だと言われて、アーロンははっと気づいた。その言葉は自分の謎めいた欠陥をずばりと言いあてていたのだが、言った当人は欠陥として評価していなかったのだ。それは中立的な発言だった。

それ以降、アーロンは新しい視点から「敏感さ」と呼ばれる性質について研究をはじめた。「敏感さ」に関する文献はほとんどなかったので、関連を感じた「内向性」についての資料を大量に読んだ。高反応の子供に関するケーガンの研究や、内向型の人が社会的・感覚的刺激に敏感な傾向があることに関しての一連の実験についても詳しく調べた。それらの研究は彼女が求めているものを部分的には教えてくれたが、内向型のあらたな姿を浮き彫りにするには欠けている部分があると、アーロンは考えた。

「科学者にとって問題なのは、私たちは行動を観察しようとつとめるけれど、観察できない行動もあるという点です」とアーロンは説明する。外向型の人は笑ったり、しゃべったり、身振り手振りで表現したりすることが多いので、彼らの行動を報告するのは簡単だ。だが、「もし部屋の隅にじっと立っている人がいたとして、その人がそこでそうしている動機はいくらでも考えられるものの、心のなかを知ることはできません」ということだ。

だが、一覧表にするのは難しいものの、内的行動もまた行動であるとアーロンは考えた。それなら、パーティに連れていかれると必ず非常に居心地が悪そうにしているタイプの人々の、内的行動はいったいどんなものなのだろう？　アーロンはそれを解明しようと決心した。

まずアーロンは、内向型を自認する人と、さまざまな刺激に大きく動揺するという人の計三九人と面接した。好きな映画、最初の記憶、両親との関係、友人関係、恋愛体験、クリエイティブな活動、哲学観や宗教観などについて尋ねた。その結果を基礎にして膨大な質問集をつくり、いくつかの大きな集団に対して実施した。そして、被験者たちの回答を分析して、二七の特質をまとめた。彼女はこれらの特質を持つ人々を「とても敏感な人」と名づけた。

この二七の特質の一部は、ケーガンらの研究でよく知られている。たとえば、とても敏感な人は、行動する前に熱心に観察する傾向がある。彼らは計画から大きくはずれない人生を送ろうとする。見聞きすることや、におい、痛み、コーヒーなどによる刺激に敏感であることが多い。たとえば職場やピアノの発表会などで他人に観察されたり、デートや就職面接で評価されたりするのが苦手だ。

だが、まったく新しい考えもある。とても敏感な人は、物質的・享楽主義的であるよりも哲学的・精神主義的な傾向がある。彼らは無駄話が好きではない。自分をクリエイティブあるいは直観的と表現する（ちょうどアーロンの夫が彼女をそう表現したように）。非常に詳細な夢を見て、翌朝になって夢の内容を思い出せる。音楽や自然や天然の美を愛する。激しい喜びや悲しみ、憂鬱、恐れなど、きわめて強い感情を抱く。

とても敏感な人は、自分の周囲の情報——物理的なものも感情的なものも——を詳細に処理する。普通なら見逃してしまう微妙なことに気づく。たとえば、他人の感情の変化や、電球が少しまぶしすぎるといったことだ。

最近になって、ニューヨーク州立大学ストーニーブルック校の科学者たちが、そうした発見を確かめる実験をした。この実験は、一八人の被験者に二組の似たような写真（フェンスと干し草の俵が写っている）を見せて、彼らの脳の働き具合をｆＭＲＩで観察するというものだ。一組の写真ははっきりと違いがわかるが、もう一組は違いがかなり微妙な写真だ。すると、敏感な人々のほうが微妙な違いの写真をじっくり時間をかけて見ることがわかった。ｆＭＲＩからも、画像と貯蔵された情報とを結びつける働きを司る部分がより活性化しているのがわかった。つまり、敏感な人々はそうでない人々よりも入念に写真からの情報を処理していたのだ。

この研究はまだ新しく、結論を出すには条件を変えるなどしてさらに何度か実施する必要がある。だが、高反応の小学一年生が絵合わせゲームや単語ゲームで低反応の子供よりも時間をかけたという、ジェローム・ケーガンの実験結果とよく似ている。そして、ストーニーブルック校の研究チームの責任者であるジャッジア・ジャギーローウィッツによれば、敏感なタイプの人はひどく複雑な方法で考えていた。そのことは、彼らが雑談で退屈してしまう理由を説明するのに役立つかもしれない。「もし、あなたが他人よりも複雑に物事を考えていたら、天気の話や休暇の旅の話は、道徳の価値について話すよりもおもしろくないでしょう」と彼女は言った。

もうひとつアーロンが気づいたのは、とても敏感な人は時として強く感情移入することだ。それはあたかも、他人の感情や、世界で起きている悲劇や残虐な出来事と、自分とを隔てる境界が普通よりも薄いかのようだ。彼らは非常に強固な良心を持つ傾向がある。過激な映画やテレビ番組を避ける。ちょっと間違った行動を取れば、どんな結果が生じるかを、鋭く意識する。他の人たちが「重すぎる」と考える、個人的な問題のような話題に関心をそそぐことが多い。

自分が重大な核心に迫っているのをアーロンは悟った。共感性や美に対する反応など、アーロンが敏感な人の性質としたものの多くは、心理学者が「調和性」や「開放性」といった性格特性の特徴としているものだった。だがアーロンは、それらが敏感さの根本的な部分でもあると考えた。彼女の発見は、性格心理学で認められた見解に挑むようなものだった。

アーロンは自分の発見を専門誌に発表したり、本に書いたり、講演で話したりしはじめた。最初のうち、彼女はさまざまな困難に直面した。講演を聴いた人々は、彼女の発想は魅力的だが、話しぶりに確固たる自信が感じられないと批判した。それでも、アーロンはぜひとも自分の考えを知らしめたいと願った。そして、批判に耐え、その道の権威らしい話し方を習得した。私がウォーカー・クリーク牧場で会ったときには、彼女は歯切れよく確信に満ちた口調で話していた。一般の講演者との違いはただひとつ、彼女が聴衆の質問に最後まで誠実に答えることだった。講演が終わってからも残って数人のグループと話をしていたが、自分自身も極度の内向型だというから、きっと疲れきって家路についたことだろう。

アーロンが言う「とても敏感な人」は、まさにエレノア・ルーズベルトにぴったりあてはまる。アーロンが自説を発表して以降、科学者たちの実験によって、敏感さや内向性に関連すると思われる遺伝子プロファイルを持つ人をｆＭＲＩ装置に入れて、恐ろしい顔や事故現場や奇形や汚染現場などの写真を見せると、感情を司るうえで重要な役割を担う扁桃体が強く活性化することが実証された。アーロンらの研究チームはまた、強烈な感情を示している人間の顔写真を見せられると、敏感な人はそうでない人よりも、感情移入に関連する脳の領域がより活発に動き、強い感情を抑制しようとすることをも発見した。

エレノア・ルーズベルトと同じように、「とても敏感な人」は他人が感じていることをわが事のように感じずにはいられないのだ。

内気な若い女性がファーストレディに

一九二一年、フランクリン・ルーズベルトはポリオにかかった。そして、後遺症のため車椅子生活を余儀なくされたことで大打撃を受け、田舎に引きこもって暮らそうかと考えた。だが、エレノアは夫を励まして政治活動を続けるように勧め、自らは民主党の募金パーティで挨拶するなどして献身的に彼を支えた。もともとエレノアは人前で話をするのを恐れ、得意でもなかった――声がかん高く、場違いなところで緊張のあまり笑ってしまうことさえあった。だが、練習を積んで、なんとかスピーチをこなすようになった。

その後、ごく自然な成りゆきで、彼女は自分が目にしたさまざまな社会問題を解決するために働くようになった。女性の人権問題の第一人者になり、物事を真剣に考える仲間を増やしていった。フランクリンがニューヨーク州知事になった一九二八年には、エレノアは民主党の婦人局長をつとめ、アメリカ政界でもっとも影響力のある女性のひとりになっていた。フランクリンの臨機応変の才とエレノアの良心とは、たがいに欠かせないものとしてみごとに機能した。「社会の情勢について、おそらく私は夫よりもよく知っていました。ですが、夫は政府についてよく知っていましたし、物事をよくするために政府をどう使えばいいのかもよくわかっていました。そして、私たちはチームワークのなんたるかを理解するようになったのです」と、エレノアはいかにも彼女らしい謙虚な表現で回想した。

一九三三年、フランクリン・ルーズベルトがアメリカ大統領に就任した。ちょうど大恐慌のさなかで、エレノアはアメリカ国内各地を訪問して、生活苦を嘆く市井の人々の声に耳を傾けた。たった三ヵ月で四万マイルを走破したのだ。他の要人には心を開かない人々も、エレノアには本心を吐露した。彼女は持たざる人々の声をフランクリンに伝えた。各地訪問から戻るたびに見聞を彼に伝えて、行動を求めた。アパラチア地方の鉱山労働者の窮状を助ける政府プログラムの作成に尽力し、再雇用プログラムに女性やアフリカ系アメリカ人を含めるよう夫に強く働きかけた。そして、マリアン・アンダーソンがリンカーン記念館広場で公演できるように助力した。「フランクリンが忙しさのなかでともすれば見過ごしてしまおうとする問題について、エレノアは訴えつづけました。彼女は彼の水準の高さを維持したのです。彼の目をまっすぐ見つめて『いいですか、フランクリン、あなたがするべきことは……』と話しかけている彼女の姿を見た者はみな、けっして忘れませんでした」と、歴史家のジェフ・ウォードは言った。

人前で話すのが大嫌いだった内気な若い女性は、公的な生活を愛するまでに成長した。エレノア・ルーズベルトはファーストレディとしてはじめて、記者会見を開き、政党の全国大会で演説し、新聞に寄稿し、ラジオ番組に登場した。その後も、国連代表団の一員として類まれな政治手腕を発揮し、国連で世界人権宣言の採択に大きく尽力した。

だが、彼女は傷つきやすさがもたらす苦しみから逃れることはなかった。生涯ずっと、暗い「グリゼリダの気分」（中世ヨーロッパの物語に登場する忍従貞淑の妻にちなんで、彼女自身が名づけた）に悩まされ、「全身の皮膚をサイのごとく頑丈に」しようと苦闘した。「内気な人間というものは一生内気なままなのでしょうが、それを乗り越える方法を学ぶのです」と彼女は語った。

敏感さと良心

敏感さと良心とのつながりは、かなり以前から観察されてきた。発達心理学者のグラツィナ・コハーニスカは、こんな実験をした――よちよち歩きの幼児に女性が玩具を手渡し、これは私の大好きな玩具なので大事にしてねとやさしく語りかける。幼児はまじめな顔でうなずき、その玩具で遊びはじめる。すると、じつはあらかじめ細工してあった玩具が、たちまちぱっと折れてしまう。

女性は「あら、大変だわ!」と驚いた表情を見せる。そして、幼児の反応を見るのだ。

大切な玩具を壊してしまったことで、一部の幼児はとくに強く罪の意識を感じていた。彼らは顔をそむけ、自分の体をぎゅっと抱きしめ、自分が壊したと口ごもりながら告白し、顔を隠す。罪悪感をもっとも強く抱くのは、非常に敏感で、高反応であり、内向的に育つだろうと思われる子供だ。彼らは特別に敏感で、物事に大きく動じやすいために、玩具を壊されてしまった女性の悲しみと、自分がなにかされるのではないかという不安の両方を感じるようだ(念のためにつけ加えるが、女性はすぐに「直した」玩具を持ってきて、大丈夫だと子供を安心させる)。

私たちの文化では、罪悪感とは悪い意味を持つ言葉だが、良心を築く積み木のひとつだとも言える。とても敏感な子供が他人の玩具を壊してしまったと思い込んで不安を感じると、同じことをくりかえさないように動機づけされる。コハーニスカによれば、四歳の時点で、そういう子供は、見つからないとわかっている場合でもズルをしたりルールを破ったりすることが比較的少ないそうだ。そして、六、七歳になると、両親の目から見て、共感などの道徳的特質が高レベルである例が多い。また、おしなべて問題行動が少ない。

「機能的な罪悪感は将来的に利他主義や責任感、学校での適応行動、両親や教師や友人と協調的で有益な関係を築く能力を育てるのかもしれない」とコハーニスカは書いている。二〇一〇年にミシガン大学で実施された研究によれば、大学生の共感性は三〇年前よりも四〇％も低下し、とくに二〇〇〇年以降では低下が著しいというのだから、これはとても重要な発見だ（この研究の実施者たちは、共感性の低下はソーシャルメディアやリアリティテレビ番組や「極度の競争社会」と関係があると推論している）。

　もちろん、そうした特質を持っているからといって、敏感な子供たちは天使ではない。ほかのみんなと同じく利己的な傾向も持っている。よそよそしく、うちとけにくい性質を持っている場合もある。また、アーロンによれば、恥ずかしいとか不安だとか否定的な感情に圧倒されると、他人のことを二の次にする場合もある。

　だが、感受性の鋭さは、彼らの人生を苦しいものにすると同時に、良心を形づくる。アーロンは、公園で出会ったホームレスに食事を与えるよう母親を説得した一〇代の子供や、友人がからかわれたときに気分を害して泣いた八歳の子供の話を紹介した。

　敏感なタイプの人間が物語のなかにしばしば登場するが、おそらくそれは、作家自身が敏感な心を持った内向型であることが多いせいだろう。作家のエリック・マルパスは著書『長い長いダンス』（*The Long Long Dances*）で、主人公である物静かで知的な作家のことを、「たいていの男よりも薄い皮膚で生きている。さまざまなトラブルや人生のすばらしい美しさに、彼の心は他人よりも大きく揺すぶられた。駆りたてられるようにしてペンを握り、心のうちを文章に綴った。丘を歩いたり、シューベルトの即興曲を聴いたり、九時のニュースの画面に流れる残酷なシーンを目にしたりするたびに、激しく心を動かされた」と表現した。

クールな人と顔を赤らめる人

皮膚が薄いというのは敏感な心を持つことの比喩だが、じつはそれは文字どおりの意味を持っている。一部の研究者たちは、皮膚の電気伝導度を測定して、騒音や強い感情などの刺激に対する発汗量を調べた。その結果、高反応の内向型は発汗量が多く、低反応の外向型は少なかった。低反応の外向型は、文字どおり「皮膚が厚く」、刺激に鈍感で、反応はクールだった。じつのところ、私が話を聞いた科学者たちによれば、社会的な「クール」という概念はここから来ている。低反応の人ほど皮膚温度が低く、よりクールなのだ（ちなみに、社会病質者《ソシオパス》はこのクールさの指標では一番端に位置しており、覚醒レベルも皮膚の電気伝導度も不安も極端に低い。ソシオパスは扁桃体に損傷があることを示す証拠がいくつかある）。

嘘発見器（ポリグラフ）は皮膚の電気伝導度の検査とも言える。嘘をつくと不安を感じ、無意識に発汗するという理論を基盤としている。私は大学時代の夏休みに、大きな宝石店の秘書のアルバイトに応募したことがある。そのとき、採用試験の一環として嘘発見器による検査を受けなければならなかった。リノリウム貼りの床の薄汚い暗い小部屋に通されると、あばたのある黄色い肌をした男がタバコを吸っていた。準備が整うと、男はまず名前や住所といった簡単な質問をして、私の平常時の発汗レベルを調べた。それから、厳しい口調になって重要な質問をはじめた――逮捕されたことはあるか？ 万引きをしたことはあるか？ コカインを使ったことはあるか？ 三番目の質問をしたとき、試験官の男が私の目をじっと見つめた。あいにく、私はコカインを試した経験はなかった。だが、彼は私がコカインをやったことがあると疑っているようだった。刺すような視線を受けて、まるで証拠はすべてそろっているのだから否定しても無駄だと警官に迫られているような気分に陥った。

相手が間違っているのはたしかなのに、それでも私は顔が上気するのを感じた。そして、嘘発見器は私がコカインのことで嘘をついていると記録したに違いない。私の皮膚は薄すぎて、罪を犯すことを想像しただけで発汗してしまったのだ！

クールなポーズというと、サングラスをかけ、飲み物のグラスを手にして平然としている、そういうイメージが思い浮かぶ。そうした社会的なアクセサリーは、じつは偶然に選ばれたものではないのかもしれない。濃い色のサングラスも、リラックスしていることを示すボディランゲージも、手にしたアルコールも、まさに記号表現《シニフィエ》として使われているのかもしれない。なぜなら、いずれも過熱状態の神経系の信号をカムフラージュするからだ。サングラスは驚きや恐怖で見開かれた目を隠す。ケーガンの研究からもわかるように、リラックスした体は低反応を示す。そして、アルコールは抑制を解いて覚醒レベルを下げる。心理学者のブライアン・リトルによれば、あなたがフットボールの試合観戦に行って、一杯どうだと誰かにビールを勧められるとき、「じつは相手は、『ハーイ、外向性を一杯どうだい』と言っている」のだという。

一〇代の若者たちは、本能的に「クール」の生理学を理解している。カーティス・シテンフェルドの小説『プレップ』（*Prep*）は、学校の寄宿舎に入った思春期の少女リーがさまざまな体験をする物語だ。まじめで几帳面なリーは、学校一クールなアスペスの部屋へ思いがけず招かれる。リーが最初に気づいたのは、アスペスの周囲が刺激に満ちていることだ。「ドアの外まで大音量の音楽が響いていた」とリーは観察する。「白く輝くクリスマスの飾りが灯され、四方の壁には天井からテープが垂れさがり、北側の壁にはオレンジとグリーンの大きなタペストリーがかかっている……なんだか目がちかちかして気分がいらいらしてきた。私がルームメイトと使っている部屋は静かでシンプルだし、私たちの人生も静かでシンプルに感じられた。アスペスは生まれつきクールなのだろうか、それとも姉さんや従姉か誰かに教わったのだろうか」

アスリートの男性をエリートとみなす文化もまた、生理的な低反応とクールとの結びつきを反映している。初期のアメリカの宇宙飛行士たちにとって、心拍数の少なさ（低反応と関係している）はステータスシンボルだった。アメリカ人ではじめて地球周回軌道にのった宇宙飛行士であり、のちに大統領予備選挙に出馬したジョン・グレンは、ロケット打ち上げ時に超クールな心拍数を保つことで宇宙飛行士仲間たちから賞賛されていた。一分間一一〇だったという。

だが、肉体的にクールでないことは、思いのほか社会的に貴重なのかもしれない。コカインをやったことがあるかと強面《こわもて》の試験官に目の前で質問されたときの私のように、顔が紅潮することは、じつは一種の社会的な接着剤の役割を果たすのだ。最近になって、心理学者のコリン・ダイク率いる研究チームがこんな実験をした。まず、六〇人あまりの被験者に、たとえば交通事故の現場を見たのにそのまま立ち去ったということや、他人にコーヒーをかけてしまったというような道徳的に間違ったことをした人々の体験談を読ませた。そして、被験者にその体験談を書いた当人のような気恥ずかしいことをした人々の体験談を読ませた。

写真を見せる。写真の顔は、つぎの四種類のうちのいずれかの表情をしている——①恥ずかしい／決まりが悪い表情。②恥ずかしい／決まりが悪い表情で赤面している。③ごく普通の表情。④ごく普通の表情で赤面している。つぎに、その写真の人物はどれくらい思いやりがあり信用できる人ですかと被験者に尋ねる。

その結果、赤面している人はしていない人よりもずっと好意的に判断されるとわかった。これは、赤面が他人への関心を示す信号だからだ。ポジティブな感情について研究しているカリフォルニア大学バークレー校の心理学者デーヘル・ケルトナーは、『ニューヨーク・タイムズ』紙で、「ぱっと赤くなった顔は、『私は心配しています』『私は社会との契約に違反しました』と伝えている」と表現した。

赤面するかどうか自分ではコントロールできないので、高反応の人の多くがそれを非常にいやがるが、じつのところ社会的に役に立っているのだ。ダイクは「意図的にコントロールするのは不可能だからこそ」、赤面は決まり悪さを感じていることの本物の信号なのだと推論する。そして、ケルトナーによれば、決まり悪さは道徳に関わる感情だ。謙遜や遠慮や、争いを避けて平和を求める心を示すものだ。赤面することは恥じている人を孤立させるもの（すぐに赤面してしまう人はそう思いがちだが）ではなく、人々を結びつける働きをするのだ。

ケルトナーは人間が抱く決まり悪さの根源を求めるなかで、多くの霊長類が諍《いさか》いの後に関係を修復しようとするときに、それを抱くのを発見した。ほかにも彼らは人間と同じようなしぐさをした――視線をそらす、頭を垂れる、唇を引き結ぶ、など。人間のこうしたしぐさは「献身の行為」と呼ばれるとケルトナーは書いている。人間の表情を読む訓練をしたケルトナーは、ガンジーやダライ・ラマといった道徳的英雄の写真を研究して、彼らが抑制された笑みを浮かべて視線をそらしていることを発見した。

ケルトナーは著書『善人に生まれる』(*Born to Be Good*)で、もしお見合いパーティでひとつだけ質問して相手を決めるのなら、「最近、決まり悪いと思った出来事はどんなことでした?」と尋ねればいいという。そして、相手が唇を引き結び、顔を紅潮させ、視線をそらすかどうか観察するのだ。「決まり悪いという感情は、その人が他人の判断を尊重している証拠だ。決まり悪さは、個人が人間どうしを結びつけているルールをどれくらい尊重しているかをあきらかにする」と彼は書いている。

要するに、配偶者になるかもしれない相手が他人の考えを尊重しているかどうかを確かめなさいということだ。全然気にしないよりは気にしすぎるほうがいいのだ。

進化のトレードオフ理論

赤面することがもたらす利益はさておき、敏感すぎるという性質はあきらかな疑問をもたらす。敏感すぎる人は、いったいどのようにして進化の厳しい選別プロセスを生き残ってきたのだろうか? もし、おしなべて大胆で積極的な人が栄えるとしたら(まさにそうだと感じられるときがある)、なぜ敏感すぎる人はオレンジ色のアマガエルのように何千年も前に淘汰《とうた》されなかったのだろうか? あなたは『長い長いダンス』の主人公のように、シューベルトの即興曲に人一倍深く心を動かされるかもしれないし、テレビ番組の残酷なシーンにショックを受けるかもしれない。そして、他人の玩具を壊してしまったときに決まり悪さを感じる子供だったかもしれない。だが、そうした特質は進化によって選択されはしないだろう。

それとも、選択されてきたのだろうか?

エレイン・アーロンはこの点について、ある考えを持っている。敏感さはそれ自体が選択されたのではなく、それに伴うことが多い慎重な思慮深さが選択されたのだと信じているのだ。「『敏感な』あるいは『高反応な』タイプは行動する前にじっくり観察して戦略を練る。そのため、危険や失敗やエネルギーの無駄遣いを避ける。これは『本命に賭ける』あるいは『転ばぬ先の杖』という戦略だ。対照的に、逆のタイプの積極的な戦略は、完全な情報がなくても迅速に行動することで、リスクを伴う。つまり、『早起きは三文の得』であり『チャンスは二度ない』から、『伸《の》るか反《そ》るかの賭けに出る』のだ」と彼女は考える。

じつのところ、アーロンが敏感すぎると判断する人々の多くは、彼女が選定した二七の特質のうちのいくつかを持っているが、全部は持っていない。光や雑音には敏感かもしれないが、コーヒーや痛みには敏感ではないかもしれない。各種の感覚の点では敏感ではないが、物事を深く考える内的生活が豊かなのかもしれない。極端な場合、内向型でないかもしれない。アーロンによれば、敏感すぎる人のうち内向型は七〇％だけで、残りの三〇％は外向型だそうだ（とはいえ、このタイプの人は、典型的な外向型よりも休息時間や孤独を多く求める傾向がある）。このことは、敏感さが生存戦略の副産物として発生したためであり、その戦略をうまく進めるためには必ずしもすべての特質を必要とはしないのだと、アーロンは推論する。

アーロンの考えを支持する証拠はたくさんある。昔の進化生物学者は、あらゆる種の動物はそれぞれの生態的地位《エコロジカル・ニッチ》に適応するように進化したのであり、それぞれのニッチごとに一連の理想的な行動があって、その理想からはずれる行動をとる個体は死滅すると考えていた。だが、実際のところ、人間ばかりかほかの動物たちもみな、「慎重に様子を見るタイプ」と「行動あるのみタイプ」とに分かれるのだとわかった。動物界の一〇〇種以上が、大雑把に言ってそんなふうに分かれている。ミバエもイエネコもシロイワヤギも、マンボウもガラゴもシジュウカラも、とにかく数多くの種の仲間のうち、約二〇%が「エンジンのかかりが遅い」タイプであり、約八〇%が周囲の状況にあまり注意を払わずに危険を冒して行動する「速い」タイプだ（先に述べたケーガンの研究で「高反応」の子供の割合が二〇%だったことを考えると、非常に興味深い）。

進化生物学者のデヴィッド・スローン・ウィルソンによれば、もし「速い」タイプと「遅い」タイプが一緒にパーティをすれば、「速いタイプの一部が自分ばかりしゃべってみんなを退屈させ、他の人々は目の前のビールのグラスを見つめて、自分は尊敬されていないと嘆くだろう。遅いタイプは内気で敏感なタイプと表現される。彼らは自己主張しないが、観察力が鋭く、威勢のいい人たちには見えないことに気づく。彼らは、パーティで威勢のいい人たちには聞こえない場所で興味深い話をする作家やアーティストたちだ。彼らは内向型であり、新しいアイデアを生みだし、威勢のいい人たちは彼らの行動を真似することで新しいものを盗むのだ」と書いている。

新聞やテレビ番組で動物の性格を取りあげて、臆病な行動は魅力がなく、大胆な行動こそ魅力的で望ましいとみなすことがある（それこそ人間みたいなミバエだ!）。だが、ウィルソンはアーロンと同じく、両者は両極端な戦略を持っているのであり、それぞれに違うタイミング、違う形で成果をあげていると確信している。これはいわゆる進化のトレードオフ理論であり、すなわち、よいことばかりの特質も悪いことばかりの特質もなく、生息環境しだいで生き残るための重要事項はさまざまに変化するということだ。

餌を調達に出かける頻度が少なく範囲も狭い「臆病な」動物は、エネルギーを温存し、傍観者的立場に身を置き、捕食者から逃れる。率先して餌をさがしに出ていく大胆な動物は、食物連鎖の上位にいる動物に食べられてしまいやすいが、餌が少なくて危険を冒す必要がある状況で生きのびやすい。ウィルソンは北米東部原産の淡水魚パンプキンシードが大量にいる池に金属製の罠を沈めてみた。魚たちにとっては、それは目の前にＵＦＯが着陸したような出来事だったのだろう。大胆な魚はその正体を確かめずにはいられなかったようで、われ先に罠のなかへ入り込んだ。臆病な魚は賢明にも池の縁のほうでじっとして、なかなか捕まらなかった。

ところが、ウィルソンがようやく両タイプのパンプキンシードを捕まえて実験室へ持ち帰ったところ、大胆な魚はたちまち環境に順応して、臆病な魚よりも五日も早く餌を口にした。「唯一最高の性格というものはない。むしろ、性格の多様性が自然選択によって守られたのだ」とウィルソンは書いている。

トレードオフ理論のもうひとつの例としてグッピーがあげられる。グッピーは自分が棲む場所の条件に合わせて、驚くほど急速に性格を変化させる。彼らの天敵はカワカマスだ。だが、たとえば滝の上流側にはカワカマスがいないとする。そういう場所で生まれ育ったグッピーは、安楽な生活に順応した大胆でのんきな性質になる。対照的に、滝の下流側の、カワカマスが泳ぎまわっている場所で生まれ育ったグッピーは、はるかに用心深い性質で、恐ろしい天敵から逃れようとするだろう。

興味深いのは、それぞれの性質は学習されるものではなく遺伝性であり、大胆なグッピーは危険な場所に移しても両親の性質を受け継いでいる。用心深いグッピーとくらべて決定的に不利だというのに。ただし、遺伝子が変異するのにさほど時間はかからず、子孫は用心深い性質となって生き残る。逆もまた真なりで、用心深いグッピーをカワカマスがいない環境に移すと、同じような結果になる。

用心深いグッピーの子孫が心配事などなにもないかのように自由に泳ぎまわるのには、二〇年ほどもかかる。

臆病と大胆、遅いと速い

トレードオフ理論は人間にもあてはまるようだ。外向性（つまりは新しいことを求める）に結びつく特定の遺伝子を受け継いだ遊牧民は、そうでない遊牧民よりも栄養状態がいい。だが、定住民ではその逆である。遊牧民を狩猟に駆りたて家畜を守らせるのに役立つ遺伝子が、畑を耕したり商売をしたり学習に集中したりするうえでは妨げになるのかもしれない。

あるいは、こんなトレードオフも考えられる。外向型の人間は内向型よりも数多くの相手とセックスするが——自己の複製を望む種にとっては恩恵だ——不倫や離婚もより多く、それは子供にとってはよくない。外向型は内向型よりも運動量が多いが、内向型は事故に遭って重傷を負う確率がより低い。外向型は他人からの支援のネットワークが広いが、犯罪率がより高い。一世紀近く前にユングが推論したように、「一方〔外向型〕は繁殖力が強いが、防御力が弱く、各個体の寿命が短い。他方〔内向型〕は繁殖力が弱いが、自己保存のためのさまざまな手段を備えている」のだ。

トレードオフ理論はすべての種にあてはまるのかもしれない。孤独な個体は自分のDNAを必死に複製しようとすると考えがちな進化生物学者のあいだでは、生きものは集団の生存を促進する特質を持つ個体を含んでいるという考えが熱心に議論されてきた。この考えはしだいに認められつつある。敏感さのような特質が進化してきたのは、同種の仲間とくに家族が、苦しんでいるときに思いやりを感じるためのものであるとする科学者もいる。

だが、そこまで考えるまでもないだろう。アーロンが説明しているように、動物の集団は敏感な仲間のおかげで生存しているという見方は筋が通っている。「アンテロープの群れを考えてみよう……群れのなかの数頭は、草を食べながらも定期的に顔を上げて、捕食動物が狙っていないかと周囲を見まわす。そうした敏感で注意深い個体がいる群れは生き残る確率がより高く、それゆえに、その群れのなかでは敏感な個体が生まれつづける」とアーロンは書いている。

人間でも同じことなのではないだろうか。アンテロープの群れが敏感な個体を必要とするように、私たちはエレノア・ルーズベルトのような人間を必要としているのだ。

「臆病」と「大胆」、「遅い」と「速い」という表現に加えて、生物学者は「ハト」と「タカ」という言葉で動物の特質を表現する。たとえば、シジュウカラのなかには特別に攻撃的な個体がいて、まるで国際関係論の事例研究のような行動を取ることがある。シジュウカラはブナの実を食べるが、実が少ない年には、競争相手を蹴散らす「タカ派」の雌が有利になる。だが、実がたっぷりついた年には、子育てに熱心な「ハト派」の雌が有利になる。なぜなら、タカ派はたいした理由もなく争いばかりしていて、時間と健康を無駄にしてしまうからだ。

それに対して、雄のシジュウカラは逆のパターンになる。これは、雄の主要な役割が餌を見つけることではなく、縄張りを守ることだからだ。ブナの実が少ない年には、飢えて全体数が減るので、全員が十分な縄張りを得られる。そこで、「タカ派」の雄は、餌が多い年の雌と同じ罠にはまる——たがいに争って命を無駄にする。実がたっぷりついた年には巣作りのための縄張り争いが激化し、攻撃的な「タカ派」の雄が有利になるのだ。

内向型のアル・ゴアはどうやったか

戦時下や恐怖の時代——人間にとってはブナの実が少ない年の雌のシジュウカラに相当する——には私たちは攻撃的な英雄を求めるようだ。だが、もし人間が戦士ばかりで、戦争以外のウイルス病とか気候変動といった、静かに忍び寄る危険に誰も気づかなかったなら、いったいどうなるだろう?

元副大統領のアル・ゴアが数十年間続けている、地球温暖化に関する啓発活動について考えてみよう。ゴアは多くの点からして内向型だ。「一〇〇人規模のレセプションやイベントに内向型の人間を送り込むと、戻ってきたときにはエネルギーがすっかり減少している。ゴアはイベントのあとには休息が必要だ」と、当時の補佐官が言っている。ゴアは「政界の人々の多くは背中を叩かれたり握手したりすることでエネルギーを吸収するが、私はアイデアを話し合うことでエネルギーを吸収する」と言った。

だが、そうした思考への情熱と緻密さへの関心——どちらも内向型の人がしばしば備えている性質だ——が一緒になるととても強い力を発揮する。一九六八年、ハーバード大学の学生だったゴアは、化石燃料の使用と温室効果との関係性について訴えた著名な海洋学者の授業を受けた。そして、この問題に深い関心を寄せた。

ゴアは自分が知ったことを世の中に広く伝えようとした。だが、人々は耳を傾けようとはしなかった。それはあたかも、彼の耳には警報ベルが大きく鳴り響いているのに、他の人々にはまったく聞こえないかのようだった。

「一九七〇年代半ばに、私は議会で地球温暖化に関する最初の公聴会を開こうと尽力した」と、ゴアはアカデミー賞の長編ドキュメンタリー映画賞を受賞した『不都合な真実』のなかで回想している。人々が地球温暖化に関心を持たないことが、ゴアには不思議でたまらなかったようだ。「私は議会がこの重大な問題に反応するに違いないと信じていた。だが、そうではなかった」と彼は書いた。

だが、もし当時のゴアが、ケーガンやアーロンの研究について知っていたなら、議会の反応の薄さにそれほど驚かなかっただろう。それどころか、性格心理学による洞察力を駆使して、議員たちを説得しようとしたかもしれない。議会は国じゅうでもっとも敏感でない人々から成っていると、彼は気づいたことだろう。議員というものは、もし彼らがケーガンの研究対象にされた子供だとしたら、目の前に奇妙なピエロやガスマスクをつけた女性が突然現れても、後ろに控えている母親に助けを求める視線を送ることなく、つかつかと近寄っていくに違いない。ケーガンの研究に登場した、内向的なトムと外向的なラルフを覚えているだろうか。議会はラルフの集まりだ。そもそもラルフのようなタイプの人間向きにつくられているのだ。トムのような人間の大半は、選挙キャンペーンの計画やロビイストとのおしゃべりに時間を使いたいとは思わない。

もちろん、ラルフのような議員たちは人間的にはすばらしい――精力的で、恐れを知らず、説得力に溢れている――のだろうが、はるか遠くの氷河にある小さな亀裂の写真を見せても、これは大変だと思ったりはしない。彼らに耳を傾けさせるには、もっと差し迫った刺激が必要だ。警告を特殊効果満載の劇的なドキュメンタリー映画にする能力を持つハリウッドと手を組んで、ゴアはようやくメッセージを広く伝えることができた。

ゴアは『不都合な真実』の宣伝活動に全力をそそいだ。全米各地の映画館へ足を運んで観客に語りかけ、テレビやラジオで無数のインタビューに応じた。地球温暖化の問題についてのゴアの主張は非常に明快で、それが逆に政治家としての存在感を薄れさせた。ゴアにとって、複雑な科学的パズルに取り組むのは自然なことだった。ひとつのことに情熱をかけるのは、つぎつぎに違う話題へと飛び移るよりも自然だったのだ。気候変動の話題となると、人々への語りかけもごく自然だった。ゴアは政治家というよりも地球温暖化問題のカリスマとなった。それは、この問題に人々の関心を集めるという使命が、彼にとっては政治ではなく、良心の声に導かれたものだったからだ。「これは地球の生存に関わる問題です。地球が人間の住めない場所になってしまえば、選挙で勝とうが負けようが誰も気にしないでしょう」と彼は言う。

もし、あなたが敏感なタイプならば、政治家のようなふりをして、実際よりも用心深くない単純な人間を装って暮らしているのかもしれない。だが、この章を読んで、ぜひとも考え直してほしい。あなたのような人間がいなければ、私たちは文字どおり溺れてしまうのだ。

内向性と外向性のバランス

さて、ウォーカー・クリーク牧場へと話を戻せば、この敏感な人々の集まりでは、外向型の理想形やクールであることを尊ぶ風潮は、まったく通用していなかった。「クール」とは人間を大胆で動じない態度に傾かせる低反応なのだとしたら、エレイン・アーロンの元へ集まった人々は、クールにはほど遠かった。

会場の雰囲気はとにかく独特で、驚くべきものだった。まるでヨガ教室や仏教寺院のような空気が漂っていたが、人々を結びつけているのは宗教でも世界観でもなく、同じ気質を共有していることだった。アーロンが講演をしているときに、それははっきり感じられた。とても敏感な人々の前で講演するときはいつも、ふだんの講演会とはまったく違って、会場が静かで人々が耳を傾けているのがよくわかるとアーロンは言っていたが、まさにそのとおりだった。しかも、その状態は週末のあいだずっと続いた。

「お先にどうぞ」とか「ありがとう」という言葉を、あれほど多く耳にしたのははじめてだった。サマーキャンプのように戸外の長い共用テーブルに並んで食べる夕食の時間、人々はたがいに会話の糸口をさがしはじめた。子供時代の体験や成人してからの恋愛のような個人的な話題から、医療制度や気候変動といった社会的な話題まで、みんな一対一で話している。場を盛りあげるためにひとり語りをしている人はほとんどいない。誰もが相手の話を注意深く聴き、よく考えて答えていた。敏感な人々が穏やかな口調で話すのは、自分もそういう口調で話しかけてほしいからだと、アーロンは気づいていた。

ウェブデザイナーをしているミシェルは、まるで強い風を避けるかのように両腕を体に巻いて、前のめりになり、「外の世界では、なにか言っても、相手がその話にちっとも関心を持ってくれないこともある。ここでは、なにか言えば、誰かが『それはどういうこと？』って訊いてくるわ。それに、誰かになにか質問すれば、ちゃんと答えてくれる」と話した。

この集まりのリーダーをつとめるストリックランドは、無駄話がまったく存在しないわけではないと見ている。ただし、それは会話の最初ではなく、終わりにあるのだ。一般には、初対面の人と話をするとき、おたがいにリラックスするためにちょっとした無駄話をしてから、本題へと入っていくものだ。敏感な人々は、その逆を実践しているようだ。「彼らはおたがいのことをある程度わかってから、無駄話を楽しむ。自分らしさを生かせる環境にいれば、普通の人たちと同じように笑ったり無駄話をしたりする」とストリックランドは説明する。

最初の晩、食後に私たちは学生寮のような自室へとゆっくり移動した。私は心のうちで自分を元気づけた。本を読んでからゆっくり眠りたいところだけれど、きっと枕投げ（サマーキャンプのお約束）や騒々しい飲み会ゲーム（大学では必ずあった）が待っているんだわ、と思っていた。だが、ウォーカー・クリーク牧場では、そうではなかった。ルームメイトになった雌ジカのような大きなやさしい目をした二七歳の秘書の女性は、作家志望だそうで、夜は静かに日記を書いて過ごすと言った。私もそうすることにした。

もちろん、この週末のあいだ、緊張が走る瞬間が一度もなかったわけではない。あまりにも無口で、まるで怒っているように見える人もいた。自分のことは自分でという方針のせいで、みんながてんでんばらばらの行動をとるために、孤独を感じることもあった。じつのところ、「クール」と呼ぶような行動があまりにも欠けていて、私は誰かがジョークを言ったり、笑いを起こしたり、ラム・コークを手渡してくれたりするべきじゃないかと思ったりした。きっと誰でもそう思うだろう。

本当のところ、私はそれまで、敏感なタイプに必要十分な空間を求めながらも、愛想のいい愉快な仲間とのやりとりを楽しんでいたのだ。世の中に「クール」な人がいてくれることをありがたいと感じ、彼らを懐かしく思いながらその週末を過ごした。もしかしたら、ほかの参加者たちも心の奥でそう感じていたのではないだろうか。

エイブラハム・リンカーン似のソフトエンジニアであるトムは、友人にも初対面の人にも誰にでも自宅を開放していた昔のガールフレンドの話をしてくれた。その女性はあらゆる点で冒険的だったそうだ。新しい食べ物に挑戦したり、知らない人と友達になったりするのが好きだった。結局二人はうまく行かなくなったけれど、その彼女と過ごせたことに感謝していると言った。トムは外の世界との関係よりも自分たち二人の関係をもっと大事にしてほしいと願うようになり、現在ではそういうタイプの女性と幸福に暮らしている。

トムと話しているうちに、私はニューヨークの家にいる夫のケンが恋しくなった。彼は敏感さには縁遠いタイプだ。時々、それがストレスになることもある。私がなにかに共感や不安を強く感じて涙ぐんでいると、その様子を見て彼は心を動かされるのだが、私があまりに長時間そんな状態でいるといらいらする。けれど、彼が少々のことには動じないでいてくれるのはとても助かるし、一緒にいられるのはこのうえない喜びだ。彼はすばらしい魅力の持ち主だ。際限なく楽しい話をしてくれる。なにをするにも誠心誠意、真剣に取り組む彼を、誰もが愛している。

だが、なによりも、私は彼が示す思いやりを愛している。ケンは攻撃的になることもあって、一週間で私の一生分の攻撃性を発揮することもあるけれど、それは他人を思いやってのことなのだ。出会う前、彼は国連に勤めていて、世界中の紛争地帯で戦争捕虜や抑留者の解放交渉にあたっていた。悪臭を放つ監獄へ踏み込んで、基地司令官の胸にマシンガンを突きつけ、レイプの被害者であるなんの罪もない少女を釈放するように要求したこともあった。その仕事を何年も続けた後、帰郷した彼はそれまで目にしたことを、怒りを込めて本や原稿に書いた。敏感な人間のスタイルでは書かなかったので、多くの人の怒りを買った。だが、彼は魂を込めて書いたのだ。

ウォーカー・クリーク牧場での週末は、誰もが穏やかに話してけっして実力行使には出ない、敏感な人々の世界を忘れられないものにするだろうと思っていた。だが、実際には、私の心の奥底にあるバランスを求める気持ちをいっそう強めた。エレイン・アーロンならばきっと、このバランスは私たちの自然な状態なのだと言うだろう。少なくとも私たちのようなインド・ヨーロッパ語族の文化においてはそれが言えるのだろう。私たちの文化では、人々は「戦士の王たち」と「僧職の助言者たち」とに分かれ、行政の支部と司法の支部とに分かれている。言い換えれば、大胆で親しみやすいフランクリン・ルーズベルトと従順なエレノア・ルーズベルトとに分かれているのだ。

7章

ウォール街が大損し、バフェットがもうかったわけ

内向型と外向型の考え方（そしてドーパミンの働き）の違い

民主的でビジネスライクなアメリカ人の生活に必然的に伴う、絶え間ない行動と決定の人生は、荒々しい心と迅速を習慣とする心、すばやい決定、そして機会を逃さずととらえることに重きを置いていると、トクヴィルは見た――そして、なにをするにせよ熟考や綿密さや的確な思考を重要視しない、と。

――リチャード・ホフステッター『アメリカの反主知主義』

報酬に対する感度が強すぎると

株価が大暴落した二〇〇八年のことだ。一二月一一日、午前七時三〇分にジャニス・ドーン博士の電話が鳴った。東海岸の市場がふたたび大殺戮の幕を開けていた。住宅価格相場が急落し、債券市場は凍りつき、〈ゼネラルモーターズ（GM）〉は破産の瀬戸際だった。

いつものように寝室で電話を受けたドーンは、緑色の羽根布団の上でヘッドホンをつけた。殺風景な部屋のなかで、豊かな赤毛に象牙色の肌、成熟したレディ・ゴディヴァを思わせるドーンは、なに

より色彩豊かな存在だ。ドーンは神経科学の博士号を持ち、専門は脳神経解剖学。精神科の専門医でもあり、金の先物取引の有力なトレーダーでもあり、そのうえ、〈経済精神科医〉として約六〇〇人のトレーダーのカウンセリングをしている。

「やあ、ジャニス！　ちょっと話をしたいんだが、いいかな？」その朝電話してきたアランという名前の男性が尋ねた。

そんな時間はなかった。三〇分に一度は必ずトレーディングをすることにしているので、今日も早くはじめたかった。だが、アランの声にはどこか必死な響きが感じられたので、彼女はどうぞ、と答えた。

アランは六〇歳の中西部人で、仕事熱心で忠誠心に溢れた、世の模範たる存在という印象の人物だ。外向型特有の陽気で独断的なタイプの彼は、悲惨な話をしようとしているにもかかわらず快活な口調だった。アランと妻は引退するまでしっかり働いて、一〇〇万ドルもの老後資金を貯めた。だが、四ヵ月前、米政府が自動車業界を救済するかもしれないという話をもとに、株売買の経験がまったくないにもかかわらず、ＧＭの株を一〇万ドルも買うことを決めた。絶対に負けない投資だと確信していた。

その後、政府が自動車業界を救済しないという報道が出た。ＧＭの株は売られ、株価は暴落。それでも、アランはまだ、大きく勝つ夢を見て、株を持ちつづけた。そのうちにきっと相場が反発すると確信していた。だが、株価は下がりつづけ、とうとうアランは巨額の損失を出して持ち株を売ることにした。

悪いことはそれで終わりではなかった。その後、政府が救済を実施するというニュースがふたたび流れると、アランはここぞとばかりに数十万ドルを投じて、安くなったGM株を買った。だが、またしても同じことが起こった。救済が実施されるかどうか、先行きが不透明になったのだ。

そこで、アランはまたしても株を持ちつづけた。株価がこれ以上、下がるなどありえないと思ったというのが、彼の「説明」（説明という言葉を括弧でくくったのは、ドーンによれば、アランの行動には意識的な説明はあまり関連がないからだ）だった。彼は株が大きく値上がりするのを期待した。だが、株価は下がった。一株七ドルまで下がった時点で、アランは持ち株を売った。そして、またしても救済措置の話が取りざたされると、性懲りもなく株を買って……。

結局のところ、GM株が一株二ドルにまで下落したとき、アランは七〇万ドル、つまりは老後資金の七〇％を失っていた。

アランは狼狽した。そして、どうしたら損失を取り戻せるかとドーンに尋ねた。彼女にはどうしようもないことだった。「なくなってしまったのです。投資金を取り戻すことはできません」彼女はアランに答えた。

いったいなにがいけなかったのかと彼は訊いた。

なにがいけなかったのか。それについてドーンが思いあたることはいろいろある。そもそも、なんの予備知識もなしに株に手を出すべきではなかった。しかも、投資額が大きすぎた。資産の五％、つまり五万ドル程度に制限すべきだった。だが、最大の問題はアランが自分で自分をコントロールできないことにあったのかもしれない。彼は心理学者が言うところの「報酬に対する感度」が過敏な状態に陥ってしまったのだ。

報酬に対する感度が過敏な人は、宝くじを買うとか、友人と夜ごと出かけて楽しむとか、さまざまな報酬を得ようと夢中になってしまう。報酬に対する感度は、セックスや金銭や社会的地位や影響力といった目標を達成しようと私たちを駆りたてる。階段をのぼって、高い枝に手を伸ばし、人生の最高の果実を獲得しろとハッパをかける。

だが、時として、報酬に対して過敏になってしまう人がいる。暴走した過敏性は、ありとあらゆるトラブルをもたらす。たとえば、株売買で大金を手に入れられるだろうと期待して興奮するあまりに、大きすぎるリスクを冒して、明白な警告信号を無視してしまうのだ。

警告信号はたくさんあったのに、大金を手に入れられると期待するあまり興奮していたアランには、それがまったく見えなかった。報酬に対する感度が平静さを失ったときの典型的なパターンに陥っていたのだ。速度を落としなさいという警告信号を受けたのに、かえって速度を上げてしまった――投機的な株取引にのめり込んでかけがえのない財産を捨ててしまったのだ。

経済界の歴史には、ブレーキを踏むべきときにアクセルを踏んでしまった例がたくさんある。行動経済学者たちは、企業買収の際に競争相手に勝とうと夢中になるあまり、法外な大金を投じてしまう経営者たちをたくさん見てきた。そうした事例はあまりにも多く、「ディール・フィーバー」という言葉があるほどで、それには「勝利者の呪い」がつきものだ。その典型的な例が、合併後の新会社が驚異的な赤字を出し、「世紀の失敗合併」と呼ばれたタイム・ワーナーとＡＯＬの合併だ。ＡＯＬの株価は大幅に過大評価されているという警告がたくさんあったにもかかわらず、タイム・ワーナーの重役陣は満場一致で合併を承認した。

「合併話をまとめたとき、私は四二年ほど前にはじめて女性と愛を交わしたとき以上に興奮し、夢中になっていた」というのは、重役陣のひとりであり、最大の個人株主でもあるテッド・ターナーの発言だ。合併が合意に達した翌日の『ニューヨーク・ポスト』紙には、「テッド・ターナーいわく、セックスよりも最高」と見出しが躍った。頭のいい人間が、なぜ時として報酬過敏になるのかを考えさせられる事例だ。

外向型は経済的にも政治的にも報酬を求める

ここまでお話ししてきたことが外向型・内向型とどう関連しているのかと、読者のみなさんは不思議に思われるかもしれない。私たちは誰だって、思わず調子に乗ってしまうことがあるのではないだろうか？

答えはイエスだが、ただし、どの程度そうなるかには個人差がある。ドーンは経験からして、外向型の顧客は報酬に非常に過敏であり、対照的に内向型の顧客は警告信号に注意を払うと言う。内向型は欲望や興奮といった感情を調節するのがうまい。彼らは損をしないように自分を守る。「私が相談を受けている顧客のなかで、内向型の人は『大丈夫だよ、ジャニス。興奮してわれを忘れてしまいそうだけれど、そんなことをしてはいけないとわかっているから』と言えることが多いのです。内向型は計画を立てるのが上手で、いったん立てた計画はきちんと守ります」とドーンは言う。

ドーンによれば、報酬に対する反応の点で、外向型と内向型との違いを理解するには、脳の構造について少し知らなければならない。4章で見てきたように、大脳辺縁系はもっとも原始的な哺乳類にも共通するもので、感情や本能を司っているが、ドーンはそれを「古い脳」と呼んでいる。大脳辺縁系には、扁桃体や脳の「喜びの中枢」と呼ばれる側座核などが含まれている。扁桃体が高反応や内向性にどんな役割を果たしているかについては、すでに説明した。では、今度は欲望に関する部分についてお話ししよう。

古い脳は、つねに私たちに「イエス！ イエス！ イエス！ もっと食べて、飲んで、セックスして、危険を冒して、楽しむだけ楽しみなさい！ とにかく、なにも考えてはいけません！」と言っている。古い脳の、報酬を求め快楽を愛する部分が、アランをけしかけて大事な老後資金をまるでカジノのチップのように扱わせたのだ、とドーンは信じている。

私たちの脳には、大脳辺縁系よりも数百万年もあとに進化した、新皮質と呼ばれる「新しい脳」がある。新しい脳は、思考や計画、言語、意思決定など、人間を人間たらしめる機能を司っている。新しい脳もまた、私たちの感情の働きに重大な役割を担っていて、合理性の中枢部なのだ。新しい脳は、私たちに「ノー！ ノー！ ノー！ 危険で、でたらめなことをしてはいけません！ あなたにとっても、あなたの家族にとっても、社会にとっても利益になりません！」と言っている。

では、アランが株投資でわれを忘れていたとき、新皮質はどうしていたのだろう？

新しい脳と古い脳は連係して働くが、それは必ずしもうまくいかない。両者が衝突した場合、私たちはより強い信号を送っているほうの言いなりになる。つまり、アランの新皮質は「用心しろ！」という信号を送っていたが、古い脳との力ずくの綱引きに負けたのだ。

もちろん、人間はみな古い脳を持っている。だが、高反応の人の扁桃体が刺激に対してより敏感であるのと同じように、外向型は内向型よりも、報酬を求める古い脳の反応が敏感らしい。じつのところ、報酬に対する敏感さは外向型のたんなる興味深い特徴のひとつではなく、外向型を外向型たらしめていると考え、その点について研究している科学者たちもいる。言い換えれば、権力からセックスやお金にいたるまで、さまざまな報酬を求める傾向によって、外向型は性格づけられているというのだ。彼らは経済的にも政治的にも、そして快楽の点でも、内向型よりも大きな野心を抱いている。この考え方によれば、彼らが持つ社交性は報酬に敏感だからこその機能ということになる。人づきあいが本質的に心地いいから、外向型は社交的にふるまうわけだ。

報酬を求めることの根底にあるものはなんだろう？　鍵となるのは肯定的な感情のようだ。外向型は内向型よりも多くの喜びを体験する傾向がある。喜びの感情は「たとえば、価値のあるなにかを追い求めて、手に入れることに反応して活性化する。手に入れると予想すると興奮が生じ、いざ手に入ると、喜びが続くのだ」と心理学者のダニエル・ネトルが著書で述べている。すなわち、外向型は「熱狂」と呼ばれるべき感情を頻繁に抱く。これは、急激に活性化する、熱烈な感情だ。人は誰でもそういう感情を抱くことがあるが、その強さや頻度には個人差がある。外向型は目標の追求と達成に対して、格別な熱狂を抱くようだ。

熱狂をもたらすのは、眼窩《がんか》前頭皮質、側座核、扁桃体を含む、「報酬系」と呼ばれる脳内の構造ネットワークの強力な活性化だ。なんらかの報酬を得られるという期待に対して、興奮を起こさせるのが報酬系の働きだ。たとえば、ジュースや現金や魅力的な異性の写真を被験者の目の前に呈示して、脳のｆＭＲＩを撮ると、期待による興奮で報酬系が活性化しているのがわかる。

神経細胞《ニューロン》が報酬系に情報を伝える際に、ドーパミンと呼ばれる神経伝達物質――脳細胞間で情報を運ぶ化学物質――が使われる場合がある。なんらかの報酬を期待すると、それに反応してドーパミンが分泌され、いい気分をもたらす。脳がドーパミンに敏感であるほど、あるいはドーパミンの分泌量が多いほど、たとえばセックスやチョコレートや現金や社会的地位といった、報酬を追い求める可能性が高くなる。実験で、ネズミの中脳のドーパミンを活性化する部分を電気で刺激すると、興奮してケージのなかで走りまわり、結局は餓死してしまう。人間でも、コカインやヘロインは神経細胞を刺激してドーパミンを分泌させ、多幸感をもたらす。

外向型は内向型よりもドーパミンの活性が強いようだ。外向性とドーパミン、そして脳の報酬系との正確な関係は完全には解明されていないが、これまでの発見は好奇心をそそる。コーネル大学の神経生物学者リチャード・デピューが、ドーパミンの分泌をうながすアンフェタミンを外向型と内向型それぞれの集団に与える実験をしたところ、外向型のほうが強く反応することがわかった。別の実験では、ギャンブルで勝ったとき、外向型は内向型よりも脳の報酬系の活性化が著しいとわかった。また、ある調査では、脳領域で報酬系の鍵となる役割を担っている眼窩前頭皮質が、外向型では内向型よりも大きいとわかった。

対照的に、内向型の報酬系は「反応が比較的鈍く、報酬を求めて逸脱することが外向型よりも少ない」と心理学者のネトルは書いている。内向型は「そうでない人たちと同じようにセックスやパーティや社会的地位に心惹かれることがあるが、彼らを駆りたてる力は比較的小さいので、それらを手にしようとして大ケガをすることはない」のだ。要するに、内向型は簡単には熱狂しない。

いくつかの点で、外向型は幸運だ。熱狂は楽しげに踊るシャンパンの泡のようなものだ。仕事でも遊びでも、私たちをやる気にさせる。危険な賭けをする勇気をくれる。ふだんならば絶対にできないと思っていることをやってみようという気にさせる。たとえばスピーチ。一生懸命に準備をして、大事な講演をしたとしよう。伝えたいことを話し終えると、聴衆が立ちあがって心からの盛大な拍手を送ってくれる。講演を終えて会場から去るとき、ある人は「言いたいことをわかってもらえてうれしい。役目を果たせてうれしい。これで解放される」と思うかもしれない。ところが、熱狂に敏感な人は、「すばらしい体験だった！　あの喝采が聞こえるかい？　話を聴いていた人たちの表情を見たか？　本当にすばらしい！」と思うのだろう。

だが、熱狂には否定的な面もある。「肯定的な感情を強調するのはいいことだと誰もが考えるけれど、必ずしもそうではない」心理学教授のリチャード・ハワードは、サッカーの勝利に興奮した観客が暴れて損害が生じる例をあげて指摘した。「人々が肯定的な感情を増幅させた結果、反社会的で自滅的な行動を引き起こすのだ」と。

熱狂のもうひとつの欠点は、リスクにつながることだろう。それがきわめて大きなリスクである場合もある。熱狂は私たちに用心しなさいという警告信号を無視させる。テッド・ターナー（彼は極端な外向型のようだ）が、ＡＯＬとタイム・ワーナーとの合併を初体験になぞらえた本当の意味は、自分はガールフレンドとはじめて夜を過ごすことに興奮して、それがどんな結果をもたらすか考えもしない思春期の青年と同じような熱狂状態だった、ということだったのかもしれない。そんな具合に危険を無視しがちなことは、外向型が内向型よりも、交通事故死や事故による入院、危険なセックス、危険なスポーツ、不倫、再婚などの確率が高い理由を説明してくれる。さらには、なぜ外向型が自信過剰に陥りやすいかを説明する助けにもなる――自信過剰とは能力につり合わない自信を持つことだ。熱狂とはジョン・Ｆ・ケネディの華やかな魅力だが、同時にケネディ家の呪いでもある。

金融危機をもたらしたのは押しの強い外向型

外向性が報酬系の過敏さに起因するという理論はまだ新しく、確立されていない。外向型の人が全員つねに報酬を強く求め、内向型の人は全員つねに自制してトラブルを避けると言い切ることはできない。それでも、この理論は、人生や組織のなかで内向型と外向型が演じている役割を考え直してみるべきだと思わせる。また、集団で物事を判断するとき、なにか問題を解決しようとするときはとくに、外向型は内向型の意見に耳を傾けるのがいいと示唆している。

十分なリスク計算のない、やみくもさも手伝って引き起こされた、二〇〇八年の大暴落と呼ばれる経済危機の後、ウォール街では、女性を多くして男性を少なくするほうが――つまり、テストステロンの量を減らしたほうが――よい結果をもたらしたのではなかろうかという推論が流行した。だが、舵取り役に内向型を少し増やして、ドーパミンの量を減らしたらどうなっていたかについても、私たちは考えるべきなのだろう。

いくつかの研究結果が、そうした疑問に間接的に答えている。ノースウェスタン大学〈ケロッグ経営大学院〉のカメリア・クーネン教授は、強いスリルを求める外向性に関連するドーパミンを調節する遺伝子（DRD4）に変異がある人は、経済的なリスクを負う可能性が高いことを発見した。対照的に、内向性や敏感さに関連するセロトニンを調節する遺伝子に変異がある人は、リスクを負う確率が前者よりも二八％も低かった。さらに彼らは、複雑な意思決定を必要とするギャンブル・ゲームでもよりよい結果をあげた（勝率が低いと思われるとき、彼らはリスクを冒すことを嫌い、勝率が高いと思われるとき、リスクを冒す傾向が比較的高かった）。投資銀行のトレーダー六四人を対象にした別の研究では、パフォーマンスがもっとも高いトレーダーたちは感情的に安定している内向型が多かった。

内向型はまた、SATの点数や収入やBMI（訳注 身長から見た体重の割合を示す体格指数）などすべてに関連する重大なライフ・スキルである、楽しみをあとにとっておくという点でも、外向型よりもすぐれている。ある研究で、研究者が被験者たちに、すぐにもらえる少額の報酬（アマゾンのギフト券）と、二週間から四週間後にもらえるもっと高額のギフト券のどちらかを選ぶよう指示した。客観的に考えれば、すぐにではなくても近い将来にもらえる高額のギフト券のほうが望ましいはずだ。ところが、多くの人がすぐにもらえるほうを選んだ。そして、そのときの彼らの脳をスキャンしたところ、報酬系の働きが活性化していた。二週間後の高額のギフト券を選択した人々は、前頭前皮質の活性化が観察できた。配慮を欠いたメールを送ってしまったり、チョコレートケーキを食べ過ぎたりしないようにとあなたに話しかける、「新しい脳」と呼ばれる部位だ（前者は外向型の人々であり、後者は内向型の人々だと示唆する、似たような研究もある）。

一九九〇年代、私はウォール街の法律事務所に勤めていた。他行が貸し出したサブプライムローンの一括購入を考えている銀行の代理人をつとめるチームの一員だったのだ。私の仕事は調査活動全般で、関連文書に目を通して各ローンの事務処理がきちんと行われているかを調べるのが仕事だった。借り手は支払い予定の利率を知らされているか、利率が漸次上昇すると周知されているか、そうした点を確認していた。

書類には不正行為がぎっしり詰まっていた。もし、私が銀行家だったら、徹底的に調査するところだ。だが、私たち法律家チームが会議でリスクを指摘したところ、銀行側はまったく問題を感じていないようだった。彼らは安い価格でローンを買い取って得られる利益ばかり見て、契約を進めることを望んだ。このような目先の利益を追求しようとした誤算が、二〇〇八年の大暴落のときに数多くの銀行の破滅を助長したのだろう。

ちょうど同じ頃、いくつかの投資銀行が大きなビジネスを獲得しようと競合しているという噂がウォール街に流れた。それぞれの銀行が選任チームをつくって、顧客に売り込みをかけた。どのチームも、スプレッドシートや提案用資料《ピッチ・ブック》を呈示し、パワーポイントでプレゼンをした。だが、勝利を得たチームはそこに演出をひと味加えた。野球帽をかぶり、胸にFUDと書かれたTシャツを着て、会議室に登場したのだ。FUDは、恐れ（fear）、不確実（uncertainty）、疑い（doubt）の頭文字で、その三文字が太い×印で消されていた。FUDは世俗の三位一体の象徴だった。そのチームはFUDを克服し、競争に勝った。

二〇〇八年の大暴落を目《ま》のあたりにした投資会社〈イーグル・キャピタル〉社長のボイキン・カリーは、FUDに対する軽蔑――そして、FUDを感じる傾向がある人々に対する軽蔑が、大暴落の発生をうながしたのだと表現した。攻撃的なリスクテイカーたちにあまりにもパワーが集中しすぎていたのだ。「二〇年にわたって、ほぼすべての金融機関のDNAが……危険なものへと変化した」と、当時カリーは『ニューズウィーク』誌に語っている。「誰かがレバレッジ比率を上げて、もっとリスクをとろうと強く主張するたびに、つぎの数年間でその意見が『正しい』と立証された。そう主張した人々は賞賛され、昇進し、発言権を増した。逆に、強気に出ることを躊躇し、警告を発した人は『間違っている』と立証された。彼らは糾弾され、無視されるようになり、発言権を失った。どの金融機関でも、そんなことが日々くりかえされ、ついには、先頭に立つのは特殊な種類の人ばかりになった」

カリーはハーバード・ビジネススクール卒で、パームビーチ生まれのデザイナーである妻のセレリー・ケンブルとともに、ニューヨークの政界と社交界の有名人だ。いうなれば、彼こそ「とても積極的な」人々の一員のはずだが、思いがけないことに、内向型の重要性を訴えるひとりでもあった。世界的な金融危機をもたらしたのは押しの強い外向型だというのが、彼の持論だ。「特定の性格を持つ人々が資本や組織や権力を握った。そして、生まれつき用心深く内向的で物事を統計的に考える人々は正しく評価されず、片隅に追いやられたのだ」と彼は語った。

不正経理や粉飾決算を重ねたあげく、二〇〇一年に倒産した悪名高い〈エンロン〉のリスク管理担当役員をつとめていた、ライス大学ビジネススクールのヴィンセント・カミンスキー教授も、『ワシントン・ポスト』紙にアグレッシブなリスクテイカーたちが用心深い内向型よりもはるかに高い地位にいた企業内風土について、似たような話を語った。穏やかな口調で言葉を選んで語るカミンスキーは、エンロン・スキャンダルに登場する数少ないヒーローのひとりだ。彼は、会社が存続の危機にさらされるような危険な状態にあると上層部にくりかえし警告を試みた。上層部が聞く耳を持たないとわかると、カミンスキーは危険な業務処理を決裁するのを拒み、自分のチームにも働かないように指示した。すると会社は彼の権限を奪った。

「ヴィンス、きみが書類を決裁してくれないとあちこちから苦情が来ているぞ。まるで警官みたいなことをしているそうじゃないか。うちには警察なんかいらないぞ」エンロンのスキャンダルを描いたカート・アイヘンワルドの『愚か者の陰謀』(*Conspiracy of Fools*)によれば、社長がカミンスキーにそう言った。

だが、彼らは警察を必要としていたし、それは現在も同じだ。二〇〇七年に信用危機がウォール街の大銀行を存亡の危機にさらしたとき、あちこちで同じようなことが起きたのをカミンスキーは見た。「エンロンに取りついた悪魔たちはまだ追い払われていない」と、彼はその年の一一月に『ワシントン・ポスト』紙に語った。多くの人々が銀行の抱えているリスクを理解していないことだけが問題なのではない、と彼は説明した。現実を理解している人々がそれを無視しつづけていることもまた問題なのだ――その理由のひとつは間違った性格タイプを持っているからだ。「私は何度となくトレーダーに面と向かって、これこれこうなったら、あなたのポートフォリオは崩壊すると指摘した。すると彼は、そんなことがあるわけがないと怒り、私を罵倒した。問題なのは、会社にとって向こうは雨を降らせてくれる呪《まじな》い師のようなもので、こちらは内向的な愚か者ということだ。となれば、どちらが勝つかは明白だろ?」

内向型のほうがすぐれているわけ

では、熱狂が正しい判断を狂わせるのは、正確にはどんなメカニズムによるものだろう? ジャニス・ドーンの顧客のアランは、いったいどのようにして、財産の七〇%が消えてしまうぞという重要な危険信号を見逃したのか。まるでFUDが存在しないかのように、人々を駆りたてるものはなんだろう?

ウィスコンシン大学の心理学者ジョセフ・ニューマンが実施した一連の興味深い実験は、ひとつの答えを示している。ニューマンの実験室へ招かれて、研究の被験者になったと想像してみよう。あなたはそこでゲームをして、ポイントを稼げば稼ぐほど現金を手に入れられる。パソコン画面に一二個の数字がひとつずつ順不同に現れる。手元にはボタンがあって、被験者は数字が現れるごとにボタンを押す。押した数字が「正解」ならばポイントを獲得でき、「不正解」ならばポイントを失う。ボタンを押さなければポイントは変化しない。何度か試行錯誤してから、4が正解で9が不正解だとわかった。つまり、今度9が登場したらボタンを押さないでいればいいのだ。

ところが、そうとわかっていてもボタンを押してしまうことがある。外向型のなかでも特別に衝動的な人は、内向型と比較して、このような誤りをすることが多い。なぜだろう？　心理学者のジョン・ブレブナーとクリス・クーパーによれば、外向型はあまり考えずにすばやく行動するそうだ。内向型は「調べること」に、外向型は「反応すること」に適応しているのだ。

だが、外向型の不可思議な行動がさらに興味深いのは、間違った行動をした*あと*にある。不正解である9を押してしまうと、内向型はつぎの番号に移る前に時間をかけて、なにが悪かったのかを考えている。だが、外向型はそこで速度を落とさないどころか、*かえって*ペースを速める。

これは奇妙に感じられる。いったいなぜ、そんなことをしてしまうのか？　それにはちゃんとした理由があるのだ、とニューマンは説明する。報酬に敏感な外向型は、目的を達することに集中してしまうと、なんだろうと邪魔はされたくない——否定する人だろうと、9という数字だろうと。そういう邪魔者を払いのけるためにペースを速めるのだ。

だが、時間をかけて見きわめるほど学ぶことも多くなるのだから、これは決定的に重大な失策だ。もっとゆっくりやりなさいと命令すれば、外向型も内向型と同じようにポイントを稼げる。ところが、好きにやらせておくと、けっして休まない。そのため、どうして間違えたのか学習しない。それはテッド・ターナーのような外向型が合併金額の入札で競り勝とうとするのと同じ仕組みだ、とニューマンは言う。「高すぎる値段をつけるのは、抑制すべき反応を抑えていないのです。決定を左右する情報を考慮していないのです」とニューマンは説明した。

対照的に、内向型は報酬を重要視せず──熱狂を殺す、とも表現できる──問題点を入念に調べるように、生まれつきプログラムされている。「彼らは興奮するとすぐにブレーキを踏んで、もしかしたら重要かもしれない関連事項について考えます。内向型はそのように配線されていて、あるいは訓練されていて、興奮を感じると警戒を強めるのです」とニューマンは語る。

さらに、内向型は新しい情報を自分の予想と比較する傾向があるそうだ。「予期したとおりのことが起きたのか。なるべくしてこうなったのか」と、彼らは自分自身に問いかける。そして、予想が当たらないと、失望の瞬間（ポイントを失う）と、そのときに周囲でなにが起きていたか（数字の9を押した）とを結びつける。それによって、つぎに警告信号にどう反応するかについて明確な予測をする。

内向型が勢いよく前進するのをいやがることは、リスクを回避することになるだけでなく、知的な作業をするうえで役立つ。複雑な問題解決をする場合の外向型と内向型のパフォーマンスの差について、いくつかわかっていることがある。小学生の時点では、外向型は内向型よりも学校の成績がいいが、高校や大学になると逆転する。大学レベルでは、内向型は認知能力よりも学業成績のほうがすぐれている。ある研究では、大学生一四一人を対象に、美術、天文学、統計学など二〇種類のさまざまな科目に関するテストをしたところ、ほぼ全科目について内向型の学生のほうが知識で勝っていた。修士号や博士号を取得する人数も、全米育英会奨学金を受ける人数も、成績優秀者が入会できる〈フアイ・ベータ・カッパ・クラブ〉の会員数も、内向型のほうが多い。企業が採用や昇進の際に使用する、批判的・論理的思考力を評価する〈ワトソン・グレイザー批判思考力テスト〉でも、外向型より高得点をとる。心理学者が「洞察的問題解決」と呼ぶ点でもすぐれている。

問題は、それがなぜなのかだ。

内向型が外向型よりも賢いということではない。ＩＱテストの結果からして、両者の知性は同等だ。そして、課題数が多い場合、とくに時間や社会的なプレッシャーや、複数の処理を同時にこなす必要があると、外向型のほうが結果がいい。外向型は多すぎる情報を処理するのが内向型よりもうまい。内向型は熟考することに認知能力を使いきってしまうのだと、ジョセフ・ニューマンは言う。なんらかの課題に取り組むとき、「一〇〇％の認知能力のうち、内向型は七五％をその処理にあてるが、外向型は九〇％をあてる」と彼は説明する。これは、たいていの課題は目的を達成するものであるからだ。外向型は当面の目標に認知能力のほとんどを割りあて、内向型は課題の処理がどう進んでいるか監視することに認知能力を使うのだ。

だが、心理学者のジェラルド・マシューズが著書で述べているように、内向型は外向型よりも注意深く考える。外向型はより安直なやり方で問題解決を図り、正確さは二の次なので、作業が進むほどに間違いが増え、問題が難しくて自分の手には負えないと挫折感を抱くと、すべてを投げだしてしまう傾向がある。内向型は行動する前に考えて、情報を綿密に消化し、時間をかけて問題解決に取り組み、簡単にはあきらめず、より正確に作業する。内向型と外向型とでは注目点も異なる。内向型はぼんやりと座って思考をめぐらせ、イメージし、過去の出来事を思い出し、未来の計画を立てる。外向型は周囲で起きていることにもっと目を向ける。あたかも、外向型は「これはなんだろう」と見ているのに対して、内向型は「もし……したら、どうなるだろう」と問いかけているかのようだ。

内向型と外向型の対照的な問題解決スタイルは、さまざまな形で観察されている。ある実験では、心理学者が五〇人の被験者に難しいジグソーパズルを与えたところ、外向型は内向型よりも途中であきらめる確率が高かった。また、リチャード・ハワード教授が内向型と外向型の人たちに複雑な迷路の問題をやらせたところ、内向型のほうが正解率が高く、実際に解答用紙に書きはじめる前に時間をかけて考えることがわかった。しだいに難易度が増す五段階の問題で知性を測る〈レーヴン漸進的マトリックス検査〉でも、同じような結果が出た。外向型は最初の二段階の問題で高得点を取り、それはおそらく、目標をすばやく見きわめる能力のおかげだろう。だが、より難しい残りの三段階で持続性が必要になってくると、内向型のほうが高得点になる。最後のもっとも難しい段階では、あきらめてしまう確率は外向型のほうが内向型よりもずっと高い。

内向型は持続性を必要とする社会的な課題でも外向型をしのぐ場合がある。〈ウォートン・スクール〉のアダム・グラント教授（2章でリーダーシップに関する研究を紹介した）は、コールセンターの従業員に向いている特質を研究したことがある。グラントは外向型のほうが適しているだろうと予測したが、実際には、電話勧誘の成績と外向性とはなんの関連もなかった。

「外向型の人は電話で流れるように話す。けれど、話しているうちに、なにかに気をとられて焦点を見失ってしまう」とグラントは語った。対照的に、内向型の人は「静かに話をするけれど、とてもねばり強い。焦点をしっかりさせて、それに向かって話している」という。外向型でたったひとりだけ内向型をうわまわる成績をあげた従業員は、注意深さに関する得点が例外的に高かった。つまり、社会的技能が必要とされる職種でも、外向型の陽気さよりも内向型の持続性が役立ったのだ。

持続性はあまり目立たない。もし、天才が一％の才能と九九％の努力の賜物ならば、私たちの文化はその一％をもてはやす傾向がある。その華々しさやまぶしさを愛するのだ。だが、偉大なる力は残りの九九％にある。

「私はそんなに頭がいいわけではない。問題により長く取り組むだけだ」と、極度の内向型だったアインシュタインは言った。

「フロー」の状態になる内向型

すばやく作業を進める人を中傷するつもりはないし、慎重で用心深い人を褒めたたえるつもりもない。重要なのは、私たちは熱狂を過大評価し、報酬に敏感であることのリスクを過小評価する傾向があるということだ。つまり、行動と思考とのバランスがつり合うところをさがす必要がある。

〈ケロッグ経営大学院〉のカメリア・クーネン教授は、こう語った。たとえば、あなたが投資銀行の採用担当なら、強気な相場で利益を出す可能性が高く、報酬に敏感なタイプだけでなく、もっと冷静で中立なタイプも欲しいだろう。企業の重要な判断をするには、片方だけでなく両方のタイプの考えを反映させたいと思うはずだ。そして、報酬に敏感なタイプの人は自分の感情傾向を理解し、マーケットの状況に応じてそれを調節することができるのだ。

だが、ここで言いたいのは、雇い主が従業員のことをより詳しく知れば利益を得られるという話ではない。私たちは自分自身をもっと詳しく知る必要があるということだ。自分が報酬に敏感なタイプなのだと知ることは、よりよい人生を生きるためのパワーになるのだ。

もし、あなたが熱狂しがちな外向型なら、幸運なことに、前向きな感情をたっぷり味わえるだろう。それを最大限に活用しよう。物事をなし遂げ、人々に影響を与え、大きなことを考えなさい。起業したり、ウェブサイトを立ちあげたり、子供のために立派なツリーハウスをつくりなさい。けれど、同時に、守りを知る必要があるというアキレス腱を持っていることを自覚しよう。財産や社会的地位や興奮をすぐにもたらしてくれそうなことではなく、自分にとって本当に意味があることにエネルギーを使えるように、自分自身を訓練しよう。物事が思いどおりに運んでいないことを示す警告信号が出たら、立ち止まって考えるようにしよう。失敗から学ぼう。あなたの歩調を緩めさせ、あなたが見過ごしてしまう部分を補ってくれる、自分とは対照的な人（配偶者でも友人でもビジネスパートナーでも）をさがそう。

そして、投資するときや、リスクと報酬との賢いバランスを取る必要がある行為をするときには、つねに自分をチェックしよう。そのための上手な方法のひとつは、なにか決断する前に、頭のなかが報酬のイメージで一杯になっていないか確かめてみることだ。クーネンとブライアン・クヌートスンは実験から、ギャンブルをする前にエロティックな写真を見せられた人は、机や椅子などのあたりさわりのない写真を見せられた人よりもリスクを負いやすいことを発見した。これは、事前に報酬を与えられたせいで――たとえそれが、これからしようとしていることにまったく関係のない報酬であっても――ドーパミンを分泌させて報酬系を興奮させ、より軽率な行動を引き起こすのだ（このことは職場でのポルノを禁止するための確たる根拠になりうる）。

もし、あなたが、報酬にあまり敏感でない内向型ならどうだろう？　ちょっと考えると、ドーパミンと熱狂の研究によれば、目標を追求することで得られる興奮によって動機づけされて、懸命に働くのは外向型だけのように思われる。内向型のひとりとして、私は最初この考えに疑問を持った。自分の経験と符合していなかったからだ。私は昔からずっと自分の仕事が大好きだ。毎朝目を覚ますと、期待にわくわくする。では、私のような人間は、いったいなにに動かされているのだろう？

ひとつの答えはこうだ。たとえ外向型が報酬に敏感だという理論が正しくても、すべての外向型がつねに報酬にひどく敏感でリスクに無関心であり、すべての内向型が報酬にまったく動かされずつねに用心深いとはかぎらない。アリストテレスの時代から、哲学者はすべての人間活動の根底に二つのものがあると観察してきた――人間は楽しみを与えてくれそうなものに近づき、痛みをもたらしそうなものを避ける、と。集団として見れば、外向型は報酬を求める傾向があるが、近づいたり避けたりする傾向の度合いは一人ひとりさまざまで、状況によっても変化する。じつのところ、現代の多くの性格心理学者は、脅威に対して用心深いのは、内向性よりも「神経症傾向《ニューロティズム》」と呼ばれる特質であると言うだろう。体が報酬や脅威を感じるシステムはたがいに独立して働くので、報酬と脅威の両方に対して、敏感あるいは鈍感であったりもする。

自分が報酬指向なのか、それとも脅威指向なのか、あるいはその両方なのかを知りたければ、つぎの文章が自分にあてはまるかどうか考えてみよう。

もし、あなたが報酬指向ならば、

1　欲しいものを手に入れると、興奮してエネルギーが湧いてくる。

2　欲しいものがあると、いつも全力で手に入れようとする。

3 絶好の機会に恵まれたと感じると、たちまち興奮する。
4 いいことがあると、ものすごくうれしくなる。
5 友人たちと比較して、恐れることが非常に少ない。

もし、あなたが脅威指向ならば、

1 批判されたり怒られたりすると、非常に傷つく。
2 誰かが自分のことを怒っていると知ったり考えたりすると、ひどく心配になって狼狽する。
3 なにか不愉快なことが起こりそうだと感じると、とても気持ちが高ぶる。
4 重要なことなのにうまくできないと不安になる。
5 失敗するのではないかと不安だ。

内向型が仕事を愛するもうひとつの重要な説明は、著名な心理学者ミハイ・チクセントミハイが「フロー」と名づけた状態にあると、私は確信している。フローとは、人間が物事に完全に没頭し、精神的に集中している状態のことだ――遠泳でも作曲でも相撲でもセックスでも。フローの状態になると、飽きたり不安を感じたりせず、自分に十分な能力があるかと心配になったりもしない。時間が知らぬ間に過ぎていく。

フローを経験する鍵となるのは、行動がもたらす報酬ではなく、その行動自体を目的とすることだ。フローは外向型か内向型かには関係ないが、本を読んだり果樹の手入れをしたり、ひとりで海にヨットを走らせるなど、報酬とはなんの関係もない個人的な追求について、チクセントミハイはフローの例を書いている。彼はフローが起こる条件について、人間が「報酬や懲罰などをまったく考えないほど社会環境から自由になったときである。そういう自律的な境地に達するには、自分で自分に報酬を与えることを学ばなければならない」と書いている。

ある意味で、チクセントミハイはアリストテレスをしのいでいる。彼はアプローチや回避の方法ではなく、もっと深い意味を持つ何ものか、について語っている。外界のなんらかの行為に没頭することから得られる充足について、語っているのだ。「一般に心理学の理論は、飢えや恐怖といった不快な状況を排除する必要性や、財産や地位や特権といった報酬を獲得することへの期待によって、人間は動機づけられるとしている」が、フローの状態では「仕事を続けることだけを目的として、何日もぶっとおしで働ける」とチクセントミハイは書いている。

もし、あなたが内向型ならば、持って生まれた能力を使ってフローを見つけよう。内向型は、持続力や問題を解決するためのねばり強さ、思いがけない危険を避ける明敏さを持っている。財産や社会的地位といった表面的なものに対する執着はあまりない。それどころか、最大の目標は自分自身の持てる力を最大限に利用することだったりする。あなたは報酬に敏感な外向型に見られたいと思うあまり、持ち前の才能を過小評価してしまったり、周囲の人間から認められていないと感じていたりするかもしれない。だが、大切だと思えるプロジェクトにいったん集中すれば、自分がかぎりないエネルギーを持っていることに気づくだろう。

だから、いつも自分らしくしていよう。ゆっくりしたペースで着実に物事を進めたいのなら、周囲に流されて競争しなければと焦らないように心がけよう。深さを極めるのが楽しければ、幅広さを求める必要はない。一度にいくつものことをこなすのではなく、一つひとつやりたければ、その信念を曲げないように。報酬にあまり動かされない性質は、わが道を行くための測りしれないパワーをもたらす。自律性を活用してよい結果を得られるかどうかは、あなたしだいなのだ。

もちろん、それがつねに簡単とはかぎらない。この章を書いているとき、ＧＥ元会長のジャック・ウェルチと連絡をとった。ウェルチは『ビジネスウィーク』誌のオンライン版に「あなたの内なる外向性を解き放て」と題した記事を載せたところで、その記事のなかで内向型に対して、仕事の場ではもっと外向的にふるまおうと呼びかけていた。私は時には外向型もまた内向型のようにふるまう必要があるのではないですかと提案し、ウォール街も舵取り役としてもっと内向型を活用できるだろうと、ここまでに書いてきたような内容を説明した。ウェルチは関心を持ったものの、「おそらく外向型は、内向型がなにも意見を出さないと文句を言うだろう」と語った。

ウェルチの意見は正しい。内向型は自分を信じて、できるかぎり堂々とアイデアを述べる必要がある。なにも外向型を真似しなさいというのではない。静かにアイデアを語ることはできるし、手紙で意思疎通することもできるし、講義としてまとめあげてもいいし、仲間の助けを借りてもいい。内向型にとっての秘訣は、世の中の一般的なやり方に流されずに、自分の流儀を貫くことだ。〈シティグループ〉元会長のチャック・プリンスは元弁護士で慎重なタイプだったにもかかわらず不適切なリスクを負い、危険な貸し付けをして、二〇〇八年の大暴落の先駆けとなった。その理由を、彼は「音楽が続いているかぎりは踊りつづけなければならない」と表現した。

「もともと慎重な人間ほど、より攻撃的になる」とボイキン・カリーはこの現象を観察する。「攻撃的な連中がみんな成功しているのに、自分はそうじゃない。だから、もっと攻撃的にならなくてはと考えてしまうのです」とカリーは言う。

経済危機でも成果をあげる内向型の投資家たち

経済危機の話となると、それを予見していた人々の話がつきものだ。そして、そういう話の主人公はFUDを心に抱いているような性格である場合が多い。彼らは、自分のオフィスのブラインドをおろし、世間の多数意見や仲間からのプレッシャーとは距離を置いて、孤独に仕事に集中するようなタイプだ。二〇〇八年の大暴落の当時、利益をあげた数少ない投資家のひとりは、〈ボウポスト・グループ〉と呼ばれるヘッジファンドのマネジャーであるセス・クラーマンだ。クラーマンは着実にリスクを避けながら成果をあげる手腕で知られ、自分の資産のかなりの部分をキャッシュで保有していることでも有名だ。二〇〇八年の大暴落から二年間、多くの投資家が群れをなしてヘッジファンドから撤退するなか、クラーマンはボウポスト・グループの資産をほぼ二倍の二二〇億ドルにまで増やした。

クラーマンはその偉業を、明確にFUDにもとづいた投資戦略でなし遂げた。「ボウポストでは、恐れが大人気で、投資について言えば、あとで残念がるよりも今怖がるほうがずっといい」と、彼はかつて投資家への手紙に書いた。

二〇〇八年の大暴落へと続く数年間、クラーマンは「慎重さを固持した数少ないうちのひとりで、その発言はちょっとどうかしているのではないかと受けとられていた」とカリーは言う。「みんながお祭り騒ぎをしているときに、彼はきっと地球最後の日に備えてツナの缶詰を地下に備蓄していたのだろう。そして、誰もがパニックに陥ったとき、彼は買いに回った。それは分析の結果じゃない。そういう性分なんだ。たぶん、彼はセールスマネジャーになっても成功しなかっただろう。だが、今の時代の偉大な投資家のひとりだ」

同じように、マイケル・ルイスは二〇〇八年の大暴落への道筋を描いた『世紀の空売り』（東江一紀訳）のなかで、世間が好況に酔っていた二〇〇〇年代半ばに破滅がやってくることを見通していた数人の人物を描いた。そのひとりはヘッジファンド・マネジャーのマイケル・バーリ。バーリは大暴落までの数年間、カリフォルニア州サンノゼのオフィスにこもって財務諸表を綿密に検討した末に、世間の人々とは反対の見解に達した。そして、FUDにもとづいた投資戦略をとった。人づきあいが苦手な投資家ペアの、チャーリー・レドリーとジェイミー・マイ。彼らの投資戦略もFUDだった。

もうひとつの例は、二〇〇〇年のITバブルの崩壊を背景にしている。登場人物はネブラスカ州オマハ出身で、内向型を自認し、気が向けば何時間もひとりでオフィスにこもることで知られている。いまや伝説の投資家であり、世界有数の資産家でもあるウォーレン・バフェットは、あきらかにこの章で語ってきた特質――知的な持続性、賢明な思慮分別、警告信号に気づいて対処する能力――の持ち主であり、彼自身だけでなく投資会社〈バークシャー・ハサウェイ〉の株主たちに巨額の富をもたらした。バフェットは周囲の人々が判断力を失っているときに注意深く考えることで知られている。「投資で成功するのにIQは関係ない。普通の知性を持っているなら、必要なのは、トラブルの種になるような衝動をコントロールする気質だ」とバフェットは言う。

一九八三年から毎夏、ブティック型投資銀行〈アレン&Co.〉はアイダホ州サンヴァレーで一週間のカンファレンスを開催する。これはただのカンファレンスではない。派手なパーティや、川でのラフティング、アイススケート、マウンテンバイク、釣り、乗馬といった多様なアクティビティ、そして招待客が同伴する子供たちを世話する大勢のベビーシッターまで用意された、至れり尽くせりの豪華な催しなのだ。接待側はメディア産業に顧客が多く、これまでの招待客のリストには、トム・ハンクス、キャンディス・バーゲン、バリー・ディラー（訳注　パラマウント映画や二〇世紀フォックスの会長兼CEOを歴任したメディア界の大物）、ルパート・マードック、スティーブ・ジョブズ、ダイアン・ソーヤー（訳注　ジャーナリスト、テレビキャスター）、トム・ブロコウ（訳注　ジャーナリスト、テレビキャスター）といった、ハリウッドセレブや新聞業界の大物、シリコンバレーのスター、有名ジャーナリストらが名前を連ねている。

アリス・シュローダーが書いたバフェットのすばらしい評伝『スノーボール』（伏見威蕃訳）によれば、一九九九年七月、バフェットはこのカンファレンスにいた。彼は毎年、ビジネスジェット機で家族をひきつれてここを訪れ、ゴルフコースを見渡せるコンドミニアムで他のVIP招待客とともに過ごしていた。年に一度のサンヴァレーでの休暇を楽しみ、家族一緒の時間を持ち、旧友たちと再会できることを喜んでいた。

だが、この年、カンファレンスの雰囲気は例年とは違っていた。ちょうどテクノロジー・ブームの最盛期で、新顔の参加者が数多くいた。まさに一夜にして大金持ちになったIT企業の社長や、彼らに資金を提供するベンチャー投資家たちだ。彼らはすばらしい成功を収めていた。人物写真で知られるアニー・リーボヴィッツが『ヴァニティフェア』誌に掲載する「メディアのオールスターたち」と題した写真を撮るためにやってくると、彼らは口々に自分も被写体にしてくれとかけあった。

もちろん、バフェットはそのひとりではなかった。彼は先行き不透明な企業をめぐる投機的な熱狂に巻き込まれたりはしない、保守的な投資家だ。彼のことを過去の遺物として片づける者もいた。だが、バフェットはまだまだ強力な存在で、カンファレンスの最終日に基調講演をした。

バフェットは数週間かけて講演内容を熟考し、入念に準備をした。演壇に立つと、まずは自分の短所に触れる話をして注目を集めてから（昔の彼は人前で話すのが苦手で、デール・カーネギーの話し方講座で学んだという）テクノロジー関連企業の勢いがもたらしている好景気がそう長くは続かない理由について、詳細な分析を披露した。データを調べ、警告信号に気づいたバフェットは、それが意味するものについてじっくり考えたのだ。彼が予測を公的に発表したのはじつに三〇年ぶりだった。

シュローダーによれば、その講演を聴いた人々はあまり感銘を受けなかった。それどころか、バフェットの話はその場の人々の雰囲気に水をさすものだった。彼らはスタンディングオベーションで拍手を送ったものの、多くの人々が彼の考えを無視した。「ウォーレンも老いた。頭のいい男だが、今回は機会を逃したな」と彼らは陰で言い合った。

その日の夜、カンファレンスは盛大な花火とともに閉幕した。例年どおり、大成功だった。だが、その集まりのもっとも重要な部分――ウォーレン・バフェットが発した、市場が衰退する兆しありとの警告――は翌年、まさに彼の警告どおりに、ITバブルが弾けるまであきらかにされなかった。

バフェットは過去の実績を誇りに思っているだけでなく、つねに自分の「内なるスコアカード」にしたがっていることも誇りに思っている。彼はこの世界を、自分の本能に焦点をあてる人と、周囲に流される人とに二分している。「自分であれこれ判断するのが好きなんだ」とバフェットは投資家としての人生を語る。「システィーナ礼拝堂の天井画を描いているようなものだ。『なんてすばらしい絵だろう』と褒めてもらうのはうれしい。けれど、それは自分の絵なのだから、誰かに『なぜ青ではなく、もっと赤を使わないんだ？』と言われたら、それで終わり。あくまでも自分の絵だから。彼らがなんと言おうがかまわない。絵を描くことに終わりはない。それがなによりすばらしいことのひとつだ」

パートⅢ

すべての文化が外向型を理想としているのか？

8章

ソフトパワー
外向型優位社会に生きるアジア系アメリカ人

やさしいやり方で世界を揺さぶることができる。

——マハトマ・ガンジー

なぜアジア系は授業で積極的に発言しないのか

二〇〇六年のよく晴れた春の日、カリフォルニア州クパチーノ近郊のリンブルック・ハイスクールに通う、中国生まれの一七歳のマイク・ウェイが、アジア系アメリカ人の学生としての経験を語ってくれた。カーキ色のスラックス、ウィンドブレーカーに野球帽と、身なりはスポーティでいかにもアメリカ的だが、やさしげでまじめそうな表情やまばらなひげのせいで仏教的な哲学者のオーラが感じられ、話す声は身を乗りださないと聞きとれないほど静かだった。

「学校では、クラスを笑わせるひょうきん者になったり仲間と仲良くしたりするよりも、先生の話をよく聞いて模範的な生徒になろうとしているんだ。教室でやたらにしゃべったり騒いだりするのは勉強の妨げになるし、勉強に集中できるほうがいいから」とマイクは言った。

マイクは淡々と自分の考えを説明したが、それが平均的なアメリカ人の考えとは違っていると知っているようだった。彼の考えは両親の影響によるものだという。「友達と遊びに出かけるか、家で勉強するか、どちらか選べと言われたら、両親のことを思い浮かべる。そうすると、勉強する気になれるから。父がこう言うんだ――自分の仕事はコンピュータのプログラミングで、おまえの仕事は勉強だってね」

マイクの母親も身をもって同じことを教えた。数学教師だった彼女は、家族で北米に移住してからはメイドとして働き、皿洗いをしながら英単語を覚えた。とても物静かで、不屈の心の持ち主だという。「そんなふうにして教育を身につけるのは、いかにも中国人らしい。僕の母は人一倍強い人間なんだ」

両親を誇りに思っているのが言葉の端々から感じられた。マイクは切望していたスタンフォード大学への入学許可を受けたばかりだった。思慮深い勉強熱心な生徒で、地元の人々の誇りと呼ばれるような存在だろう。だが、六ヵ月前に『ウォールストリート・ジャーナル』紙に載った「またしても白人居住者の脱出」と題した記事によれば、マイクのような生徒たちのせいで白人の家族がクパチーノを続々と去っているという。アジア系の生徒たちの多くがとても勉強熱心で、あまりに成績優秀なのに恐れをなして、白人が多く住む地域へ転居するというのだ。白人の両親たちはわが子が学校の勉強についていけなくなるのを恐れているそうだ。

だが、その記事は、アジア系の生徒たちの優秀な成績の背後にあるものまでは探っていなかった。彼らの勉強好きは、外向型ばかりを理想とする風潮に染まっていない文化を反映しているのかどうか。そして、もしそうならば、そういう世界はどんなものなのだろうか、私は興味を感じた。そこで、実際に訪問して答えを見つけることにした。

訪れてみると、クパチーノはアメリカンドリームを体現したような街だった。アジア系移民の二世や三世が、この周辺に集まっているハイテク企業で数多く働いている。〈アップル・コンピュータ〉の本社はクパチーノのインフィニットループ一番地にある。〈グーグル〉本社はすぐ近くのマウンテンヴューにある。きれいに手入れされた車が走り、明るい色の服を着た陽気な白人が歩いている姿はあまり見かけない。地味な平屋の家々は高価だが、アイビーリーグの大学へ生徒をたくさん送り込んでいる公立高校に通えることを考えれば高くはないと、地元の不動産屋は言う。クパチーノのモンタヴィスタ・ハイスクールの二〇一〇年の卒業生（中国語でもアクセス可能なこの学校のウェブサイトによれば、七七％がアジア系）六一五人のうち、五三人が全米育英会奨学金のセミファイナリストだった。二〇〇九年のＳＡＴで、この学校からの受験者の平均点は二四〇〇点中一九一六点、全米平均よりも二七％も高かった。

モンタヴィスタ・ハイスクールの生徒たちによれば、この学校で模範的な生徒になるには運動が得意で活発なタイプである必要はない。むしろ、勉強好きで物静かなタイプがいいそうだ。「たとえカッコ悪くても、頭がよければ賞賛される」とこの学校の最上級生で、韓国系のクリスが言った。クリスは、アジア系アメリカ人がほとんどいないテネシー州に家族と一緒に二年間住んだ友人の話をしてくれた。その友人はあちらでの生活を楽しんだが、カルチャーショックを受けたそうだ。テネシーでは「ありえないほど頭がいい生徒がいたが、彼らはみんな孤立していた。こっちでは、すごく頭のいい子たちは友達がたくさんいる。助け合って勉強できるからね」とクリスは言った。

ほかの土地では、ショッピングモールやサッカー場が生活の中心だけれど、クパチーノでは図書館がその役割を担っている。ハイスクールの生徒たちは、熱心に勉強することを「勉強オタクになる」

と明るく表現する。フットボールやチアリーディングは特別に尊敬される活動ではない。「うちのフットボールチームは最低だよ」クリスは屈託なく笑った。チームの最近の成績はクリスが言うよりはましなようだが、学校のフットボールチームがお粗末なことは、彼にとってなにか象徴的な意味があるらしい。「部員たちはフットボール選手には全然見えない。特別な制服を着てもいないし、大集団でツアーに出ることもない。彼らが映っているビデオを観ても、どこに選手やチアリーダーがいるのかわからないほどだ。そういうのが、ここの特徴さ」と彼は説明する。

モンタヴィスタ・ハイスクールでロボット工学クラブの顧問をしている教師のテッド・シンタも、同じようなことを言った。「僕がハイスクールの生徒だった頃、運動部のレギュラー選手でなければ生徒会の役員にはなれなかった。どこのハイスクールにも、人気者のグループがいて、みんなを牛耳っていた。けれど、ここでは、そういうグループが幅をきかせることはありません。生徒たちはみんな勉強に熱心で、それどころではないのです」

地元でカレッジカウンセラーをしているパーヴィ・モディも賛同する。「内向的だからといって見下されることはありません。それが受け入れられているのです。高く評価されたり尊敬されたりしている例もあります。たとえば、チェスのチャンピオンであることがクールなのです」と彼女は説明する。内向型・外向型という尺度はここにもあるが、人口比率は内向型のほうにやや傾いているようだ。東海岸の名門大学に入学が決まっている中国系の女子生徒は、これからクラスメイトになる若者たちとオンラインで連絡をとってみて、この現象に気づき、クパチーノから出たらどんな生活が待っているのか不安だという。「フェイスブックで二人と話してみたら、全然違うタイプの人たちだった。私はすごく静かなタイプ。パーティはあんまり好きじゃないし、社交的でもないの。向こうではみんなとても積極的みたい。私はずいぶん異質な気がするわ。向こうで友達ができるかどうか心配なくらいよ」

彼女がフェイスブックで連絡し合った生徒のひとりがパロアルト近郊に住んでいるというので、もし夏休みに一緒に過ごそうと招待されたらどうするか訊いてみた。

「たぶん行かないいな。おもしろそうだし会いたいけど、ママが勉強しなくちゃいけないから出歩くなって言うから」と彼女は答えた。

遊びたい年齢の女の子が母親の言いつけを守って、友人との楽しみよりも学業を優先することに、私は驚いた。だが、クパチーノではこれは珍しい話ではない。ここではアジア系の生徒たちは七月には誕生パーティの誘いも断って、夏休みのあいだずっと親の言うとおりに勉強し、新学期に勉強する微積分に備えるのだ。

「それが文化なのだと思うわ」と、スワスモア大学志望のティファニー・リャオは説明する。彼女の両親は台湾の出身だ。「勉強する、いい成績をとる、波風を立てない。生まれつき静かにするようにできているの。小さい頃、両親の友達の家へよく連れていかれたけど、おしゃべりはしたくなかったから、いつも本を持って行ったわ。本を読んでいれば、みんなが『勉強好きな子だ！』と褒めてくれたから」

クパチーノ以外の場所では、アメリカ人の父親や母親が、みんながバーベキューを楽しんでいるのに、わが子がひとりだけ本を読んでいたら褒めるなんて、想像できない。だが、アジアの国々から来た両親は、静かにしていることを良しとする教育を子供の頃に受けたのだ。東アジアの伝統的な教育では、授業は黙って聴くものであり、読み書きや記憶を中心としている。話すことには焦点があてられず、授業中はみだりにしゃべってはならないとされる。
「故郷での授業はこちらとはまるで違いました。あちらでは科目について習い、テストを受けます。かなり大きくなってからも、課題から大きくはずれることも、教室内を歩きまわるのも許されません。勝手に立ちあがってつまらない発言をしたりすれば、たちまち叱られました」と語るハン・ウェイ・チェンは、クパチーノに住む母親のひとりで、一九七九年にアメリカへ渡ってＵＣＬＡの大学院で学んだ。

チェンはとても外向的な楽しい女性で、派手なジェスチャーを使って話し、大きな声で笑う。ランニングパンツにスニーカー、琥珀のアクセサリーをつけた彼女は、力強いハグで歓迎してくれ、私を車に乗せてベーカリーでの朝食に向かった。私たちはペストリーを食べながら楽しく話をした。

そんなチェンでさえ、最初にアメリカ式の授業を受けたときは衝撃だった。彼女はクラスメイトの時間を無駄にしたくなかったので、発言は控えるべきだと思ったそうだ。当時のことを彼女は笑いながら話してくれた。「教室で、私は静かな学生だった。なのにＵＣＬＡでは、教授は開口一番『さあ、ディスカッションだ！』と言うの。みんながくだらないことを延々と話しているのを私はじっと見ていた。教授はすごく忍耐強くて、みんなの話を熱心に聴いていたわ」彼女は慇懃《いんぎん》すぎる教授の真似をして、何度もうなずいてみせた。
「とにかくびっくりしたのを覚えているの。それは言語学の授業だったのだけれど、学生たちの話の内容は言語学とはなんの関係もなかったのよ！　私は『まあ、アメリカでは話してさえいればいいんだわ』と思ったわ」

チェンはアメリカ式の授業参加のやり方に当惑したのだろうが、きっと教えるほうは教えるほうで、彼女がしゃべりたがらないことに当惑しただろう。チェンがアメリカへ渡ってから二〇年後、『サンノゼ・マーキュリーニューズ』紙が「東西の教育の伝統の衝突」と題した記事で、チェンのようなアジア出身の学生がカリフォルニアの大学の教室で授業の討論に参加しようとしないことに、大学の教授らが狼狽していると書いた。ある教授は、アジア系の学生は教師を尊敬するあまりに「遠慮バリア」を築いていると述べた。アジア系の学生をしゃべらせるために、授業中の積極性を成績評価の一部にすると決めた教授もいた。「それでは、アジア系の学生にとって不利になります。アジア系の学生が多いクラスでは、毎年問題になっています」と語る教授もいた。

この記事はアジア系アメリカ人の社会に大きな反響を巻き起こした。アジア系の学生たちにアメリカ的な教育の規範に適応することを求める大学側が正しいという意見もあった。modelminority.comという皮肉な名前のウェブサイトには、「アジア系アメリカ人は沈黙のせいで踏みつけにされるのを許してはならない」という投稿が寄せられた。アジア系の学生は西洋のやり方を押しつけられるべきではないという意見もあった。スタンフォード大学の文化心理学者ヒジョン・キムは、しゃべることは必ずしもポジティブな行為ではないと主張する論文で「大学は学生の姿勢を変えるのではなく、彼らの声なき声に耳を傾けることを学ぼう」と述べた。

性格タイプに見る西洋と東洋の文化的相違点

教室内のやりとりについて、それをヨーロッパ人は「授業中の積極性」とみなし、アジア人は「くだらないおしゃべり」とみなすのは、いったいどうしてだろう？　『ジャーナル・オブ・リサーチ・

イン・パーソナリティ』誌は、心理学者のロバート・マクレーが描いた世界地図という形でその問いに答えた。マクレーの地図は地理の教科書に載っているものに似ているが、「雨量や人口密度ではなく、性格特性のレベル」にもとづいており、濃いグレーと薄いグレー――濃いグレーは外向型、薄いグレーは内向型――で色分けされて、「アジアは内向型、ヨーロッパは外向型であることを明確に示す」図になっている。アメリカが濃いグレーに塗られているのは間違いない。アメリカ人は世界でもっとも外向的な人々と言えよう。

マクレーの地図は文化を大きくステレオタイプ化しているとも思える。各大陸を性格タイプでグループ分けするのはあまりにも大雑把だ。騒がしい人間はジョージア州アトランタにも中国大陸にもいる。それに、彼の地図はひとつの国や地域のなかにある微妙な文化の違いを考慮していない。北京の人と上海の人は違うし、両者ともソウルや東京の人とも違う。同様に、アジア人を「マイノリティのモデル」とするのは、たとえそれが褒め言葉だろうと、個人を軽視して集団の性格を決めつける狭量な見方だろう。そして、クパチーノを孤高の学者が多く育つ場所のように性格づけることも、また問題があるだろう。

だが、国や人種ごとに固定イメージをつくるのはお勧めしないものの、文化の違いと内向性に関しての話題を完全に避けてしまうのは残念だ。アジアの文化や性格タイプには、他の国々が学べること、そして学ぶべき面がいろいろあるからだ。西洋と東洋との性格タイプの文化的相違点については長年にわたって研究されてきた。なかでも、内向型か外向型かという領域については、人間の性格を分類することとなると議論百出の心理学者たちが、口をそろえて、非常に顕著であり重要であるとしている。

心理学者たちの研究の多くは、マクレーの地図と同じ結果を示している。たとえば、上海とカナダのオンタリオ州南部の、八歳から一〇歳の子供を比較した研究では、内気で敏感な子供はカナダでは遊び相手として敬遠されるが、中国では歓迎されるだけでなく、リーダーの資質ありと考えられているとわかった。

同じように、中国のハイスクールの生徒は「謙虚」「利他的」「正直」「勤勉」な友人を好むのに対して、アメリカのハイスクールの生徒は「楽しく」「活動的」「社交的」な友人を求めるとわかった。「この対照性は明確だ。アメリカ人は社交性を重んじ、気楽で楽しい結びつきをもたらす特性を賞賛する。中国人はより深い特性を重んじ、道徳的美点や業績を賞賛する」と比較文化心理学者のマイケル・ハリス・ボンドは書いている。

アジア系アメリカ人とヨーロッパ系アメリカ人に、考えを口に出してしゃべりながら推論問題を解かせた実験もある。その結果、アジア系は静かにしているほうが問題解決能力を発揮し、ヨーロッパ系はしゃべりながらのほうが能力を発揮した。

話し言葉の世界に対するアジアの人々の伝統的な態度をよく知る人々にとって、こうした研究結果は驚きではなかった。彼らにとって、しゃべることは「知る必要がある」情報を伝えるための行為であり、沈黙や内省は深い思考や高い次元の真実のしるしだ。言葉は、言わずにおくほうがいい物事を明るみに出してしまう、危険な武器になりうる。他人を傷つけたり、話し手をトラブルに陥れたりしかねない。たとえば、東洋にはつぎのような諺がある。

風は吹けども山は動かず（日本の諺）

ものを知る人はしゃべらない
しゃべる人はものを知らない（老子の言葉）

ことさら無言をせざれども、独り居《お》れば、口業《くごう》を修めつべし（鴨長明）

一方、西洋にはこんな諺がある。

完璧な弁舌をつねに努力して求めよ。弁舌は力であり、どんな戦いよりも強い（プタ・ホテプの教訓、紀元前二四〇〇年、エジプト）

スピーチは文明そのものだ。言葉は、たとえどれほど矛盾している言葉でも、結びつきを保つ——沈黙は孤立させる（トーマス・マン、『魔の山』）

きしる車輪は油をさしてもらえる

これほど明確に違う考え方の背後にはなにがあるのだろう？　その答えのひとつは、アジア人が教育に対して抱く敬意であり、とくに中国、日本、韓国といった「孔子地帯」の国々に特徴的だ。今日でも、中国の村には、数百年も昔の明時代の進士と呼ばれる厳しい試験に合格した人の肖像が残っていたりする。当時の人々も、クパチーノの生徒たちのように夏の休みを勉強に費やしたのだろう。

もうひとつの答えは、集団のアイデンティティだ。アジアの文化はチーム指向であることが多い。ただしチームといっても、西洋のものとはかなり違う。アジアでは、個人は家族や企業や社会といった、より大きな集団の一員とみなされ、集団内の調和が驚くほど重要視される。人々は集団内の階層に自分の位置を見出し、個人の願望よりも集団の利益をしばしば優先する。

対照的に、西洋文化は個人を中心に築かれている。私たちは自分自身を独立した単位とみなす。一人ひとりが自分の思うところを述べ、至福を追求し、不当な抑制を受けず、自分だけができることをして生きるのだ。集団を好む場合もあるが、集団の意思に従いはしない。というか、少なくともそうするつもりはない。両親を愛し尊敬しているが、親に従うのが子供としての義務だなどとは思わない。何人かが集まると、一緒に楽しんだり、競争したり、巧みによい位置を取ろうとしたり、そしてもちろん愛し合ったりする。西洋では、神でさえ自分の意見をはっきり述べ、よくしゃべり、支配的だ。神の子であるイエスはやさしくて親切だが、同時にカリスマ的で、人の心を揺さぶる影響力を持っている（ジーザス・クライストはスーパースターだ）。

したがって、西洋人が個性を助長する積極性や言語表現スキルを重んじ、東洋人が集団の結びつきを高める静かさや謙譲や敏感さを評価するのは納得がいく。集団で生活する場合、自分の主張を抑えて従属的にふるまえば、物事はよりスムーズに運ぶ。

西洋人と東洋人とのこのような違いは、アメリカ人と日本人を一七人ずつ対象にした、ｆＭＲＩを使った実験ではっきり検証された。この実験で、被験者たちは見るからに支配的なポーズをとった男性の写真（腕を組み、胸を張って、力強く立っている）と、従属的なポーズの男性の写真（肩をすぼめ、体を覆い隠すように両手を交差させ、両脚を揃えて立っている）を見せられた。すると、支配的な写真を見たアメリカ人は、脳の楽しさを司る部分が活性化し、従属的な写真を見た日本人も同じように反応した。

西洋人の視点からすれば、他人の意思に従うことになぜ魅力を感じるのか理解するのは難しい。だが、西洋人には従属的だと思えることが、東洋人には基本的な礼儀正しさだと思えるようだ。2章で登場したハーバード・ビジネススクールに通う中国系アメリカ人のドン・チェンが、アジア系の友人数人に、親しい白人の友人ひとりを加えて、一緒にアパートをシェアして暮らした体験を話してくれた。白人の友人は穏やかでのんきな性格だったので、きっとうまくやっていけるとチェンは思っていた。

だが、衝突が起きてしまった。ある日、キッチンに皿が山積みになっているのを見て、白人の友人がアジア系のルームメイトたちにきちんと当番を守ってほしいと文句を言った。理不尽なことを言ったわけではなかったし、当人はそれなりに言葉を選んだつもりだった。だが、アジア系のルームメイトたちはそうは受けとらなかった。彼が腹を立てて非難していると感じたのだ。アジア系ならば、そんなときはもっと口調に配慮するものだと、チェンは言う。依頼や命令をする口調ではなく、不満を疑問形に変えて伝えるというのだ。あるいは、黙って見過ごすかもしれない。汚い皿のことくらいで集団に波風を立てるには及ばないからだ。

言い換えれば、西洋人にとって東洋人の独特さだと思えるのは、他人の感性に深い関心を寄せるところだろう。心理学者のハリス・ボンドは、「東洋人の会話モードは、『無私な態度』と呼ぶべき明確な伝統から来ている。この伝統のなかでは、『関係を尊ぶ心』が重要視されているのだろう」としている。そして、人間関係を尊ぶ心は、西洋人からすれば驚くべき社会の力学を導きだす。たとえば、日本には対人恐怖症と呼ばれている社会不安障害がある。これはアメリカ人のように自分のことを気にしすぎるのではなく、他人のことを気にしすぎるというものだ。まさに関係を尊ぶゆえのことだろう。また、チベット仏教の僧侶は、思いやりについて静かに瞑想することによって内なる平穏を見出す。

関係を尊ぶ東洋の心は美しく望ましいが、個人の自由や自己表現を尊ぶ西洋の心もまた美しく望ましい。肝心なのはどちらが勝っているかではなく、文化的価値観の大きな違いが、それぞれの文化において好まれる性格タイプに強力な影響を与えていることである。西洋は外向型を理想とするのに対して、東洋では広い範囲で沈黙が金なのだ（少なくとも、西欧化が進んだこの数十年より以前はそうと言える）。この対照的な考え方が、キッチンの流しに積まれた汚れた皿にどんな対応をするかに影響をもたらした——そして、大学の教室でどんな発言をするかにも影響するわけだ。

さらに言えば、外向型を理想とすることは、私たちが考えているような絶対的真実ではない。だから、もしあなたが、心の奥底で、積極的で社交的な者が控えめで敏感な者より優位に立つのは当然であり、外向型を理想とするのは人間として当然だと思っているとしたら、ロバート・マクレーの性格地図が真実を教えてくれる。物静かさと雄弁さ、注意深さと大胆さ、抑制と自由——どちらもそれぞれすばらしい文化の独自の特質なのだ。

劣等感を抱く内向型

皮肉なことに、クパチーノ出身のアジア系の子供たちの一部は、成長するにつれて、そうしたすばらしい文化的特質を持ちつづけるのが困難になる。思春期を過ぎて故郷から出ると、周囲の世界では大声で自己主張することが人気を獲得したり経済的成功を達成したりするための手段なのだと知る。すると、彼らは二重意識を持つようになる――アジア人でもありアメリカ人でもあって、その両面がたがいに疑問を投げかける。友達と遊ぶよりも勉強するほうを選ぶと語った、ハイスクールの最上級生だったマイク・ウェイは、この二律背反の典型的な例だ。最初に会ったとき、彼はまだハイスクールの生徒で、クパチーノという繭《まゆ》のなかで生きていた。「僕らは勉強が本分だと思っているから、社交的かどうかはあまり重要じゃないんだ」と、彼はアジア人全体について語っていた。

秋に再会したとき、マイクはスタンフォードの一年生になっていた。クパチーノから車でほんの二〇分ほどの距離だが、環境が大きく変化したせいで、彼は落ち着かない様子だった。戸外のカフェで話をしたのだが、隣のテーブルにはいかにもスポーツが好きそうな男女のグループが座っていて、陽気な笑い声を響かせていた。マイクは彼らにうなずいて挨拶した。白人ばかりのグループだった。白人の学生たちは「自分たちの声が大きすぎるとか、話の内容がばからしすぎるとか、他人からそんなふうに思われることをあまり不安に思わないらしい」とマイクは言った。彼は食堂での内容のない会話や、一年生のセミナーでしばしば耳にする「ばからしい発言」にストレスを感じていた。自由な時間はほとんどアジア系の同級生と過ごしていて、それは「社交性が同程度」だからでもある。アジア系でない学生たちと一緒だと、「なんだか自分じゃないみたいに陽気にしていなくちゃならない」ように感じてしまう。

「寮では五〇人中四人がアジア系の学生で、彼らと一緒だと落ち着ける。ブライアンという名前の男子学生がいて、彼はものすごく口数が少ない。内気というのか、とてもアジア的な性質だから、そのせいで一緒にいて居心地がいいんだ。彼と二人だと、自分らしくしていられる。クールに見せようとする必要がない。アジア人以外の大勢のグループのなかにいると、騒々しいし、与えられた役割を演じている気がするよ」とマイクは話した。

マイクは西洋的なコミュニケーション・スタイルを否定するような口調だったが、自分もあんなふうに騒々しく自由にふるまいたいと思うことがあると認めた。「彼らのほうが、ありのままの自分で快適に生活してる」と白人のクラスメイトたちを評した。アジア人は「自分がどんな人間であるかについては居心地の悪さは感じないが、それを表現するのは苦手だ。グループでいると、いつも外向的にふるまうべきだというプレッシャーを感じるよ。口に出して言われなくても、相手の顔に書いてある」というのだ。

マイクは新入生歓迎イベントに参加したそうだ。学生たちが自分の殻を破るのを奨励しようという主旨で、サンフランシスコでスカベンジャーゲーム（訳注　決まった領域内で制限時間以内に、指定されたものを集めたり指定された行動をしたりする）をやったという。アジア系の参加者はマイクだけで、参加者たちは、目抜き通りを裸で歩いたり、デパートで異性の服を着たりした。〈ヴィクトリアズ・シークレット〉のショーウィンドウのなかで下着姿になった女子学生もいた。そんな話を聞きながら、私は彼があれはやりすぎだったと言いたいのだろうと思っていた。だが、彼は仲間たちを批判するのではなく、自分を批判した。

「みんながそういうことをしているとき、どうもついていけない感じがすることがある。それが僕の限界なんだ。時々、劣等感みたいなものを抱くことがある」

マイクは指導してくれる教授たちにも同じような違和感を抱くことがある。歓迎イベントの数週間後、アドバイザーであるスタンフォード大医学部の教授が学生たちを自宅へ招待してくれた。彼は好印象を持ってもらいたいと期待したが、なにを話せばいいのかわからなかった。ほかの学生たちはなんの問題もなくジョークを飛ばしたり、知的な質問を投げかけたりしていた。帰りがけに挨拶すると、教授に「マイク、今日はずいぶんおしゃべりだったじゃないか」とからかわれた。マイクは自己嫌悪を感じながら帰路についた。「話をしない人間は頭が弱いか、なにか欠陥があると思われてしまう」彼は悲しげに言った。

もちろん、そういう感情を抱くのはマイクにとってはじめてのことではない。ハイスクール時代にもおぼろげながら感じたことがあった。クパチーノには静かさや勤勉さや関係を尊ぶ儒教倫理があったのだろうが、それでも外向型を理想とする人々のほうが多数派だった。平日の午後のショッピングセンターには、流行の髪形でキメたアジア系の一〇代の男の子たちが、女の子に声をかけていた。土曜の午前中の図書館では、勉強する子たちは隅のほうに座り、それ以外の生徒はにぎやかなテーブルに集まっていた。クパチーノで私が話を聞いたアジア系の子供たちのうち、自分を内向型だと表現したがる者はほとんどいなかった。たとえ、その表現がぴったりであっても。両親の価値観を強く受け継いでいても、彼らは自分たちの世界を「伝統的なアジア人」と「アジアのスーパースター」とに分けているようだった。伝統的なタイプは、目立たないように心がけ、宿題をきちんとやる。スーパースターたちは学業で優秀な成績を収めるだけでなく、教室ではジョークを飛ばし、教師に臆することなく、注目を集めようとする。

両親よりも外向的になろうと意図的に努力する学生は多いと、マイクは語った。「彼らは自分の両親が静かすぎると思っているので、外向的でなくてはいけないと過剰に反応している」のだという。両親たちのなかにも価値観を変化させている人たちがいる。「アジア人の両親たちは静かでいるのは割に合わないと考えるようになり、子供たちにスピーチやディベートの勉強をさせる」とマイクは言う。

それでも、クパチーノで最初にマイクに会ったとき、彼の自己意識や価値観はまったく無傷だった。彼は自分がアジアのスーパースターのひとりでないと知っていたが――人気度を一〇段階で測れば、自分は四くらいだと言っていた――ありのままの自分で居心地よく暮らしていた。

じつのところ、マイクはクパチーノでの保護された生活を楽しめて幸運だったのだろう。彼がスタンフォードに入学してはじめて直面したような問題を、一般にアメリカ社会で暮らすアジア系の子供たちはもっとずっと早い時期に体験する。ある研究によれば、ヨーロッパ系アメリカ人と中国系二世の一〇代の子供を五年以上にわたって比較したところ、思春期のあいだずっと、中国系の子供のほうが著しく内向的だった――そして、自尊心が傷つくという犠牲を払う。内向的な中国系の一二歳は自分に完全に満足しているが――おそらく、この年齢ではまだ両親の伝統的な価値観でものを見ているせいだろう――一七歳になる頃には、アメリカの外向型の理想を目のあたりにして、彼らの自尊心は急降下する。

自分をうまく表現できないと過小評価されるアメリカ

アジア系アメリカ人の子供が適応に失敗すると、社会的不安を感じるようになる。そして、成長するにつれ、経済的な面で犠牲を払うようになる。ジャーナリストのニコラス・レマンは、能力主義をテーマにした著書『ビッグ・テスト』(久野温穏訳)を執筆するために、多くのアジア系アメリカ人に取材した。「こんな感想がはっきりと浮かびあがった。能力主義は卒業の日に終わり、その後、アジア人は遅れをとりはじめる。なぜならば、彼らの文化的スタイルはアメリカでの成功に向いていないからだ。受動的すぎるし、誰とでもすぐにうちとけるわけでもない」とレマンは書いている。

クパチーノでは、そんな問題を抱えている専門職の人々にたくさん出会った。ある裕福な主婦は、最近では知り合いのご主人たちの多くが中国での仕事を引き受けて、上海とクパチーノを行き来していると語った。その理由のひとつが、静かな態度のせいで地元での成功が望めないからだという。アメリカ企業は「アジア系の人間はプレゼンテーションがうまくないからビジネスを処理できないと考えます。ビジネスの場では、プレゼンテーションの合間にくだらない話をたくさん挟まなければなりません。うちの主人は要点だけ話したら、それで終わり。大企業を見ると、トップにはアジア系がほとんどいません。企業が雇うのは、ビジネスのことはあまり知らなくてもすばらしいプレゼンテーションができる人たちよ」と彼女は嘆いた。

あるソフトウェアエンジニアは、職場で自分が軽視されているのを感じると語った。「とくに、考えなしにしゃべるヨーロッパ系の人たちとくらべて、どうも軽く見られている」というのだ。「中国では、静かな人は賢いとみなされる。こちらでは全然違う。率直に意見を言う人が好かれる。たとえ考えがしっかり定まっていなくても、人々は口を開く。もしコミュニケーションがもっと巧みならば、私はもっと評価されるだろうに」

そのエンジニアは、プレストン・ニーという名前の台湾出身の教授が教えるアメリカ式コミュニケーション学の講座を受けたと教えてくれた。ニーは二年制のフットヒル大学で「外国出身の職業人のためのコミュニケーション成功法」という一日講座を開いている。〈シリコンバレー・スピークアップ・アソシエーション〉という組織が、オンラインを通じてこの講座を宣伝していた。

アジアの視点から見たアメリカがどんなものか興味を感じたので、さっそく申し込んだ。数週間後の土曜日の午前、私は窓からカリフォルニア州北部の太陽の光が差し込む驚くほどモダンな教室で、机に向かって座っていた。集まった生徒は一五人ほどで、アジア系が多かったが、東欧系や南米系の人々もいた。

金色の生地に中国の滝の図柄が描かれたネクタイをしたニー教授は、親しげな雰囲気で、はにかむような笑みを浮かべながら、アメリカのビジネス文化から話しはじめた。アメリカで成功したければ、内容だけではなくスタイルを持っていなければいけないと、教授はまず苦言を呈した。フェアでないかもしれないし、貢献度を判断する最良の方法ではないのかもしれないが、「カリスマ性を持っていなければ、たとえあなたが世界最高の能力を持っていても、きちんと評価してはもらえない」というのだ。

ほかの文化圏では話は違うと、教授は続けた。中国共産党の指導者は演説をするとき、プロンプターを見るどころか堂々と原稿を読む。「指導者が話すのであれば、誰もが耳を傾けなければならない」からだ。

教授が誰かひとり前へ出てくるようにと言い、ラジという名前の二〇代のインド人男性が手を上げた。フォーチュン５００社のひとつに勤めるエンジニアだ。シリコンバレーのユニフォームである、ボタンダウンのシャツにチノパンという服装。彼は身を守るように腕を組んで立っていた。授業がはじまる前に一人ずつ自己紹介したとき、後ろの席に座っていた彼は、神経質そうな声で「もっと会話をする方法」や「もっとオープンに人と接する方法」を学びたいと言っていた。

この週末の予定を、みなさんに話してくださいと、教授がラジをうながした。

「今晩は友人と食事で、それから、明日はたぶんハイキングへ行きます」とラジが言った。視線はニー教授に向けたまま、声はかすかに聞きとれるくらい小さかった。

教授はもう一度話すようにと言った。

「友人と夕食を食べに出かけます。それから……ハイキングへ行きます」

「きみの印象はこうだ」教授がやさしく話しはじめた。「仕事をたくさんやってもらえそうだが、あまり関心は持てない。いいかい、シリコンバレーでは、仕事ぶりを見せるだけでなく、自分自身をうまく表現できないと、過小評価されてしまう。多くの外国生まれの人々がそれを体験してきた。リーダーではなく、都合のいい労働力とみなされてしまうんだ」

参加者たちがなるほどと言わんばかりにうなずいた。

「だから、自分らしさを失わずに、もっと自分を表現しよう」教授が続けた。「アジア人はしゃべるときに顔の筋肉をあまり使わない人が多い。そこで、まず呼吸からはじめよう」

教授はラジを仰向けに横たわらせ、英語の五つの母音を発声させた。「エイ……イー……ユー……オウ……アイ……」ラジは歌うように声を発した。その声は教室の床から浮きあがるように響いた。

「エイ……イー……ユー……オウ……アイ……」

しばらくくりかえしてから、教授は彼を起きあがらせた。

「さて、この授業が終わったら、なにをして楽しむ予定なのかな？」教授はそう尋ねて励ますように手拍子を打った。

「今晩は友人の家で一緒に食事をして、明日は別の友人とハイキングへ行く予定です」ラジの声はさっきよりも大きく、参加者たちが盛大に拍手した。

じつは、教授自身が自分を変えればどうなれるかを示すお手本だった。授業が終わってからオフィスを訪ねると、彼ははじめてアメリカへやってきたとき自分がどれほど内気だったかを話してくれた――サマーキャンプやビジネススクールで外向的にふるまう努力をして、やがてそれが自然になったのだ。現在では、コンサルタントとして活躍し、ヤフーやシェブロン、マイクロソフトといった企業を顧客として、かつて自分が努力のすえに習得したスキルを教えている。

だが、「ソフトパワー」――教授はそれを「火ではなく水によるリーダーシップ」と呼んだ――の話になると、彼が西洋式のコミュニケーションを重視していない一面があるのが感じられた。「アジア文化では、自分が欲しいものを得るために、しばしば微妙な方法を使います。それはつねに攻撃的とはかぎりませんが、けっしてぶれない巧みな方法です。最終的には、それによって多くを達成します。アグレッシブパワーは相手を打ちのめすけれど、ソフトパワーは相手を納得させて味方にします」

ソフトパワーの実例はどんなものかと尋ねると、彼は目を輝かせて、アイデアと心をパワーにしている人々のことを話しだした。たとえば、各種の雇用者団体のまとめ役をしている人々――彼らは目的を達成するために、力学ではなく信念によって人々を結集してきた。また、飲酒運転根絶をめざす母親の会は、カリスマ性ではなく思いやりのパワーによって世の中を変えようとする人々の集まりだ。そうした人々は自分のメッセージを伝えるのに十分なコミュニケーションスキルを備えているが、本当の強さはメッセージの内容にある。

「長い目で見ると、本当によい考えがあれば、人々は変わるのです。目的が正当であり、心を込めて打ち込めば、それは普遍的な法則になる。あなたの目的に賛同する人々の心を得られる。ソフトパワーは静かなるねばり強さです。ソフトパワーを発揮する人々は、日々の人間関係において非常に持続性があります。そして、最終的にはチームを築きあげるのです」と教授は言った。マザー・テレサやブッダやガンジーといった歴史上の尊敬される人物もソフトパワーを使いこなしていたという。

教授の口からガンジーの名前が出たのを聞いて、私はとても驚いた。クパチーノのハイスクールの生徒たちに会うたびに、尊敬する人物は誰かと聞いたのだが、答えはほぼ例外なくガンジーだったからだ。ガンジーがそれほどまで彼らに感銘を与えるのは、いったいなぜだろう？

ガンジーの内気さから生まれた「抑制」という財産

自伝によれば、ガンジーは生まれつき内気で無口だった。子供の頃はいろいろなものを怖がった。盗人、幽霊、ヘビ、暗闇、そして、人間がとくに怖かったそうだ。彼は本ばかり読み、誰とも話をしたくないので授業が終わると一目散に家へ走った。青年になって、菜食主義者協会の委員という指導的立場に就いて、毎回の集会に出席するようになったものの、人前で話すのは苦手だった。

委員のひとりが困惑して、「僕とは普通に話せるのに、集会でなにも発言しないのはいったいどうしてだ？　それでは怠け者だぞ」とガンジーに詰め寄ったほどだ。委員会内で政治的な衝突が起きたとき、ガンジーは断固たる意見を持っていたが、怖くて口を開けなかった。そこで、考えを書きとめて、みんなの前で読もうとした。だが、結局のところ、気後れして実行できなかった。

ガンジーは長年にわたって内気な性格を直そうとしたが、とうとう克服しきれなかった。彼は即興では話ができなかったし、スピーチの機会をできるかぎり避けた。晩年になっても、「しゃべってばかりいる友人と会いたい気持ちにはなれないし、そんな気持ちになるとも思えない」と書いた。

だが、そんな内気な性格が独自の強靭《きょうじん》さをもたらしたのだ。ガンジーの生涯のあまり知られていない一端を吟味すれば、その抑制された強靭さについて理解できる。若きガンジーは法律の勉強のために英国留学を決めたが、彼が所属するサブカーストの指導者たちはそれに反対した。戒律で肉食を禁じられていたのだが、英国で菜食を貫くのは不可能だろうと指導者たちは考えたのだ。だが、ガンジーは肉を絶つと愛する母親に誓っていた。留学先でその誓いを破るつもりはなかったので、シェートと呼ばれる指導者たちの長《おさ》に留学をやめる気はないと答えた。

「カーストの命令を無視するのか？」とシェートが詰問した。

「そうするしかないのです。どうか留学を妨げないでください」ガンジーは答えた。

その結果、ガンジーはカーストから追放され、その処分は数年後に彼が英語をしゃべる前途有望な弁護士となって帰国したあとも解かれなかった。彼に対する反応は二分された。彼を受け入れる人々もいたが、排斥する人々もいた。それによって、彼は自分の姉妹や義父母を含む同じサブカーストの人々の家で食事をすることさえ許されなくなった。

普通ならば、追放の取り消しを求めて抵抗するところだ。だが、ガンジーはそれをしなかった。闘っても報復を受けるだけだと知っていたからだ。そのかわり、彼はシェートの意向に従って、家族からも距離を置いた。姉妹や義父母は内密で彼をもてなす準備をしたが、彼はそれを断った。

黙って相手に従った結果はどうだったろう？ 人々は彼を悩ませるのをやめたばかりか、後年の彼の政治活動を無償で助けた。彼らは愛情と寛大さで彼を遇した。「私はこう信じている。これらの良きことはすべて、抵抗しなかったおかげだ。もし、自分をカーストに戻してくれと声を荒らげて訴えていたら、カースト内の分裂を企てていたら、人々を怒らせていたら、彼らはきっと報復しただろうし、英国から戻った私は大嵐に巻き込まれていただろう」とガンジーは書いた。

普通の人間ならば刃向かう場面で受け入れるという行動パターンは、ガンジーの生涯に何度も見受けられる。英領南アフリカ連邦で弁護士として開業した彼は、地元の法律協会の一員になろうとした。だが、法律協会はインド人の入会を快く思わず、ボンベイ高等裁判所にある証明書の原本を提出しろと無理難題をふっかけて妨害しようとした。本当の理由は人種差別にあるとわかっていたので、彼は腹を立てた。だが、その感情を表には出さなかった。忍耐強く交渉を続けたすえ、法律協会が彼の入会を認めた。

そして、いよいよ入会のための宣誓をする当日、裁判長が彼にターバンを脱ぐように命じた。異議を申し立てても当然のところだが、そうなれば揉め事になるのがわかっていたので、彼は言われるままにターバンをはずした。友人たちは腹を立て、弱腰だと彼をなじった。だが、彼は「潔い妥協を評価すること」を学んだと感じた。

もしここで、ガンジーの名前や後年の業績にまったく触れないでこんな話をしたら、なんだか言いなりになってばかりいる男だと思われるかもしれない。そして、西洋では受け身に徹することは罪なのだ。辞書によれば、「受動的」とは「外部からの働きかけによって行動する」という意味である。また、「従属的」という意味もある。ガンジー自身は最終的には「受動的抵抗」という言葉を否定し、「断固として真実を求める」という意味の「サチャグラハ（不服従）」という表現を好んだ。
　だが、サチャグラハという言葉が示すように、ガンジーの無抵抗はけっして弱腰ではなかった。究極の目標に向かって進み、その過程で不必要な小競り合いにエネルギーを費やすことを拒絶することを意味している。抑制は自分が持っている最大の財産のひとつだと、ガンジーは信じていた。そして、それは彼の内気さから生まれたのだ。

　私は自分の思考を抑制することを自然に身につけた。考えのない言葉をしゃべったり書いたりすることはなかった。沈黙は真実を信奉する者の精神的規律なのだと経験から教えられた。やたらとしゃべる人はたくさんいる。そうしたおしゃべりは世界のためになるとはとうてい言えない。それは時間の無駄である。私の内気さは、本当のところ、私の盾であり甲羅である。それは成長をもたらす。私が真実を見抜くのをいつも助けてくれる。

静かなるねばり強さもソフトパワーの実例

　ソフトパワーの実例は、マハトマ・ガンジーのような偉人だけではない。たとえば、よく話題にのぼることだが、数学や理科の分野でのアジア人の優秀性について考えてみよう。ニー教授はソフトパワーを「静かなるねばり強さ」と定義したが、この特質はガンジーの政治的勝利の基礎にあったのと同じように、学習の領域でも重大な働きをしている。静かなるねばり強さは集中力の維持を必要とする——要するに、外からの刺激に対する反応を抑制する必要がある。

国際数学・理科教育動向調査（ＴＩＭＳＳ）は、算数・数学と理科の到達度を国際的な尺度によって測定するためのテストで、四年ごとに世界各国の小中学生を対象に実施される。テスト結果は多方面から検討され、各国の児童生徒の学力が比較される。韓国、シンガポール、日本、台湾などのアジア諸国はつねに上位に位置している。たとえば、ＴＩＭＳＳがはじめて実施された一九九五年、韓国、シンガポール、日本は中学生の数学の平均得点で最上位であり、理科でも上位四ヵ国に入った。二〇〇七年には、各国の高得点基準点に到達した児童生徒――いうなれば数学のスーパースター――の人数を算出したが、傑出した点数をとった児童生徒の大半はアジア数ヵ国に分布していた。シンガポールと香港の小学四年生の約四〇％、そして、台湾、韓国、シンガポールの中学二年生の四〇％から四五％が、高得点基準点以上の点数を達成した。高得点基準点以上を獲得する人数の国際中央値は、小学四年生では五％、中学二年生ではわずかに二％である。

この驚くべき差は、どうすれば説明できるだろう？　まず、ＴＩＭＳＳの興味深い問題点を考えてみよう。ＴＩＭＳＳでは、数学や理科の問題だけでなく、長々とした退屈な質問に答えなければならない。たとえば、理科が好きかどうか、自宅に書棚三列分以上の本があるかどうか、といった質問だ。この質問に全部答えるのには時間がかかり、テストの成績には入らないので、答えを全部は記入しない児童生徒が多い。すべてに回答するにはかなりねばり強くなければならない。ところが、教育学教授のアーリング・ボーの研究によれば、質問に数多く答える国のほうがＴＩＭＳＳの成績もいいとわかった。つまり、優秀な生徒は算数・数学や理科の問題を解くための認知能力だけでなく、静かなるねばり強さという有益な性格特性を持っているのだ。

アジア人の幼い子供がずば抜けたねばり強さを備えていることを示した研究も複数ある。たとえば、比較文化心理学者のプリシラ・ブリンコは、日本人とアメリカ人の小学一年生に解けないパズルを与え、他の子供や教師の助けを借りずにひとりで取り組ませ、飽きてあきらめるまでの時間を計った。その結果、日本人の子供は平均で一三・九三分、アメリカ人の子供は九・四七分だった。日本人の子供の平均時間までねばったアメリカ人の子供は、二七％以下だった。そして、アメリカ人の子供の平均時間であきらめた日本人の子供は、わずか一〇％だった。ブリンコはこの結果を日本人のねばり強い性質のせいだとした。

アジア人やアジア系アメリカ人が静かなるねばり強さを発揮するのは、算数・数学や理科の世界でだけではない。クパチーノを最初に訪問してから数年後、私はティファニー・リャオのその後を追った。はじめて会ったとき、ティファニーは一七歳の童顔の少女で大学への入学を控えていた。東海岸へ行って新しい人たちと会うのがとても楽しみだけれど、台湾生まれの人気の飲み物タピオカティを誰も知らないような土地で暮らすのは不安だと言っていた。

再会したティファニーは洗練された如才ない大学四年生だった。スペインへの留学も経験していた。フェイスブックに載せた写真からは幼さが消え、穏やかで親しげで賢そうな笑みを浮かべていた。

ティファニーはジャーナリストになる夢を抱いて、大学新聞の編集長に選ばれたところだった。自分はまだ内気だ――人前で話しはじめたり、面識のない人に電話をかけたりするときには顔が赤くなる――と彼女は言うが、しゃべることにはあまり抵抗を感じなくなったそうだ。自分の「物静かな性格」は編集長になるのに役立ったと、彼女は確信していた。ティファニーにとってのソフトパワーは、注意深く耳を傾け、きちんとノートを取り、インタビューの相手に会う前に入念なリサーチをすることだ。「このプロセスはジャーナリストとしての成功に貢献しています」と彼女からの手紙にあった。ティファニーは静かなるパワーを手に入れたのだ。

スタンフォードの学生になったマイク・ウェイに会ったとき、彼は同級生みたいに開放的な性格になりたいと心の底で願っていて、静かなリーダーなんてありえないと言った。「黙っていたら、自分が信念を持っていることを伝えられない」と彼は言った。私はそんなことはないと返したものの、彼があまりにも固くそう信じているようなので、内心では彼のほうが正しいのだろうかと迷っていた。

だが、ニー教授からアジア式のソフトパワーについて聞き、ガンジーのサチャグラハについて読み、ジャーナリストになるというティファニーの夢を聞いて確信した。たとえどんな音量で発言しようとも、信念は信念であると、クパチーノから羽ばたいた子供たちは教えてくれたのだ。

パートⅣ

愛すること、働くこと

9章 外向的にふるまったほうがいいとき

人間は複数の集団の人々の意向を気にかけ、その集団の数だけ社会的な自己を持っている。そして、それぞれの集団に対して違った自分を見せるのだ。
——ウィリアム・ジェイムズ

性格特性は存在するのか

ブライアン・リトル教授はハーバード大学で心理学を教えていた。大学教育界のノーベル賞と呼ばれる〈3Mティーチングフェローシップ〉の受賞者でもある。背が低くがっしりした体型、眼鏡をかけたリトル教授は、人の心を惹きつけ、よく響くバリトンでしゃべり、演壇で急に歌を口ずさんだりくるくる回ってみせたりする。独特の口調は古典劇の俳優を思わせる。天才アルベルト・アインシュタインと名優ロビン・ウィリアムズを足したような人だと表現される彼は、たびたびジョークを飛ばして聴衆を喜ばせ、それ以上に自分も喜んでいるようだ。ハーバード大学での講義はつねに満席で、いつも最後は拍手喝采で終わった。

ところで、これから紹介するのは、まったく違うタイプの男性だ。カナダの人里離れた森のなか、二エーカー以上もある緑豊かな敷地にひっそり建つ家で、時おり子供や孫たちが訪れるのを別にすれば、妻と二人だけでひっそり暮らしている。暇を見つけては、作曲や読書や執筆活動や友人とのメールのやりとりを楽しむ。誰かに会うときには、一対一を好む。にぎやかなパーティでは、さっさと話し相手を見つけてじっくり会話をするか、さもなければ「ちょっと新鮮な空気が吸いたいから」と外へ出てしまう。

まるで喜劇役者のような教授と隠遁者のような男性とが同じ人物だと種明かしすれば、読者のみなさんは驚かれるだろうか。誰でも状況しだいで違うふるまいをするのだから当然の話だと思われるのなら、さほど驚かれないだろう。だが、私たちがそれほど柔軟に対応できるのだとすれば、そもそも内向型と外向型との違いを分析する意味があるのだろうか。内向型は思慮深い哲学者で外向型は恐れを知らない指導者だという、内向型・外向型の認識はあまりにもはっきりしすぎていないだろうか。内向型は詩人や科学オタクで、外向型は運動選手やチアリーダーなのだろうか。私たちはみな、両方の面を少しずつ持っているのではないだろうか。

心理学者はこれを「人間–状況」論争と呼んでいる。固定した性格特性は本当に存在するのか、それとも、その場の状況しだいで変わるのか。もし、この質問を投げかけたら、リトル教授はきっと、人前で見せるペルソナや教育者としての華々しい実績にもかかわらず、じつは自分は行動だけではなく神経生理学的にも（彼は5章でお話ししたレモン汁の実験を試みて、たちまち唾液を分泌した）恐ろしいほど内向的だと答えるだろう。つまり、この論争について、彼ははっきり「人間」の側に立つということだ。リトル教授は、性格特性が実際に存在し、さまざまな形で私たちの人生を形づくり、それらが生理学的なメカニズムにもとづいており、一生を通じて比較的安定していると信じている。この見解を持っている人々はじつに幅広い。ヒポクラテス、ミルトン、ショーペンハウアー、ユング、そして、最近ではｆＭＲＩと皮膚電位反応テストを使う研究者たちもそうだ。

反対の立場にいるのは、「状況主義」と呼ばれる心理学者たちだ。状況主義者たちは、私たちがたがいを、内気、攻撃的、良心的、愛想がいいなどという言葉で表現することも含めて、人間について一般化することは誤りだと断言する。中心となる自己など存在せず、さまざまな状況に応じてそれぞれの自己があるだけだと主張するのだ。

一九六八年、心理学者のウォルター・ミッシェルが、固定した性格特性という考えに挑戦した『パーソナリティの理論』（詫摩武俊訳）を出版して、状況主義の考えが広く知られるようになった。ブライアン・リトルのような人の行動は、性格特性よりも状況要素によってはるかにうまく予測できると、ミッシェルは主張した。

その後の数十年間、状況主義が優勢を占めた。この時期に登場したポストモダンの自己観は、アーヴィング・ゴッフマンらの理論家から影響を受けた。『行為と演技』（石黒毅訳）の著者であるゴッフマンは、社会生活は演技《パフォーマンス》であり、社会的仮面こそが私たちの真の自己であるとした。多くの研究者たちは、どんな形であれ、意味を持つような性格特性は存在しないのではないかと疑った。当時、性格研究者たちはすっかり隅に追いやられていた。

だが、「生まれつきか育ちか」論争が相互作用論――両方の要素が作用して性格を形成し、しかも両者はたがいに作用し合っているとする考え方――に取って代わられたのと同じように、「人間‐状況」論争はもっと微妙な見解にその座を奪われた。私たちが午後六時には社交的な気分でも午後一〇時には孤独であり、そうした変化は現実に存在し、状況に左右されると、性格心理学者は認めている。また、そうした変化にもかかわらず、固定した性格というものは存在するのだという前提を支持する証拠が数多く登場してきたことを、彼らは強調している。

最近では、ミッシェルまでもが性格特性の存在を認めているが、それらにはパターンがあると彼は信じている。たとえば、対等者には攻撃的だが権威者には従属的で従順な人々がいる。その逆の人々もいる。「拒絶に敏感な」人々は、安心を感じているときには思いやり深く愛情に満ちているが、拒絶されたと感じると、とたんに敵対的で支配的になる。

だが、そのようにして妥協に流れると、5章で探求した自由意志についてさまざまな問題が生じてくる。私たちがどんな人間で、どんな行動をとるかには、生理学的な制限がある。だが、可能な範囲内で自分のふるまいを操作するよう試みるべきなのか、それともありのままの自分自身でいるべきなのか？　いったいどの時点で、自分のふるまいをコントロールできなくなったり、あるいは消耗しきってしまったりするのだろうか？

もし、あなたがアメリカの大企業に勤める内向型なら、本当の自分のために週末は静かに過ごすべきか、それとも、ジャック・ウェルチが『ビジネスウィーク』誌のオンラインコラムで推奨したように、「外出して人と話したり、チームの仲間と友好を深めたりして、エネルギーとパーソナリティを駆使するように」努力するべきなのだろうか。もし、あなたが外向型の大学生だったら、本当の自分のために週末はにぎやかに過ごし、月曜日から金曜日まではじっくり勉強すべきだろうか。そもそも、人間はそんなふうに自分をうまく調節できるだろうか。

この問いに対してきちんと答えてくれたのは、ブライアン・リトル教授だけだった。

内向型なのに外向型？

一九七九年一〇月一二日の午前中、リトルはカナダのケベック州モントリオールから四〇キロほど南の、リシュリュー川に面したカナダ王立軍事大学を訪れ、軍の高級将校たちを相手に講演をした。いかにも内向型らしく、彼は入念なスピーチ原稿を準備し、上手にしゃべるためのリハーサルをしたばかりか、最近の研究成果までをもしっかり記憶した。話している最中にも、彼が言うところの「典型的な内向型モード」になって、つねに聞き手が退屈していないか注意を払い、必要に応じて話の内容に多少の変化をつけた――あちらこちらに統計の数字やちょっとしたユーモアをつけ加えたのだ。

講演は大成功で、その後毎年招待されるようになった。だが、講演が終わってから高級将校たちとのランチに誘われたのは、彼にとっては恐怖そのものだった。午後にもう一度講演をしなければならないし、一時間半もおしゃべりをしながら食事したらへとへとになってしまうのは目に見えていた。午後の講演のためにエネルギーを回復する時間が必要だった。

リトルはとっさに考えて、じつは船の設計に興味があるので、ランチの時間を使ってリシュリュー川を往来する船を眺めたいと、招待者に申し出た。その結果、いかにも興味深げな表情を浮かべながら川辺の道をぶらぶらして時間を過ごすことになった。

軍事大学での講演に招かれるたびに、彼は仮想の趣味に浸りながらリシュリュー川のほとりを散歩して昼を過ごした。だが、数年後、大学は陸に囲まれた場所へ引っ越した。今度こそ言い訳に窮したリトルは、たったひとつ残された場所に助けを求めた――男子トイレだ。午前中の講演が終わるとすぐに、トイレへ駆け込んで個室に隠れた。あるとき、ひとりの軍人が個室の下から見えるリトルの靴に気づいて話しかけてきて以来、両足を上げて壁につけ、外から見えないように注意した（もし、あなたが内向型ならば言うまでもないだろうが、トイレに隠れるというのは驚くほどよくあることだ。カナダの有名なトークショーホストであるピーター・グヅォスキは、リトルが「このトークが終わったら、私は一〇番の個室にいますよ」と言ったところ、すかさず「僕は八番にいますから」と返した）。

リトル教授のような極端に内向的な人物がなぜ人前ですばらしい講演ができるのか、読者のみなさんは不思議に思われるだろう。その理由は簡単だと、彼は言う。そして、それは「自由特性理論」と呼ばれる、彼がほぼ独力で築いた心理学の新理論と関連している。固定した特性と自由な特性は混在すると、リトルは信じている。自由特性理論によれば、私たちは特定の性格特性を持って生まれるが――たとえば内向性だ――自分にとって非常に重要な事柄、すなわち「コア・パーソナル・プロジェクト」に従事するとき、その特性の枠を超えてふるまえるのであり、実際にふるまっているのだ。

つまり、内向型の人は、自分が重要視する仕事や、愛情を感じている人々、高く評価している事物のためならば、外向型のようにふるまえる。内向型の夫が愛する外向型の妻のためにサプライズパーティを仕掛けたり、娘の学校でＰＴＡの役員になったりするのは、自由特性理論で説明がつく。外向型の科学者が研究室でおとなしくしているのも、物わかりのいい人物がビジネス上の交渉では頑固になるのも、つむじ曲がりの叔父さんが姪にはやさしくアイスクリームを買ってやるのも、すべて説明できる。自由特性理論はさまざまな状況で適用できるものの、とくに外向型を理想とする社会で生きている内向型にぴたりとあてはまる。

リトルによれば、内容が重要であり、自分の能力に適し、過度のストレスがかからず、他人の助力を受けられるようなコア・パーソナル・プロジェクトに関わるとき、私たちの人生は大きく高められる。誰かに「うまくいっているかい?」と尋ねられて、何気ない返事をするとき、じつは私たちはコア・パーソナル・プロジェクトがどれほどうまく運んでいるかを答えているのだ。

だからこそ、リトルは完璧な内向型でありながら講演に情熱をそそぐのだ。まるで現代のソクラテスのように、彼は学生たちを深く愛している。学生たちの心を開くことと、彼らの幸福が、リトルにとってコア・パーソナル・プロジェクトのうちの二つなのだ。ハーバード大学で講義していたとき、教室前の廊下にはまるでロックコンサートの無料券でも配っているのかと思えるほど大勢の学生が並んだ。二〇年以上にもわたって、毎年数百人もの学生が彼に推薦状を頼んだ。彼の教え子のひとりは「ブライアン・リトルはこれまで出会ったなかでもっとも熱心で楽しい講義をする、愛情深い教授です。彼が僕の人生に与えた影響はたくさんありすぎて説明できないほどです」と書いた。つまり、ブライアン・リトルにとって、自分の限界を超えようと努力することは、学生たちの心を開かせ、やる気にさせるというコア・パーソナル・プロジェクトが実を結ぶという点で正当化されているのだ。

ちょっと考えると、自由特性理論は私たちの本質に反するように思える。シェイクスピアのよく引用される助言「汝自身に忠実であれ」は、私たちの哲学的DNAの奥深くに存在する。長期間にわたって「偽の」ペルソナを身にまとうというのは、多くの人にとって不愉快なことだろう。偽自己を本物だと自分に言い聞かせて性格に反してふるまえば、しまいには気づかないうちに燃え尽きてしまう。リトルの理論がすばらしいのは、この不快さを解消している点だ。内向型の人にとって外向型を装うことは不快をもたらし、道徳的な二律背反性をもたらしうるが、それが愛情や仕事上の使命感によるものならば、私たちはシェイクスピアの助言どおりに行動していることになる。

自由特性を上手に適用すれば、その人が本来の自分に反してふるまっているとは、傍目には見えないほどになる。リトル教授の学生たちは、彼が内向型だとは容易に信じない。だが、彼は特別な例ではない。たとえば、私の友人のアレックスは、世間的には金融企業のベテラン幹部で、どんな相手にもけっして怯《ひる》まず率直に会話する。同級生たちにつけ込まれないよう外向型のふりをしようと七年生のときに決心したと、彼は私に語った。

「僕は想像もできないほどいいやつだった。だが、世の中はそんなに甘くない。いいやつは打ちのめされる。そんな目にばかり遭って暮らすのはごめんだった。なら、どうしたらいい？　解決法はほぼひとつしかなかった。他人をみんな意のままにする必要があった。もし、いいやつのままでいたかったら、学校を自分で動かす必要があった」

だが、どうすればAからBに変身できるのか。「僕は社会の力学をとことん学んだ」アレックスは私にそう言った。彼は人々の歩き方や話しぶりを観察した──とくに男性の支配的なポーズをよく見た。そして、誰にもつけ込まれないように、内気でやさしい本来のペルソナをそれに適応させた。

さらに、アレックスは持ち前の強みを発揮した。「男の子の頭にあるのは、基本的にひとつだけ、女の子を追いかけることだけだ。成功したり、失敗したり、体験談を話したり。そんなのは回り道だと思った。僕は女の子がとても好きだった。そこから親しみが湧いてくる。人気の女の子とつきあい、それに加えてスポーツが得意だったおかげで、男子を従えることができた。それから、時々は誰かを殴ったよ。力も重要だから」

現在のアレックスは親しみやすく、愛想のいい、口笛を吹きながら仕事をするようなタイプに見える。機嫌が悪いところなど見たこともない。だが、交渉事で怒らせれば、彼が独学で身につけた好戦的な面を目にすることになるだろう。そして、夕食に誘えば、内向的な面を知るだろう。
「妻や子供たち以外の誰とも会わないで数年間暮らすこともできると思う。きみと僕との関係を考えてごらんよ。きみは僕にとってもっとも親しい友人のひとりだけれど、実際にはどれくらい話すかな？　だいいち、電話をかけてくるのはいつもきみだ。社交は苦手なんだよ。夢は人里離れた広い土地に家を建てて家族と暮らすこと。その夢のなかには大勢の友達は登場しない。だから、表向きのペルソナがどんなに外向的だろうと、僕は内向型なんだ。根本的には、昔と変わらない人間だ。ひどく内気で、そのせいでいろいろ犠牲を払うこともある」

あなたのセルフモニタリング度をチェックする

だが、どれほどの人間が、（とりあえず、そうしたいかどうかは別として）アレックスのように自分の性格に反してふるまえるのだろうか。リトルは名役者であり、多くのＣＥＯもそうだ。では、私たちはどうだろう？

数年前、心理学者のリチャード・リッパがこの問いに答えようとした。リッパは内向的な人々を集めて、外向的なふりをして算数を教えるように指示した。そして、その様子をビデオに撮影し、彼らの歩幅や、「生徒」とアイコンタクトをとる回数や時間、しゃべっている時間、しゃべるペースや量、授業時間などについて記録した。さらに、録音された声やボディランゲージをもとに、どのくらい外向的だとみなされるかを測定した。

つぎに、リッパは実際に外向的な人々を集めて同じことをして、結果を比較した。すると、後者のグループのほうがより外向的だという印象を与えたものの、偽外向型の一部は驚くほど本物らしく見えた。どうやら、私たちの大半はどうすれば自分とは違う性格を装えるかを、ある程度知っているらしい。どんな歩幅で歩くか、どのくらい笑顔を浮かべたり、しゃべったりすれば、外向型や内向型に見えるのか正確に知らなくても、それを無意識にわかっているようだ。

もっとも、自己呈示をコントロールするには限界がある。これはひとつには自我の漏洩と呼ばれる現象のせいである。私たちの本当の自己が、無意識のボディランゲージからにじみ出てしまうのだ。たとえば、外向型ならばしっかりアイコンタクトをとるところなのに、微妙に視線をそらしてしまったり、外向型ならば話を続けて聴衆を惹きつけるところなのに、話題を変えて聴衆に意見を求めたりする。

では、リッパの被験者の偽外向型の一部は、いったいどのようにして本物の外向型に近い結果を出したのだろう？　外向型のふるまいがとくに上手な内向型は、「セルフモニタリング」と呼ばれる特質の得点が高いことがわかった。セルフモニタリングがうまい人は自分の言動や感情や思考を観察して、周囲の状況から必要性に応じて行動をコントロールできる。彼らはどうふるまえばいいかの合図をさがす。『公的な外見、個人的な真実』（*Public Appearances, Private Realities*）の著者で、セルフモニタリングの尺度を考案したマーク・スナイダーによれば、彼らは郷に入れば郷に従うのだ。

私がこれまで出会ったなかでもっともセルフモニタリングがうまいのは、ニューヨーク社交界でよく知られ、人々から愛されている、エドガーという名前の人物だ。彼は夫人とともに募金集めなどのイベントを主催するなどして、毎週のように社交界に登場する。「恐るべき子供《アンファン・テリブル》」という表現を連想させるような印象で、好きな話題は最近やった悪戯についてだ。だが、じつはエドガーは内向型だと自認している。「人に話しかけるよりも、じっと座って考えごとをしていたい」と彼は言う。

それでも、エドガーは人に話しかける。とても社交的な家庭で育った彼は、セルフモニタリングすることを期待され、そうするように動機づけられた。「僕は政治が好きだ。物事を動かすのが大好きなんだ。世界を思いのままに変えたい。だから、表面的なことをする。本当は他人のパーティへ行くのは嫌いだ。招待客を楽しませなければいけないから。だけど、社交的な人間でなくてもすべての中心にいられるから、パーティを主催するんだ」

他人のパーティに招待されると、彼は自分の役割を果たすために労をいとわない。「大学時代はもちろん、最近でも、ディナーやカクテルパーティへ出かける前には、最新のおもしろいネタを書きつけるメモを用意する。日中のあいだそれを持ち歩いて、なにか考えついたらすぐに書きとめる。そして、いざディナーとなったら、それを披露するチャンスを待つ。ちょっとトイレへ行って、どんな話だったかメモを確認することもあるよ」

だが、年月がたつうちに、エドガーはメモを持参しなくなった。内向型なのは変わらないけれど、外向型の役割を演じるのがすっかり板について、人を楽しませる話が自然と口をついて出るようになったからだ。それどころか、セルフモニタリングがいっそう上達して、状況に合わせて行動したり感じたりが、それほどストレスなくできるようになったのだ。

エドガーのような人々とは対照的なのが、自分の内部のコンパスに従って行動する、セルフモニタリングが上手でない人々だ。彼らは自由に使える社会的行動や仮面のレパートリーが少ない。周囲の状況から、おもしろい話がいくつぐらい必要かを考えることもなく、たとえ周囲の空気が読めても役割を演じることに関心がない。セルフモニタリング度が高い人（ＨＳＭ）と低い人（ＬＳＭ）は、違う相手に向かって演じているのだとスナイダーは説明する。つまり、外向きか内向きかの話だ。

もし、自分のセルフモニタリング度を知りたいのなら、スナイダーが考案したつぎのような質問に答えてみよう。

＊どんな行動をとればいいかわからないとき、他人の行動にヒントをさがしますか？
＊映画や本や音楽を選ぶときに、しばしば友人に助言を求めますか？
＊状況や相手に応じて、まったく違う人間のようにふるまいますか？
＊他人の真似をするのは簡単ですか？
＊正しい目的のためならば、相手の目をまともに見ながら嘘がつけますか？
＊嫌いな人に対して友好的にふるまって相手を騙すことができますか？
＊相手に強い印象を与えたり楽しませたりするために、ひと芝居できますか？
＊実際に感じているよりも強く心を表現することがありますか？

以上の質問に対して、「はい」と答えた数が多いほど、セルフモニタリング度は高い。
では、つぎの質問にも答えてみよう。

＊あなたの言動は、たいていの場合、本心を表現していますか？
＊自分が信じている考えだけしか主張できませんか？
＊相手を喜ばせたり、相手の歓心を買ったりするために、自分の意見を変えるのがいやですか？

＊ジェスチャーゲームや即興で演技するのが嫌いですか？
＊状況や相手に合わせて言動を変えるのが苦手ですか？

以上の質問に「はい」と答えた数が多いほど、セルフモニタリング度が低い。

リトルが性格心理学の授業にセルフモニタリングの概念を導入したところ、一部の学生たちのあいだで、セルフモニタリング度が高いのは倫理的に正しいのかどうか、議論が白熱した。議論に熱中するあまり、「混合型」のカップル――セルフモニタリング度が高い者と低い者とのカップル――が別れてしまった例もあったそうだ。セルフモニタリング度が高い者からすれば、低い者は頑固で世渡りが下手に見える。セルフモニタリング度が低い者からすれば、高い者は日和見《ひよりみ》主義的で信頼できないと見える――マーク・スナイダーの言葉によれば、「原則にもとづくというよりも現実的」なのだ。実際に、ＨＳＭはＬＳＭよりも嘘をつくのが上手で、このことはＬＳＭが道徳的な立場をとるうえで役立っているようだ。

だが、倫理的で思いやりがあり、それでいてセルフモニタリング度が高いリトルは、違う考え方をしている。セルフモニタリングは謙虚さゆえの行為だというのだ。「自分の必要性や関心のためにすべてを塗りつぶす」のではなく、その場の状況に順応するための行為だという。セルフモニタリングは全部が全部演技ではなく、パーティで楽しげに室内を歩きまわるためのものでもないと、彼は言う。立派な講演ができるのは、彼がその間ずっとセルフモニタリングをして、聴衆が楽しんでいるか、または退屈しているかを見きわめ、必要に応じて話の内容を調整しているおかげでもあるのだ。

偽外向型でいることの害

では、演技するスキルや会話の微妙なニュアンスに気づく注意力を習得することができ、セルフモニタリングに必要な社会的常識に自分を合わせることができるとして、そもそもそうするべきだろうか？　自由特性理論の戦略はうまく使えば効果的だが、やりすぎれば悲惨だというのが、その問いに対する答えだ。

先日のことだが、私はハーバード大学ロースクールでのパネル討論会に参加した。ロースクールに女性が入学できるようになってから五五周年を記念したイベントの一環だった。全国から卒業生が集まった。討論のテーマは「もうひとつの声で――力強い自己呈示のための戦略」というものだった。スピーカーは四人。法廷弁護士、判事、弁論術の教育者、そして私という顔ぶれだ。私は自分の発言を慎重に準備した。果たすべき役割がわかっていたからだ。

弁論術の教育者がまず口火を切って、相手を脱帽させるにはどのように話せばいいかを語った。判事は韓国系アメリカ人で、自分は外向的で積極的な性格なので、アジア人はみんな物静かで勤勉だと思われていることに非常にストレスを感じると話した。小柄で驚くほど攻撃的な金髪の法廷弁護士は、激しい反対尋問をして判事に制止された体験談を披露した。

発言の順番が回ってきたので、私は、相手を脱帽させない、まったく積極的でない、舌鋒鋭く尋問をしない女性たち向けの話をした。交渉する能力は生まれつきのものではなく、テーブルに拳を叩きつけながら話す人たちだけが持っているものでもないと話したのだ。誰でもすぐれた交渉者になれるし、それどころか、物静かで丁寧な態度をとることや、しゃべるよりも耳を傾けること、衝突よりも調和を求める本能を備えていることは、結局のところ帳尻をプラスにする。そういうスタイルをとれば、相手の自我に火をつけることなく、有利な立場を得られる。そして、耳を傾けることで、交渉相手が本当に求めていることを理解し、両者が満足する創造的な解決方法に達することができるとも話した。

さらに、自分が自信に満ちて落ち着いた状態にあるときの表情やボディランゲージをよく観察しておいて、脅威を感じるような状態に陥ったときには、それを思い出して真似してみると平静さを取り戻せるという、ちょっとした心理学的トリックなども紹介した。研究によれば、笑みを浮かべるというような単純でささいな行動が心を勇気づけてくれ、逆に、顔をしかめれば気分がいっそう悪くなるそうだ。

パネリストたちの発言が終わり、質疑応答がはじまると、当然ながら私のところへやってきたのは内向型と偽外向型の人だった。そのうちの二人の女性が強く印象に残った。

ひとりはアリソンという名前の法廷弁護士だ。アリソンは痩せ型で身だしなみをきちんと整えていたが、顔色が青白くやつれて、あまり幸福そうに見えなかった。彼女は一〇年ほどある企業法専門の弁護士事務所で訴訟を担当していた。そして、今度は法律顧問として転職しようと考え、数社に応募していた。それが進むべき道だと思えたからなのだが、本心では気が進まないようだった。そして、まだどの会社からもオファーを受けていなかった。申し分のない経歴や実力からして最終面接までは行くのだが、どうしてもそこで落ちてしまうと彼女は説明した。彼女にはその理由がわかっていたし、転職を斡旋《あっせん》するヘッドハンターも同意見だった。性格がその仕事に向いていないのだ。内向型を自認するアリソンは、そのことで苦しんでいた。

もうひとりはジリアンという名前で、環境保護組織で責任ある地位にあり、自分の仕事を愛していた。ジリアンはいかにも親切で、快活で、現実的な印象だった。自分が関心を寄せている問題に関する調査や論文執筆に大半の労力をそそぐことができて幸運だと、彼女は話していた。だが、時には会議に参加してプレゼンテーションをしなければならないこともある。会議に出ること自体には満足を感じられるものの、出席者の視線を一身に浴びるのが苦痛なので、恐怖心を克服して平静でいるにはどうしたらいいかと、助言を求めてきた。

さて、アリソンとジリアンの違いはなんだろう？　二人とも偽外向型だが、読者のみなさんは、ジリアンは成功しているが、アリソンは努力の甲斐なく失敗していると思われるかもしれない。だが、本当のところ、アリソンの問題は自分が大切に思っていない仕事のために性格にそむいて行動している点にある。彼女は法律を愛していないのだ。ウォール街の弁護士になるのが法律家としての王道だと考えたからその道を選んだのであって、彼女の偽外向性は、心の奥深くにある価値観に支えられていない。心から大切に思っている仕事を進めるために外向的にふるまっているのであって、この仕事が終われば本物の自分に戻ってゆっくりできる、そう自分に言い聞かせることもない。それどころか、心のうちで、自分ではない人間になることが成功への道だと言い聞かせていたのだ。これではセルフモニタリングではなく、自己否定だ。ジリアンが価値のある仕事のために一時的に違う方向を求めているのに対して、アリソンは自分のあり方が根本的に違うと信じているのだ。

結局のところ、自分のコア・パーソナル・プロジェクトを見つけるのは簡単とはかぎらない。とくに外向型の規範に順応して生きてきた内向型は、自分の好みを無視することが当たり前になってしまっていて、いざ自分の進むべき道や仕事を決めるとなると、非常に難しくなったりする。彼らはロースクールや看護大学や職場で、かつて中学校やサマーキャンプで感じたのと同じ違和感を抱くこともあるだろう。

じつを言えば、私もそんなひとりだった。私は企業法務の仕事を楽しんでいたし、自分は生まれついての弁護士なのだと信じた時期もあった。というか、そう信じたかった。なぜなら、ロースクールや実地研修でそれなりの時間を費やしたし、ウォール街での仕事は魅力的だったからだ。同僚はおしなべて知的で、親切で、思慮深かった。収入もいい。オフィスは自由の女神像が見える高層ビルの四二階だった。すばらしい環境のもと、前途は洋々と開けているように思えた。そして、私は弁護士の思考プロセスの根幹とも言える「しかし……」や「もし……ならば」という問いを投げかけるのが得意だった。

法律が自分の天職ではないと理解するのに、一〇年近くもかかった。今の私は、自分にとってなにが一番大切かを躊躇なく答えられる。夫と息子たち、書くこと、この本を価値あるものに高めることだ。これを悟ってしまったら、私は変わらずにはいられなかった。今にして思えば、ウォール街の弁護士としての暮らしは、まるで異国での生活のように思える。とても興味深く、わくわくさせられ、あの仕事をしていなければ出会うこともなかっただろう数多くの魅力的な人々に出会えた。だが、私はつねに異邦人だった。こうして自分が長い時間をかけて違う道を選択し、他の人々が自分の方向を探る相談を受けてきたおかげで、自分のコア・パーソナル・プロジェクトを見つけるための三つの重要なステップがあることに気づいた。

第一に、子供の頃に大好きだったことを思い返してみる。大きくなったらなにになりたいかと尋ねられて、あなたはなんと答えていただろうか。その答えそのものは、もしかしたらやや的外れかもしれないが、その根底にあるものはそうではない。もし、消防士になりたかったとしたら、消防士とはあなたにとってどんな意味を持っていたのだろう？　人々を救う善人？　命知らずのヒーロー？　それとも、たんに大きな消防車を操縦してみたかったのか。もし、ダンサーになりたかったのだとしたら、それはきれいなコスチュームを身につけたかったからか、喝采を浴びたかったからか、それとも目にもとまらぬスピードでくるくる回るのが楽しそうだったからなのか。自分が本当はどんな人間なのか、昔のあなたは今のあなたよりもよく知っているかもしれない。

第二に、自分がどんな仕事に興味を持っているかを考えてみよう。弁護士事務所にいた当時、私は企業法務の仕事を与えられた以上にやろうとは思わず、女性のリーダーシップに関連した非営利組織のために頻繁にただ働きをしていた。また、企業内の若手の教育・育成のための委員会に所属していた。この本の読者のみなさんならおわかりだろうが、私は委員を引き受けるようなタイプではない。けれど、委員会の目的に賛同したので手助けしたいと思ったのだ。

最後に、自分がなにをうらやましいと感じるか注意してみよう。嫉妬や羨望はある意味で醜い感情だが、じつは真実を語っている。人間はたいていの場合、自分が望んでいるものを持っている人をうらやむ。ロースクール時代の友人たちと数人で集まって、同級生の卒業後の進路について話した後、私は自分がなにをうらやんでいるかを知った。友人たちは最高裁の法廷で論戦している人たちのことを羨望を込めて話した。ひらたく言えば嫉妬していた。そのとき、私はそんな彼らを批判的に見ていた。あなたたちも頑張ればいいじゃない！　そう思いながら、嫉妬を感じない自分は寛大なのだと思っていた。だが、よくよく考えてみると、私が嫉妬を感じないのは、最高裁で論戦することに憧れていないし、それどころか弁護士としてのどんな仕事にもそういう熱い気持ちを抱いていないからだったのだ。では、いったい誰をうらやましいと思うかと自分に問いかけたところ、たちまち答えが返ってきた。作家や心理学者になった大学時代の友人たちだ。そして今、私はその道を進もうとしている。

自分と「自由特性協定」を結ぶ

だが、たとえコア・パーソナル・プロジェクトのための努力とはいえ、自分の性格にそむいて行動するには限界があるし、あまり長期間は続かない。極端な内向型のリトルが講演の合間にトイレにこもった話を覚えているだろうか。矛盾しているように思えるが、あのエピソードからしても、自分の性格にそむいて行動する最大の秘訣は、できるかぎり本当の自分のままでいることだ――日常生活において、「回復のための場所」をできるだけたくさんつくることからはじめるのだ。

「回復のための場所」というのはリトル教授の造語で、本当の自己に戻りたいときに行く場所のことだ。たとえば、リシュリュー川の小道のような具体的な場所であったり、セールス電話の合間の短い休憩のような、つかの間の時間であったりする。仕事上の重要な会合を控えて週末の社交の外出をやめるとか、ヨガや瞑想にふけるとか、直接会うかわりにメールで用件を済ませるといったことでもいい（家族や友人のためにいつも時間を空けておくのが唯一の仕事だったヴィクトリア時代の女性たちでさえ、毎日午後になると休息をとったのだから）。

幸運にも自分のオフィスがあるのなら、会議の合間にオフィスの扉を閉めて、そこを回復のための場所にしてもいい。たとえ会議の最中でも、座る場所や発言内容について慎重に配慮すれば、そこが回復のための場所になる場合もある。クリントン政権の財務長官として手腕を発揮したロバート・ルービンは『ルービン回顧録』(古賀林幸・鈴木淑美訳)のなかで、「オーヴァルオフィスと呼ばれる大統領執務室では、私はいつも中央ではなく隅のほうの席に座った。たとえ少しだけでも離れて座っていることで気分が軽く感じられたし、部屋全体を見渡して、少しでも客観的に話せた。無視されるのではないかという心配はしなかった。たとえ遠くに座っていようが立っていようが、『大統領、私はこう考えます』と声を出せばいいのだから」と書いている。

就職するときに、休暇や保険の条件と同じように、回復するための場所の有無を確かめることができれば、労働環境はずいぶん改善されるだろう。内向型の人々は、自分にこんな具合に問いかけるべきだ。この仕事は、読んだり戦略を練ったり書いたり調査したりといった、自分に適した行動ができるだろうか? 仕事のための個人の空間を持てるだろうか、それともオープンオフィスでずっと過ごさなければならないのか? 仕事場で回復のための場所を得られないのなら、夜や週末にそのための自由時間を十分にとれるだろうか?

外向型の人々もまた、回復のための場所を求めるだろう。この仕事は話したり旅行したり初対面の人に会ったりするのだろうか? オフィスは刺激的な空間だろうか? もし仕事が自分に完璧に合ったものでないのなら、就業後にストレスを発散する時間をとれるような柔軟な勤務体系だろうか? 仕事の内容についてじっくり考えよう。私がインタビューした非常に外向的なある女性は、子育て関連のウェブサイトの「コミュニティオーガナイザー」の職に就いたと喜んでいたが、いざ勤務しはじめると、毎日午前九時から午後五時までパソコンの前に座っている仕事だった。

なかには、思いもよらないところに回復のための場所を見出す人もいる。かつての同僚だった法廷弁護士の女性は、調査を重ねて訴訟のための準備書面を書くという極めて孤独な仕事をしている。たいていの場合、書面で決着がつくので、ごくたまに出廷して偽外向型の仮面をかぶることを彼女はとても楽しんでいる。また、ある内向型の秘書の女性は、職場での経験を生かして、自宅でインターネットを使って「仮想秘書《ヴァーチャル》」サービスのノウハウを提供している。そして、つぎの章で紹介する有能なセールスマンは、内向的な自己に正直にふるまうことによって、会社の売り上げ新記録を毎年更新している。三人とも、意図的に外向的な場所を選んで、大部分の時間を別の性格を演じて過ごせるようにその場所のイメージをつくりかえ、働く日々を回復のための場所にしているのだ。

回復のための場所を見つけるのは、簡単とはかぎらない。土曜日の夜、あなたは暖炉のそばでゆっくり読書していたいのに、配偶者が大勢の仲間と食事に行きたいとしたら、どうすればいいのだろう？　電話セールスの合間にはひとりで自室に閉じこもりたいのに、会社が職場をオープンオフィスに改装したら、どうすればいい？　もしあなたが自由特性を実践しようとすれば、家族や友人や同僚の助けが必要だ。リトルはそれを「自由特性協定」を結ぶことと呼んでいる。

これが自由特性理論の最後のピースだ。自由特性協定とは、私たちはみな、自分の性格にそむいて演技することがあるが、そのかわりに、残りの時間は自分自身でいられるということだ。具体的な例をあげれば、毎週土曜日の夜に外出して楽しみたい妻と、暖炉のそばでゆっくりしたい夫がスケジュールを相談することだ。たとえば二回に一回は外出、半分は家にいようという具合に。親友の結婚祝いパーティや結婚記念日には出かけるけれど、結婚式の前に三日間も続く仲間の集まりは欠席しようというのも、自由特性協定だ。

友人や恋人など、あなたが楽しませたいと願い、本当のあなたを愛してくれる人々とは、たいていの場合、自由特性協定について交渉することが可能だ。だが、職場では、まだこういう考え方は一般的ではないので、ちょっと難しいかもしれない。そこで、間接的なやり方を試してみよう。キャリアカウンセラーのショーヤ・ジチーが、ある内向的な金融アナリストの話を教えてくれた。彼女は四六時中、入れ替わり立ち替わりやってくる顧客や同僚と話をしなければならない環境で働いていた。そのせいですっかり消耗して、転職しようと決めたのだが、相談を受けたジチーは休息時間をもらえるように交渉したらどうかと勧めた。

だが、勤め先はウォール街の銀行で、極端に内向的な人間がなにを求めているかを率直に話せるような職場ではなかった。そこで、彼女はどう話を切りだすか慎重に考えた。そして、戦略アナリストという職務の性質上、ひとりで集中して考える時間が必要だと上司に訴えた。いったんその訴えが通ると、あとは簡単だった。一週間に二日は自宅勤務にしたいという願いを、上司は聞き入れてくれたそうだ。

だが、自由特性協定を結ぶべき、もっとも大切な相手は、じつは自分自身だ。

あなたが独身だとしよう。バーへ出かけるのは好きではない。だが、長い夜を一緒に楽しく過ごすパートナーや少人数の友人は欲しい。その目的を達成するために、あなたは自分自身と協定を結んで、社交イベントへ出かけることにする。なぜなら、それがパートナーに出会う唯一の方法だし、長い目で見れば集まりへ出かける回数を減らすことができるからだ。けれど、イベントのために外出する回数は、負担を感じない範囲内に抑えなければならない。前もって、一週間に一度とか、一ヵ月に一度とか、三ヵ月に一度とか決めておくのだ。そして、その回数をこなしたら、残りの時間は心おきなく家にいられる。

あるいは、あなたは配偶者や子供と過ごす時間を今より多くとるために、小さな会社を興したいと夢見ているかもしれない。それにしても、ある程度のネットワーキングは必要になるだろうから、自分自身と自由特性協定を結ぶ必要がある。一週間に一度は打ち合わせに出かけるのだ。そのたびごとに、あなたは少なくとも一度は心からの会話をして（なぜならあなたにとっては「部屋いっぱいの人を相手にする」よりも簡単だから）、翌日にはその相手にフォローアップする。それさえしておけば、家へ帰って、他のネットワーキングの機会を断っても罪悪感を持たないでいられる。

自分の回復のための場所を確保する

自分自身と自由特性協定を結ばないとどうなるか、リトルはよく知っている。リシュリュー川沿いの小道やトイレはさておき、かつての彼は内向型と外向型の両方の要素を持つ、莫大なエネルギーを消費する生活をしていた。外向型としては、講義、学生との面談、学生たちのグループ討論の指導、推薦状書きと、まさに八面六臂《はちめんろっぴ》の活躍だった。しかも、内向型としては、それらの仕事に対してひどく真剣に取り組んでいたのだ。

「考えてみれば、私は外向型のような行動をとってはいたが、もちろん本物の外向型ならばもっと手際よく片づけていたろう。あれほど心を砕《くだ》いて推薦状を書かなかったろうし、講義の準備にもあまり時間を割《さ》かなかったろうし、社交の場で神経をすり減らすこともなかったろう」と彼は述懐する。さらに彼は、「評判による混乱」と彼自身が呼ぶものにも悩まされていた。これは、彼があまりにも有名になって、評判が一人歩きしてしまったために引き起こされた問題だ。仮面《ペルソナ》のほうが世間で有名になったがために、それに合わせなければならないという義務感が生じてしまうのだ。

当然ながら、リトルは精神的にも肉体的にもひどく消耗するようになった。それでも彼は気にかけなかった。学生たちを、学問を、そしてすべてを愛していた。ところが、忙しい日々が続いたあげく、両側性肺炎と診断された。体調を心配した妻がいやがる彼を病院へ連れていったのは、まさに正解だった。もう少し遅かったら死んでいただろうと、医師は言った。

もちろん、両側性肺炎や忙しすぎる生活は誰にでもありうることだけれど、リトルの場合はあまりにも長期間にわたって、十分な回復のための場所なしに自分の性格に反して演技をしていたせいだろう。自分の手に負えないほどたくさんのことをあまりにも律儀に処理しようとすると、楽しく感じられるはずのことさえ興味を失ってしまう。健康を危険にさらすことにもなる。自分の感情をコントロールしようとする「感情的な労働」はストレスや燃え尽きをもたらし、循環器系の病気になる確率を高くしかねない身体症状さえもたらす。長期間にわたって自分の性格に反して行動したことは、自律神経系の活動を亢進《こうしん》させ、結果として免疫機能の働きを弱めたと、リトル教授は信じている。

ある注目すべき研究によれば、抑圧された否定的な感情は時間が経過してから思いがけない形で漏れだすことがある。心理学者のジュディス・グロブは、被験者たちに胸が悪くなるような写真を見せて、感情を抑えさせるという実験をした。被験者たちが口をへの字に歪《ゆが》めるのを防ぐために、あらかじめ鉛筆をくわえさせた。その結果、被験者たちは、自然に反応を示した対照グループよりも、写真に対して抱いた悪感情が小さかった。ところが、時間が経過してから、そうして感情を覆い隠した人々に副反応が生じた。記憶には残っていなくても、覆い隠した悪感情の影響が表れたのだ。たとえば、gr_ssという文字列の空いている部分を埋めさせると、grass（草地）ではなくgross（ひどい）と答える人が多かった。「否定的な感情の抑圧が習慣になっている人は、世の中をより否定的な視点で見るようになるのかもしれない」とグロブは結論づけている。

リトルは心身を回復させるために、大学を辞して、妻とともにカナダの田舎にある家で暮らすようになった。カールトン大学公共政策・経営学院の責任者である妻のスー・フィリップスは、自由特性協定を必要としない二人の生活を心から楽しんでいるそうだ。だが、リトルが自分自身と結んだ自由特性協定は、彼が「必要以上に没頭しないかぎりは」学者として、専門家としての人生を全うすることを許している。

そこで、彼は自宅へ戻っては、妻のスーと暖炉のそばでくつろぐのだ。

10章 コミュニケーション・ギャップ

逆のタイプの人とのつきあい方

二つの性格の出会いは二つの化学物質が接触するようなものだ。そこで反応が生じれば、双方が変化する。

——カール・ユング

内向型と外向型がつきあうには

もし、内向型と外向型の気質が南極と北極のように両極端に位置しているとしたら、いったいどうすればうまくやっていけるのだろうか。とはいえ、この二つのタイプは、友人関係でもビジネスでも、そしてとりわけロマンスで、惹かれ合うことが多い。内向型と外向型の組み合わせは、たがいに刺激を楽しみ、賞賛し合い、両方が合わさって完璧になるという感覚を持つ。聞き手と話し手。美に対しても暴虐な運命の矢玉に対しても敏感な者と、陽気に酒を飲んで暮らす者。支払いをする者と、子供たちのお遊び会を計画する者。そういう組み合わせなのだ。ただし、たがいが逆方向へ進もうとすると、問題が生じることになる。

グレッグとエミリーは深く愛し合いながらも、強い怒りを感じることもある、典型的な外向型と内向型のカップルだ。三〇代になったばかりのグレッグは、弾むような足取りで歩き、濃い茶色の髪はいつも乱れて額にかかり、よく笑う。たいていの人は彼を社交的な人だと表現するだろう。二七歳のエミリーは理知的で、開けっぴろげなグレッグとは正反対に控えめだ。やさしい口調で話す彼女はとび色の髪をシニョンに結って、伏し目がちに人を見ていることが多い。

グレッグとエミリーはみごとに相手を補っている。グレッグがいなければ、きっとエミリーは職場への行き来以外家から一歩も出ないだろう。そして、エミリーがいなければ、きっとグレッグは孤独だと感じるだろう――社交的な性格なのに矛盾しているように思えるかもしれないけれど。

二人が出会うまで、グレッグは外向型の女性とばかりつきあっていた。楽しい関係だったが、彼女たちはいつも「グループで出かける計画をしていた」ので、相手のことを深く知ることはなかったとグレッグは言う。エミリーとは心の底で触れ合えると、彼はしみじみと語った。そして、彼女は自分にとって船の「錨」のような存在だと表現した。

エミリーはといえば、グレッグの元気溢れる性質を高く評価している。幸福で生き生きした気分にしてくれるというのだ。彼女は昔から外向型の人に魅力を感じていた。「会話をすべて引き受けてくれ、彼らにとってはそれがなんでもないこと」だからだ。

五年間のつきあいのなかで、二人の喧嘩の種は基本的にはいつも同じことだ。音楽プロモーターのグレッグは友人がたくさんいて、毎週金曜日に自宅へ彼らを招いて一緒に食事するのを楽しみにしている。パスタにワインの気のおけない集まりだ。金曜の夜のディナーパーティは、彼にとっては大学四年生のときから続けている習慣で、一週間のハイライトであり、彼のアイデンティティの一部とさえ言えるほどだ。

その毎週のイベントが、エミリーにとっては大変な苦痛なのだ。美術館の法務担当として忙しく働く彼女は人づきあいが苦手で、家へ帰ってまで客をもてなすなんてとんでもないと感じている。週末のはじまりである金曜日の夜は、グレッグと二人で映画でも観てゆっくり過ごしたいというのが本音だ。

グレッグは年に五二回のディナーパーティを望み、エミリーは一回もやりたくない。この溝はけっして埋まらないように思える。

グレッグはエミリーがもっと努力するべきだと主張し、彼女を反社会的だと責める。「私は社会的よ。あなたも家族も親しい友人たちのことも愛している。ただディナーパーティがいやなだけ。ああいうパーティは誰もが社交的にふるまっているだけで、本心を話したりはしない。私があなたにだけエネルギーをそそぐのは、あなたにとって幸運なことなのよ。あなたは周囲のみんなにエネルギーを振りまいているけれど」と彼女は反論する。

だが、エミリーはすぐに引きさがってしまう。諍《いさか》いがいやだからでもあるが、自分に自信がないからでもある。もしかしたら私は反社会的なのかもしれないと思うのだ。もしかしたら私が間違っているのかもしれない、と。グレッグとこのことで言い合いになるといつも、彼女の心は子供時代の思い出で一杯になる。しっかり者の妹と違って、彼女にとって学校は苦しい場所だった。家にいたいのにどこかへ行こうと誰かに誘われると、ノーと答えるのに散々苦労した。友人はたくさんいた——友情を育む才能には恵まれていた——が、グループで旅行したことは一度もなかった。

エミリーは妥協案を提示した。彼女が妹に会いに出かける週末に、グレッグだけでディナーパーティを開いたらどうかと。だが、グレッグはひとりでホスト役をつとめたくなかった。愛するエミリーと一緒にいたいし、友人たちもみんなエミリーが大好きなのだ。なのに、なぜエミリーは隠れようとするのか。

エミリーの提案はグレッグを怒らせるだけだった。エミリーなしの週末は、彼にとってはスーパーマンの超能力を無力化する物質クリプトナイトのようなものだ。彼は一緒に冒険を楽しむような結婚生活を求めていた。すべての中心にいるようなカップルでありたかった。そして、自分自身では認識していなかったが、彼にとっての結婚とはひとりにならないことを意味していた。それなのに、エミリーは彼女抜きで社交をしてくれと言う。彼は彼女が結婚の誓約の基本的な部分を撤回しているように感じられるのだ。そして、自分の妻はどうかしているとしか思えないのだ。

内向型が反社会的であるという誤解

私はどうかしている？　エミリーがそう自問するのも、グレッグが彼女を責めるのも、驚くべきことではない。おそらく、性格タイプに関するもっともよくある――そして有害な――誤解は、内向型は反社会的で外向型は向社会的だという考えだろう。ここまで見てきたように、この公式はまったくの誤りだ。内向型と外向型は違う形で社会的なのだ。心理学用語の「親密欲求」は内向型にも外向型にもある。じつのところ、著名な心理学者デヴィッド・バスによれば、親密性を重要視する人は、「声高で、社交性に富んだ、パーティの盛りあげ役の外向型」であるとはかぎらない。むしろ、かぎられた親しい友人を持ち、「にぎやかなパーティよりも心のこもった意義のある会話」を好む人々であることが多い。つまり、エミリーのような人物だ。

逆に、外向型は人づきあいに必ずしも親密さを求めない。「将軍が指揮権をふるうために兵士を必要とするように、外向型は自分の影響力を発揮するために人が集まる場を求める。外向型がパーティに現れると、居合わせた誰もが彼らの存在を知る」と、心理学者のウィリアム・グラツィアーノは語った。

言い換えれば、外向性の度合いはあなたの友人の数を左右するが、友情の質は左右しない。心理学者のイェンス・アスペンドルフとスーザンヌ・ヴィルパースは、ベルリンのフンボルト大学の学生一三二人を対象にした実験で、彼らの性格特性が仲間や家族との関係にどんな影響を与えているかを探ろうとした。アスペンドルフらは、「外向性・内向性」「調和性」「開放性」「勤勉性」「神経症傾向」の五つからなる主要五因子性格モデルと呼ばれるものに注目した（数多くの性格心理学者が、人間の性格はこの五つの因子の組み合わせで要約できると考えている）。

アスペンドルフとヴィルパースは、外向型の学生は新しい友人関係になじみやすいと予測し、実際にそのとおりだった。だが、もし外向型が向社会的で内向型が反社会的なのだとしたら、もっとも調和的な友人関係を育むのはもっとも外向的な学生のはずだ。だが、これはまったくあてはまらなかった。実際には、友人関係でもっとも衝突が少ないのは、調和性が高得点の学生だった。調和的な人は温かく、協力的で愛情深い。性格心理学者たちは、彼らをパソコン画面の前に座らせると、「誘拐する」「攻撃する」「悩ます」といった言葉よりも「親切」「慰め」「助力」といった言葉により長時間集中することを発見した。内向型と外向型の調和性は同程度だった。このことは、外向型の一部が人づきあいの刺激を好むものの、とくに親しい関係を築かないことを説明している。

そして、一部の内向型が――たとえば友達づきあいが得意なエミリーは調和性が高いタイプだと考えられる――親しい友人や家族には関心をそそぐが、たわいない世間話を嫌う理由もまた説明できる。つまり、グレッグがエミリーに「反社会的」とレッテルを貼ったのは間違いだ。エミリーはグレッグを社交生活の中心において、内向型ならではのやり方で結婚生活を大切にしているのだ。

ただし、それがあてはまらないときもある。エミリーは大変な仕事を抱えているので、帰宅して夜になるともうエネルギーは残り少なくなっている。グレッグと一緒にいるのはうれしいが、食事に出かけたり元気に会話をしたりするよりは、おとなしく並んで座っていたいときがある。ただ一緒にいられるだけで十分なのだ。それはエミリーにとってはごく自然だが、グレッグは彼女が同僚のために努力するのに自分のためにはそうしてくれないと感じて、傷ついてしまう。

このような関係は、私がインタビューした内向型と外向型のカップルでは驚くほどたくさんいた。内向型は休息時間を求め、外向型は他人が自分のパートナーの「最高の」自己から恩恵を受けているように感じて、いまいましく感じるのだ。

外向型にとって、忙しい一日の終わりに内向型が充電の必要をどれほど切実に感じているかを理解するのは難しい。パートナーが眠る暇もないほど忙しく働いていれば、帰宅して口がきけないほど疲れているのはもっともだと理解できるが、社会的な刺激に耐えられないせいでそんな状態になると認識するのは困難なのだ。

また、内向型にとっては、自分の沈黙が人をひどく傷つけることがあると理解するのが難しい。サラという名前の元気で活動的な外向型の高校教師から、こんな話を聞いた。サラの夫ボブはロースクールの学長で内向型、昼間は寄付金集めに忙しく、消耗しきって帰宅する。結婚生活が孤独に感じられてたまらないと、サラは涙ながらに訴えた。

「仕事となると、夫はとても愛想がいいんです。会った人はみんな、彼は楽しい人だ、彼と結婚して幸せねとおっしゃいます。そう言われると、相手の喉を絞めあげたくなります。毎晩、食事が終わったとたんに、夫はキッチンを片づけます。それが終わると、ひとりで新聞を読んでから、写真の整理。九時頃になると、寝室へ入って、私と一緒にテレビを観たがります。でも、そんなときでさえ、本当に一緒ではないんです。彼の肩に頭をもたせかけて、黙ったままテレビを観ていろと言うんですよ。まるで子供どうしが近くで別々に遊んでいるみたいな感じです」と彼女は訴えた。

ボブとサラのように男性が内向型で女性が外向型という組み合わせだと、性別による人格の違いだと思われているようだ。「火星人」は洞窟に引きこもる必要があるのに対して「金星人」は触れ合いを求めるのだから仕方がない、と片づけられてしまいがちだ。だが、二人の溝が性別の違いにせよ気質の違いにせよ、重要なのはそれをなんとかして乗り越えることだ。オバマ大統領は著書『合衆国再生』（棚橋志行訳）で、ミシェル夫人と結婚して間もない当時、最初の本の執筆をしていて、「夜になるとよく、線路沿いのアパートの奥の自室にこもっていた。私はそれが当然だと思っていたが、今思えばミシェルには寂しい思いをさせたたろう」と回想している。そんな生活スタイルを、彼は執筆のための必要性とほぼ一人っ子として育った環境のせいだと考えていたが、長年の結婚生活のあいだに、彼とミシェルはたがいが求めているものを満たすにはどうすればいいかを知り、たがいを尊重することを学んだそうだ。

内向型と外向型の敬意の示し方は異なる

内向型にとっても外向型にとっても、問題解決の方法の違いを理解することもまた難しい。法律家のセリアは私の顧客のひとりで、いつも身だしなみには非の打ちどころがない。セリアは離婚を望んでいたのだが、それを夫に言いだすのを恐れていた。離婚にはもっともな理由があるとはいえ、夫に懇願されたらきっと心がくじけてしまうと心配していたのだ。なによりも、思いやりのあるやり方で話を切りだしたいと願っていた。

そこで、私が夫の役を演じて話の切りだし方を練習することになった。

「この結婚を終わりにしたいの。今度こそ、気が変わったりしないわ」セリアが言った。

「なんとか修復しようと手を尽くしてきたじゃないか。なんでそんなひどいことができるんだい？」私が懇願した。

セリアはしばらく考えた。

「長いあいだ考えてきたけれど、こうするのが一番だと心に決めたのよ」セリアの口調はひどく硬かった。

「どうすれば、きみの心を変えられる？」私は尋ねた。

「それはできないわ」セリアはにべもなく答えた。

そう言われた夫がどんな気持ちになるか想像して、私は唖然とした。セリアの物言いはあまりにも紋切り型で、感情がまるで感じられない。一一年間も連れ添った夫と別れようとしているのに！　彼女には思いやりというものがないのだろうか？

もう一度、今度は感情を込めて話しかけてほしいと、私は彼女に言ってみた。

「できないわ。できないのよ」セリアはいやがった。

それでも、もう一度やってみた。「この結婚を終わらせたいの」セリアは悲しみで喉を詰まらせながら言った。そして、どっと泣きだした。

セリアの問題点は感情が欠けていることではない。コントロールを失わずに感情を表現することができないのだ。セリアはティッシュで涙を拭いて、すばやく体勢を立て直すと、感情を見せないてきぱきした法律家モードに戻った。まるで彼女は二つのギアを持っているかのようだ——感情を溢れさせるギアと、超然とした冷静沈着さのギアと。

ここでセリアの話をするのは、多くの点で彼女が、私が話を聞いたエミリーたち内向型の人々とよく似ているからだ。エミリーは夫のグレッグに離婚ではなくディナーパーティの話をしたのだが、コミュニケーション・スタイルに関してはセリアと同じだ。グレッグと意見の相違があるとき、エミリーの声は静かで平坦になり、態度はやや距離を置いた感じになる。エミリーは攻撃性を最小限にしようとしているのだが——怒るのは気分がよくないから——まるでその話はしたくないという態度に見える。その一方で、グレッグはまったく逆で、問題を解決しようと熱心になるにつれ、声は高くなり、好戦的に響く。エミリーが尻込みして、傷つき、後ずさりするように見えるほど、グレッグの怒りが増す。グレッグが怒るほどに、エミリーは傷ついて、気分が悪くなり、ますます殻に閉じこもる。たちまち二人は逃れられない悪循環に陥ってしまうが、それはひとつには両者が適切なやり方で議論していると信じ込んでいるからだ。

性格と紛争解決スタイルの関係に詳しい人ならば、この展開に驚かないだろう。男女では紛争を解決する方法が違うように、内向型と外向型とでも違うのだ。研究によれば、前者は衝突を回避しようとつとめ、後者は自分の立場を主張して対決をいとわない「対決型対処者」だ。

両者のアプローチが正反対なので、当然ながら軋轢《あつれき》が生じる。もしエミリーが衝突をあまり嫌わなければ、グレッグの対決的なアプローチに対してそれほど強く反応しないかもしれない。もしグレッグがもっと思いやりを持てば、臭いものに蓋をしようとするエミリーのやり方を評価できるかもしれない。紛争を解決するスタイルをたがいに理解できれば、意見の不一致はたがいの視点を主張し合う機会にもなるかもしれない。だが、エミリーとグレッグの場合はそううまくはいかない。

こうして闘っているあいだ、二人のたがいに対する好意は減少しているのだろうか？　この問いに対する答えはイエスだろうと、心理学者のウィリアム・グラツィアーノの研究が示唆している。グラツィアーノは男子学生六一人をチームに分けて、フットボールの偽試合をやらせた。被験者の半数は協力的な試合に割りあてられ、「フットボールで勝つにはチーム全員が協力しなければならないから、フットボールは役に立つ」と教えられた。残りの半数は、勝つこと自体が大事だとする試合に割りあてられた。その後、学生たちはひとりずつスライドを見せられ、チームメイトや他のチームの学生について嘘の情報を教えられ、彼らについてどう感じているか評価するように指示された。

その結果、内向型と外向型との違いは注目すべきものだった。協力的なゲームに割りあてられた内向型は、チームメイトだけでなく対戦相手のメンバーも含めてすべてのプレーヤーに対して、競争的なゲームに割りあてられた内向型よりもよい評価を与えた。外向型は正反対の結果だった。競争的なゲームに割りあてられた者のほうが、すべてのプレーヤーに対してよい評価を与えたのだ。この発見は非常に重要な点を示唆している。内向型は友好的な状況で出会った人を好み、外向型は競争的な状況で出会った人を好むのだ。

まったく違う、リハビリ中の脳卒中患者とロボットに関する研究でも同様の結果が出ている。内向型の患者は、やさしい口調で「大変ですね。でも、これはあなたのためなんです」「よくできました。その調子ですよ」と話しかけるロボットに対して反応がよく、長時間リハビリに励む。それに対して、外向型は「その気になれば、もっとできる！」「集中して！」などと、より攻撃的に鼓舞する言葉を使うロボットに対して反応がいい。

この発見は、グレッグとエミリーが興味深い問題に直面することを示している。もしグレッグが押しの強い競争的にふるまう人を好み、エミリーが保護的で協力的にふるまう人を好むとしたら、彼らはディナーパーティの件でどうやってたがいに妥協できるのだろうか——しかも、愛情を損なわないやり方で。

好奇心をそそる答えが、ミシガン大学ビジネススクールの研究からあきらかになっている。研究対象は違う性格型の夫婦ではなく、アジア人とイスラエル人という文化が違う人々だ。被験者は香港とイスラエル出身のビジネススクールの学生七六人。数ヵ月後に結婚を控えて、披露宴のことについてケータリング業者と最終的な相談をするという設定で、業者が説明するビデオを見せられた。

一部の被験者が見たビデオでは業者は親しげな笑顔で、他の被験者が見たビデオでは業者は腹立たしげにきつい調子で説明するが、話している内容はいずれも同じだ。当日に披露宴をやりたいというカップルがもう一組いて、料金が高くなったが、依頼するかどうか、というのが要旨だ。

香港出身の学生とイスラエル出身の学生は、まったく違う反応を示した。前者は敵対的な業者よりも友好的な業者からの提案を受ける確率が高かった。気難しい業者の提案を受けると答えたのはわずか一四%、笑顔の業者からの提案を受けると答えたのは七一%だった。だが、後者はどちらの業者からの提案も同じ確率で受け入れた。つまり、アジア人は交渉の際に内容だけでなくスタイルも配慮したが、イスラエル人は与えられた情報だけをもとに判断したということになる。交渉相手が友好的だろうと攻撃的だろうと影響を与えないのだ。

このはっきりした違いは、二つの文化における敬意の定義と関連している。8章で述べたように、アジアの人々は衝突を最小化することで敬意を示す。だが、イスラエル人は「意見の相違を軽視のしるしとはみなさず、相手が関心を抱き、熱心に関わっている信号とみなす」のだと、研究者は言う。

グレッグとエミリーにも同じことが言えるだろう。喧嘩の最中にエミリーが声を小さくして及び腰になるのは、否定的な感情を見せまいとすることによって敬意を示しているのだ。だが、グレッグは彼女が話し合いから逃げようとしている、あるいはどうでもいいと思っているのだと考えてしまう。同じように、グレッグが怒りの感情をほとばしらせるとき、彼はエミリーも自分と同じように、それが深く結ばれた者どうしの健全で正直な感情表現だと思っていると考えている。だが、エミリーにとってそれは、グレッグが急に食ってかかってきたと思えるのだ。

それぞれの違いを認識する

キャロル・タヴリスは著書『怒り——誤解された感情』(*Anger : The Misunderstood Emotion*)のなかで、道行く人を咬むベンガル地方のコブラの話を語っている。ある日、ひとりのスワーミー(訳注 ヒンドゥー教の賢者)が、人を咬むのは悪いことだと諭した。コブラは二度とやらないと誓い、それを守った。しばらくすると、村の少年たちはコブラを恐れなくなり、いじめるようになった。散々やられて血だらけになったコブラは、誓いを守ったせいでこんなにひどい目に遭ったと賢者に文句を言った。

「たしかに、咬むなと言ったが、シューッと音を立てて威嚇するなとは言わなかった」と賢者が答えた。

「このコブラのように、多くの人がシューッと威嚇する音と咬むことを混同している」とタヴリスは書いている。

多くの人々――つまり、エミリーとグレッグもそうだ。二人ともコブラの話から学ぶところがあるだろう。グレッグは咬んではいけないと学び、エミリーは威嚇するのもされるのも許されると学ぶのだ。

グレッグは怒りに関する思い込みを変えるところからはじめるべきだろう。彼は私たちの大半と同じく、怒りを発散させれば鬱憤を晴らせると考えている。抑圧されて蓄積した怒りなどの感情は表に出すことで解消されるとする「カタルシス仮説」は、ギリシア時代に遡り、フロイトによって見直され、サンドバッグと原始の叫びで「すべてをさらけだす」一九六〇年代に勢いを得た。だが、カタルシス仮説は神話なのだ――もっともらしく思えるし、筋が通っているように見えるにもかかわらず。数多くの研究から、表に出しても怒りは静まらないと立証されている。それどころか、火に油をそそぐようなものだ。

怒らないでいれば、それが自分にとって一番いい。驚いたことに、神経科学の研究から、ボトックス注射をして怒った表情をつくれなくしてしまうと、実際に怒りにくくなることがわかっている。怒った顔になることが、扁桃体を刺激して否定的な感情を起こさせるからだ。さらに、怒りはその場でだけダメージを与えるのではない。いったん生じた怒りは、その後数日間も尾を引く。喧嘩のあとのセックスはすばらしいというのはよくある妄想で、多くのカップルはふたたび愛を感じるまでに時間がかかるのだ。

怒りが込みあげてきそうなとき、グレッグはどうすればいいのだろう？　大きく息を吸う。一〇分間ひとりで静かにしてみる。そして、自分を怒らせている原因は本当にそれほど重要なことなのかと考えてみるといい。もし重要でないとなれば、怒りを忘れられるかもしれない。だが、もし重要だとなれば、それを個人的な攻撃ではなく、中立的な話題に変換して切りだせばいいのだ。「きみは本当に反社会的だ！」ではなく、「おたがいが楽しめるような週末の過ごし方について話し合えるかな？」といった具合に。

この助言は、相手が繊細な内向型でなくても有効だろうが（威圧されたり軽視されたりするのは誰だっていやだから）、グレッグの妻はとくに怒りに圧倒されやすい女性だ。そこで、彼は妻が真っ向から議論を受けて立つタイプではなく、衝突を避けようとしているのだと意識して対応する必要がある。

さて、今度はエミリーがどうすべきかを考えてみよう。どうすれば、彼女はもっと違う対応ができるだろうか？　彼が理不尽に食ってかかってきたときは守りに回るとして、シューッと音で威嚇してきたときはどうだろう？　エミリーは相手の怒りに対して、罪の意識と防御のサイクルに陥るかもしれない。6章で述べたように、多くの内向型は幼い頃から強い罪悪感を抱きがちだ。そして、私たちはみな、自分の反応を他人に投影しがちだ。衝突を避けるエミリーは、自分はグレッグがよほどひどいことをしないかぎりは「食ってかかる」どころか威嚇することもしないので、彼にひどく食ってかかられると、自分が悪いのではと感じてしまう——いったいなにが原因かは誰にもわからないが。エミリーの罪悪感はあまりにも強いので、彼女はそれに耐えられず、グレッグの主張をすべて、怒りで増幅された部分だけでなく正当なものまでも、拒絶してしまいがちだ。

だから、エミリーは、間違っていてもいいのだということを受け入れる必要がある。最初のうちは状況を判断するのが難しいかもしれない。グレッグが激しい感情を込めて不平不満を訴えるせいで、見きわめるのが困難になるのだ。だが、彼の激しさに引きずられないようにしなければならない。グレッグが正当な訴えをしている場合には、彼のよきパートナーであるためにも、少しぐらい違反があっても問題ないと自分に教えるためにも、それをきちんと認めるべきなのだ。そうすれば、傷つかないで済むし、グレッグの訴えが正当でなければ反論できる。

反論できる？ だが、エミリーは闘うのが嫌いだ。

それはそれでいい。だが、彼女は自分なりに威嚇できるようになる必要がある。内向型は不協和をもたらすのには二の足を踏むだろうが、無抵抗のコブラのように、パートナーから一方的に辛辣《しんらつ》な言葉を浴びるのも望ましくない。さらには、反論しても、エミリーが恐れているようにやり返されないかもしれない。それどころか、グレッグが引きさがるかもしれない。なにもまくしたてる必要はない。「それは納得できないわ」と口にするだけでいい。

エミリーにしても、自分の怒りを解き放ちたいと感じることもあるだろう。グレッグにとって熱くなることはつながりを意味していることを思い出してほしい。フットボールの試合の実験で外向型のプレーヤーたちが手ごわい対戦相手に好意を抱いたように、もしエミリーがやる気満々で試合に臨もうとするようなふるまいをしたら、グレッグは彼女に親近感を抱くかもしれない。

グレッグの本心は見た目ほど攻撃的ではないと理解できれば、エミリーは彼のふるまいに耐えられないという気持ちに打ち勝つことができるだろう。私はとても激しい性格の妻を持つジョンという内向型の男性に話を聞いた。ジョンは二五年間の結婚生活でなにを学んだか教えてくれた。

ジェニファーはなにか文句を言うとなると半端じゃないんです。私がキッチンを片づけずに寝てしまうと、翌朝になって、「キッチンが汚いじゃない！」と大声でわめくんです。キッチンへ行ってみても、カップがいくつか残っているだけ。汚いと騒ぐほどじゃない。だけど、そんなときはいつも、とにかく大騒ぎなんですよ。これが、「もう少しちゃんと片づけてくれたら、褒めてあげられたのに」とかなんとか言ってくれれば、こっちだって「そうだね。ごめんよ、片づけるのが遅くなっちゃって」と答えられるのに。だけど、時速二〇〇マイルの貨物列車みたいな勢いで頭ごなしに言われるから、こっちも「うるさい」と返したくなる。そう言わないのは、結婚してもう二五年、ジェニファーはそんな口のきき方をしていても、私の命を危険にさらすつもりはないとわかっているからです。

では、激しい性格の妻とうまく折り合うためのジョンの秘訣はなんだろう？　彼は妻に彼女の言葉は容認できないと知らせるが、同時に彼女が本当はなにを言いたいかに耳を傾ける。「私は思いやりを持つように心がけています。彼女の口調は除外するんです。攻撃的なところは抜きにして、彼女がなにを言いたいのか知ろうと心がけます」と彼は言う。

そして、貨物列車並みの勢いでしゃべる彼女の心の奥底にある気持ちは、とてもシンプルであることが多い。私を大切にして、私のほうを向いて、私を愛して、といった具合だ。

ここまでのところ、グレッグとエミリーはたがいの違いを理解して話し合うための貴重な知識を得た。だが、彼らはもうひとつの問いに答えなければならない。いったいなぜ、彼らは金曜日の夜のディナーパーティに対して大きく違う印象を持つのだろうか。人が大勢いる部屋に足を踏み入れたとたん、エミリーの神経系は暴走して、逃げだしたくなってしまうのは、どうしてだろうか。グレッグはまるで逆だ。大勢の人や会話や出来事は、外向型が求めて止まない刺激を与えてくれる。では、カクテルを飲みながら人々が交わす会話について、もう少し詳しく掘り下げてみよう。グレッグとエミリーの違いを橋渡しする鍵は、詳細な部分にあるのだ。

内向型が苦手なシチュエーション

数年前、当時ハーバードの大学院生だった神経科学者のマシュー・リーバーマン博士がこんな実験をした。まず、外向型と内向型の人それぞれ三二人ずつに、数分間電話で会話させた。それが終わると、被験者たちに質問表を渡して、会話のあいだの印象などについて詳細な問いに答えさせた。会話のパートナーに好意を持ちましたか？　あなたは友好的でしたか？　電話の相手とまた話したいですか？　といった質問だ。さらに、相手の立場で考える質問もあった。パートナーはあなたに好意を持ちましたか？　あなたと話すときに、どれくらい神経質になっていましたか？　どれくらい積極的に話をしていましたか？

リーバーマンらの研究チームは質問表の答えを比較し、録音された会話を聴いて、会話をした当人たちがたがいに相手をどう思ったかを判断した。その結果、外向型は内向型よりも、パートナーが会話を楽しんだかどうか正確に評価しているとわかった。この発見は、外向型が内向型よりも社交的な合図を解読するのが上手だと示している。最初これは驚きではなかったとリーバーマンは書いている。外向型はその場の空気を読むのがうまいという一般論と一致していたからだ。だが、リーバーマンが実験にひねりを加えたことで、それは正しくないと判明した。

リーバーマンらの研究チームは被験者の一部に、質問表に答える前に自分たちの会話のテープを聴かせた。このグループでは、社交的な合図を解読する能力に関して外向型と内向型の差はなかった。いったいなぜだろう？

それは、テープを聴いた被験者は、同時になにもする必要がなく、社交的な合図を解読できたからだ。そして、リーバーマンがそれ以前に実施した数々の実験によれば、内向型はその解読がとても上手だ。それどころか、ある研究では、内向型は外向型よりもすぐれた解読者だと判明した。

だが、これらの研究は内向型がいかに上手に社会的な力学を観察するかを測定したのであり、いかに上手に対応するかを測定してはいない。実際に行動するためには、観察するのとはまったく異なる脳の働きが必要になる。複数の処理を同時に行うことが必要とされる。数多くの短期的情報を、混乱したり過度のストレスを感じたりせずに、即座に処理しなければならないのだ。そうした脳の働きは、外向型のほうが適している。つまり、外向型の脳は一度にいくつものことを処理するのが得意なので、彼らは社交的なのだ——ディナーパーティでの会話はまさにこれだ。対照的に、一度に何人もの相手をしなければならない状況は、内向型にとっては居心地が悪い。

二人の人間が会話するというシンプルに思える状況には、驚くほどたくさんの仕事が必要になる。

相手が話していることを理解する。相手のボディランゲージや表情の意味を読む。話し手と聞き手がスムーズに入れ替わる。相手が言ったことに答える。相手が自分の話を理解しているかどうか評価する。自分が相手によい印象を与えているかどうか判断して、状況に応じてさまざまな調整をする。これらを同時にこなすのは、どれほど大変なことか！　しかも、これはマンツーマンの会話の場合だ。ディナーパーティの席で、大勢を相手にこれをするとなったら、いかに大変だろう。

だから、内向型が観察者の立場になるのは、彼らが小説を書いたり「統一場理論」に思いをめぐらせたりするのと同じであり、ディナーパーティで静かになってしまうからといって、意思薄弱やエネルギー不足なのではない。たんに自分の機能に適したことをしているだけなのだ。

必ずしも外向型がセールスに向いているわけではない

リーバーマンの実験は内向型が社交でつまずく原因を理解するのを助けてくれた。今度は、内向型が自分らしさを発揮する例を考えてみよう。

ジョン・バーグホフという名前の謙虚な男性についてお話ししよう。ジョンは見るからに典型的な内向型だ。針金のような体つき、鋭い輪郭を描く鼻と頬、眼鏡をかけて、いかにも思慮深い印象だ。口数は多くないが、よく考えてからしゃべり、何人かで一緒にいるときはその特徴がとりわけ顕著になる。「部屋のなかに一〇人いれば、しゃべるかしゃべらないか選択の余地がある。僕はしゃべらないほうだ。『きみはなにか話さないの？』とよく訊かれる」と彼は言う。

そんなジョンは、じつはティーンエイジャーの頃から優秀なセールスマンだ。一九九九年夏、まだ高校二年生だった彼はキッチン用品で有名な〈カツコ〉の販売をはじめた。顧客の家を訪ねて包丁を売る仕事だ。広いショールームで車の説明をするのとは違って、商品を売ろうとする相手の家のキッチンに立って、実際に使い勝手を実演してみせるという、とても親密なセールスをしなければならない。

最初の八週間で、ジョンは五万ドル相当の包丁を売った。その年同じ仕事に就いた四万人の新人のトップを切る売り上げだった。まだ高校三年生だった二〇〇〇年には、一三万五〇〇〇ドル以上の売り上げで数々の記録を打ち破った。だが、学校では内気なままで、昼休みは図書館で過ごしていた。ところが、二〇〇二年までには九〇人のセールスマンをあらたに雇って、地域の売り上げを五〇〇％増加させた。その後、ジョンは〈グローバル・エンパワーメント・コーチング〉という会社を興して、セールス教育ビジネスに乗りだした。

ジョンの成功の秘訣はいったいなんだろう？　ひとつの重要な鍵を、カリフォルニア州立大学サンタクルーズ校の教授をつとめている心理学者のアヴリル・ソーンによる実験が教えてくれる。ソーンは五二人の若い女性——内向型と外向型各二六人——を集め、ペアを組んで会話をさせた。各被験者は最初に自分と同じ性格型の相手と一〇分間会話してから、自分とは反対の性格型の相手と一〇分間会話した。会話は録音されて、被験者はそれを聴かされた。

すると、驚くべき発見がいくつもあった。内向型と外向型は同じくらいしゃべり、内向型はあまりしゃべらないという定説を裏切ったのだ。だが、内向型どうしのペアがひとつか二つだけの真剣な話題にかぎって話したのに対して、外向型のペアは幅広い軽い話題を選んだ。内向型は学校や仕事や友情など、人生の問題や葛藤について話すことが多かった。おそらくはそうした問題について話すことが多かったせいだろうが、彼らは相談相手の立場をとる傾向があり、話題にのぼった問題についてたがいに助言したりした。対照的に、外向型は相手との共通点になるような自分自身に関する軽い話題を提供した。犬を飼ったの？　それはすごいわね。私の友達はとっても大きな水槽で海水魚を飼っているのよ、といった具合に。

だが、ソーンがもっとも興味を抱いたのは、外向型と内向型がたがいを高く評価したことだった。楽しい話題を選んだ外向型と話した内向型は、会話がしやすかったと報告し、外向型との会話を「新鮮な空気を吸っている」ようだと表現した。逆に、外向型は内向型との会話はリラックスできるし、自分が抱えている問題を話しやすいと感じた。実際以上に元気にふるまわなければというプレッシャーを感じなかったのだ。

これらは役に立つ社会的な情報だ。内向型と外向型はたがいにうんざりさせられることもあるが、ソーンの実験はたがいが相手にどんな態度をとるべきかを教えてくれる。外向型は、中身のない話を軽蔑するように思える内向型が、じつはうちとけた気楽な話ができると知るべきだ。そして、自分がまじめな話ばかりしがちなのはよくないと思っている内向型は、他人からすれば、そういう話ができる有益な存在なのだと自覚するべきだ。

ソーンの研究は、ジョン・バーグホフの驚くべき成功を理解するうえでも役に立つ。彼は真剣な話に共感する力を、そして説得ではなく助言する力を使って、顧客に対して一種のセラピーのようなものを施したのだ。「この仕事をはじめて間もなく、お客さんは商品を理解するから買うのではないとわかりました。自分が理解されたと感じるから買ってくれるんです」とジョンは語る。

ジョンはまた、相手にたくさん質問して、その答えをまじめに聞くという性質からも恩恵を受けている。「誰かの家に行ったら、包丁を売ろうとするのではなく、いろいろ質問をします。会話が成り立つかどうかは正しい質問をするかどうかにかかっています」そして現在では、コーチングのビジネスでもジョンは同じ方針で教えている。「相手の心のラジオ局に周波数を合わせようとするんです。相手が発するエネルギーに注意を払います。僕はよく考えごとをしているので、そういうのは得意なんです」

だが、セールスという仕事には相手を興奮させ、その気にさせる能力が必要なのではないか。ジョンによればそんなことはない。「たいていの人は、セールスには口先のうまさや相手を説得するカリスマ性が必要だと信じています。そういうものは外向的なコミュニケーションにはたしかに必要です。けれど、セールスでは『耳は二つ、口はひとつなのだから、その数に合わせて使うべき』というのが自明の理です。セールスマンやコンサルタントに一番重要なのは、真剣に聴くことです。うちのトップセールスマンを見ても、外向的な性質は彼らの成功の鍵ではありません」と彼は説明した。

では、グレッグとエミリーの悩みに戻ろう。私たちは二つの重要な情報を入手した。第一に、エミリーが同時に複数の人を相手にコミュニケーションをとるのが嫌いなのには、ちゃんとした理由があること。第二に、内向型は彼らなりのやり方をすれば、会話を楽しみ、相手とのつながりを楽しめること。

この二つの現実を認識してようやく、グレッグとエミリーは膠着状態を脱却する道を見つけた。ディナーパーティの数ではなく、形に目を向けたのだ。エミリーが苦手な四方八方へ気を配ることを必要とする大テーブルにみんなで着席する形ではなく、料理はビュッフェスタイルにして、招かれた人はソファでもどこでも好きな場所で少人数ずつの会話を楽しむというのはどうだろうか。この形なら、グレッグは大好きな中央部に陣取れるし、エミリーは部屋の隅でじっくり会話を楽しめる。

この解決策は功を奏し、二人はパーティのことで衝突しなくなった。それなりの紆余曲折のすえ、彼らは一ヵ月に二回パーティをすることにした。つまり、一年に五二回ではなく、二四回ということだ。今でもエミリーはパーティを心待ちにしてはいない。それでも、時には心から楽しめる晩もある。そして、グレッグはパーティのホスト役を楽しんで、自分のアイデンティティを維持し、心から愛する妻とつねに一緒にいられることを喜んでいる。

11章

内向型の特性を磨く方法

静かな子供をどうしたら開花させられるか

若く未熟ならば、仕事のもっとも重要なところは、はじめの部分だ。性格が形づくられ、望ましい影響がより簡単に取り入れられる時期だからだ。

――プラトン『国家』

内向型の子供を受け入れられる親、受け入れられない親

あるときマーク・トウェインが、歴史上もっとも偉大な将軍をさがす旅に出た男の話をした。その将軍はもう死んで天国にいると聞き、男はひと目会いたいと天国の門へ向かった。そこには、天国の番人である聖ペテロがいて、将軍ならあそこにいると、ありふれた風体の男を指差した。

「あれが偉大な将軍のはずがない。生きていた頃を知っているが、しがない靴屋だった」男は納得できずに反論した。

「たしかに彼は靴屋だった。だが、もし将軍になっていたなら、もっとも偉大な働きをしていたはずなのだ」聖ペテロは答えた。

私たちはみな、偉大な将軍になるかもしれない靴屋をさがすべきだ。つまり、家庭や教室や運動場

で可能性の芽を摘まれることの多い、内向型の子供たちにもっと目を向けるべきなのだ。

ミシガン大学の〈子供と家族のためのセンター〉所長の児童心理学者ジェリー・ミラー医師から注意をうながす話を聞いた。ミラーの患者にイーサンという名前の少年がいた。両親が彼をつれて四回ほど相談に訪れたそうだ。そのたびに、うちの子はどこかおかしいのではと不安を訴える両親に、病気でもなんでもありませんとミラーは否定した。

両親がそんな不安を持ったきっかけは、ごく単純なことだった。イーサンが七歳のとき、四歳の弟に何度かぶたれたが、彼はまったくやり返さなかった。両親は——二人とも社交性豊かなリーダータイプで、企業の重責を担い、ゴルフやテニスなど競い合うスポーツを好む——四歳の弟の乱暴な行動ではなく、イーサンの消極性を「一生そんな目に遭いつづけるのではないか」と心配したわけだ。

イーサンが成長するにつれ、両親はなんとか彼に「ファイティングスピリット」を植えつけようと、虚しい努力を続けた。いくら野球やサッカーをやらせようとしても、イーサンは家で本を読んでいるほうを好んだ。学業の点でも競争心がなかった。頭はいいのに、成績はBばかりだった。その気になりさえすれば、もっといい成績がとれるだろうに、趣味にばかり熱心で、とくにモデルカーづくりに没頭していた。親しい友人が数人いるものの、教室でみんなの中心にいることは絶対になかった。両親はそんな行動が理解できず、息子は鬱状態なのかもしれないと心配した。

だが、ミラーによれば、イーサンは鬱状態などではなく、親子が求めているものがそれぞれまったく違うところが問題なのだという。イーサンはひょろりと背が高く、見るからに内向的なタイプに見える。両親は社交的で積極的なタイプで、「笑みを絶やさず、周囲の人とよくしゃべり、いつもイーサンをひっぱりまわしていた」という。

両親の心配に対して、ミラーはこう考える。「イーサンはまるでハリー・ポッターみたいなタイプの少年でした。頭のなかで創造力を働かせて楽しむのです。手作業でなにかをつくりだすことがなにより好きでした。話したいことをたくさん持っていましたよ。両親がもっと彼を受け入れてさえくれれば。イーサンのほうは、両親が病的だなどとは思わず、ただ自分とは違うのだと認識していました。ほかの家であれば、イーサンは模範的な子供として扱われていたでしょう」

だが、イーサンの両親は息子をそんなふうには見なかった。結局、両親は別の精神科医の「治療」を受けさせると決めたそうで、ミラーはその後どうなっただろうかと心配している。

「あきらかに『医原性』の問題です。治療が病気をつくりだすのです。たとえば、同性愛の子供を矯正しようとして治療するのが典型的な例でしょう。子供にとっては気の毒としか言いようがありません。両親は思いやりがある善意の人々です。『治療』しなければ息子を社会に出せないと思うのです。やる気を持たせなければいけない、と。やる気が必要だというのは真実かもしれませんが、私にはよくわかりません。とにかく、やる気の有無にかかわらず、子供を変えることは可能だと、私は固く信じています。心配なのは、完璧に健全な子供に対して無益な治療を施して、セルフイメージを台なしにしてしまうことです」

もちろん、外向型の親と内向型の子供が、必ずしもうまくいかないわけではない。少しの受容と理解があれば、どんな親とどんな子供の組み合わせでもうまくいくと、ミラーは言う。ただし、親は自分の好みから一歩退いて、静かなわが子の視点から世の中がどう見えるかを考えてみる必要がある。

何を求めているのかを知ることから

では、ジョイスと七歳の娘イザベルの例についてお話ししよう。小学校二年生のイザベルはまるで小さな妖精のようで、キラキラ光るサンダルや色鮮やかなブレスレットが大好きだ。秘密を打ちあけ合う親友が数人いて、クラスのほとんどの子供と仲よくできる。クラスメイトが落ち込んでいれば肩を抱いて慰め、せっかくもらった誕生日プレゼントを寄付するような子供だ。だからこそ、イザベルが学校で問題を抱えていると知ったとき、温厚で魅力的で辛辣なユーモアのセンスを持ち、自信に満ちた物腰の母親ジョイスはひどく困惑した。

一年生の頃、クラスでは繊細でおとなしい子供たちを標的にした言葉のいじめがあり、イザベルはそれを心配するあまり、毎日家へ帰ると疲れきっていた。イザベルはいじめの対象にはなっていなかったが、学校で耳にするひどい言葉について何時間もずっと考えたりしていた。

二年生になると、イザベルは、放課後に誰の家で遊ぶかを自分に訊かないで勝手に決めないでほしいと母親に頼んだ。そして、いつも家にいるのを好んだ。学校へ迎えにいくと、イザベルは女の子たちの集団から離れて、ひとりでバスケットのシュートをしていることが多かった。「あの子は仲間に入りたがらないんです。ひとりぼっちでいるのを見るのがつらくて、しばらく迎えにいくのをやめました」ジョイスはかわいい愛娘がどうしていつも孤独にしているのか理解できなかった。イザベルになにか問題があるのではと心配になった。思いやりのある性格の娘だとはわかっているものの、もしかしたら人づきあいの能力が欠けているのではないだろうか、と。

私はジョイスに、娘さんは内向型かもしれないと話し、それはどういう意味かをくわしく説明した。すると、ようやくジョイスは、娘が学校で経験したことを違う角度から考えはじめた。イザベルの視点から考えてみれば、心配するようなことはなにもなかった。あとになってから、イザベルは私にこう話した。「学校が終わると、休みが必要だったの。学校は人がたくさんいるから、とても疲れるの。ママが友達の家へ遊びに行く約束をするけれど、わたしは行きたくない。だって、友達をいやな気分にさせたくないから。それよりも家にいるほうがいいの。友達の家へ行くと、その子がやりたい遊びをしなくちゃならない。放課後はママと二人でいるほうがいいの。だって、ママにいろいろ教えてもらえるから。ママはわたしよりもずっと長く生きているでしょ。だから、楽しくてためになる話ができる。楽しくてためになる話は、みんなを幸せにするから大好きよ」（この本を出版前に読んだある人が、「小学二年生がこんなふうに話せるわけがない！」と驚いていたが、イザベルは本当にこのとおり話した）

イザベルは小学二年生なりのやり方で、内向型は他人と心を通わすことができると話したのだ。内向型には彼らなりのやり方があるのだ。

イザベルがなにを求めているのかを知り、自分と楽しく話をしたいのだと知ったジョイスは、イザベルが学校生活を快適に過ごすのを助けようと戦略を練った。「以前は、いつも友達の家へ遊びに行かせたりして、放課後の時間を予定でいっぱいにしていました。でも、あの子にとって学校にいることがかなりのストレスだとわかったので、そういう友達づきあいにどれくらい時間をとるか、どんなときに出かけるか、娘と相談することにしました」

今では、イザベルが自分の部屋でひとりで過ごしていても、友達の誕生パーティからひとりだけ早めに引き揚げてもジョイスは気にしない。イザベルがそれを問題だと思っていないのだから、心配する必要はないと納得したのだ。

ジョイスはまた、運動場での友達との遊び方についても助言できるようになった。イザベルには運動場でよく遊ぶ友達が三人いたのだが、その三人はたがいに仲がよくないため、それが悩みの種になっていた。「以前の私なら、『気にする必要なんかないわよ！　みんなで一緒に遊びなさい！』とハッパをかけていたでしょう。でも今では、イザベルがそういうタイプではないとわかっています。あの子には一度に三人を相手にするのは難しいのです。そこで、娘と話し合って、友達にどう話せばそんな状況を解決できるか練習してみました」

イザベルがもう少し大きくなったとき、今度はランチタイムに友人たちが二つのテーブルに分かれて座っていて、どちらに座ればいいのかわからなくて困ったことがあった。ひとつのテーブルは物静かなタイプの友人たち、もうひとつのテーブルには同じクラスの外向的な子供たちが座っていた。イザベルは後者のグループを「うるさくて、みんながてんでんばらばらに好きなことをしゃべってる」と表現した。親友のアマンダが「落ち着いた静かなテーブル」の少女たちとも友達なのに、その「クレージーなテーブル」に座るのを好んだので、イザベルはどうすればいいか悩んでいた。いったいどちらのテーブルでランチをとるべきか。

話を聞いたジョイスは、最初は「クレージーなテーブル」のほうがおもしろそうだと思った。けれど、どちらに座りたいのかと尋ねた。イザベルは少し考えてから答えた。「ときどきはアマンダと一緒に座りたいけれど、ランチタイムは静かにして休んでいたいの」

どうして静かに休んでいたいの？　心にそんな疑問が浮かんだが、ジョイスはそれを口に出さず、

「それならそれでいいと思うわよ」とイザベルに言った。「違うテーブルでランチを食べても、アマンダはあなたを嫌いになったりしないわ。彼女はあっちのテーブルにいるのが好きなだけで、あなたを嫌いなわけじゃないから。それに、あなた自身は、ランチタイムは静かに過ごしたいのですものね」

内向性についての理解は自分の子育てを大きく変化させたし、考えてみればそれには驚くほど時間がかかったとジョイスは言う。「イザベルがしっかり自分の考えを持っているとわかったので、たとえあちらのテーブルに座るべきだと思っても、娘の意思を尊重するべきなんだと思いました。それどころか、娘の視点からあちらのテーブルを眺めてみることで、自分自身が他人からどう思われているかを想像することができて、娘のようなタイプのすばらしい友人を失わないためにも、自分が持っている外向型の『欠点』に気づいて、それなりに配慮するうえで役立ちました」

ジョイスはまた、イザベルの繊細な態度を評価するようになった。「あの子は年齢以上に賢いのです。話していると、子供だということを忘れてしまいそうになります。ですから、ふつうに子供に話しかけるときのような話し方をする気にはなれないし、言葉遣いを子供向けに改めることもしません。大人と話すときと同じように話します。娘はとても繊細で、思いやりがあります。他人にとても気を遣います。動揺しやすいところがありますけれど、それもひっくるめて、私は娘のすべてを愛しています」と彼女は話す。

内向型の子供の心を理解する

ジョイスは温かく包み込むような母親であるうえに、娘とはまったく違う気質だったために、かえって容易に娘の心を理解することができたようだ。では、もしジョイス自身も内向型だったら、はじめからもっと自然な母娘関係を楽しめただろうか。そうともかぎらない。内向型の親は彼らなりの問題にぶつかる。子供時代の苦しい経験の記憶が邪魔をする場合があるのだ。

ミシガン州アナーバーの臨床ソーシャルワーカーであるエミリー・ミラーは、エイヴァという少女の話をしてくれた。エイヴァは極端に内気で、友達をつくることも教室で授業に集中することもできないほどだった。教室の前に出てグループで歌いなさいと言われて泣きだしてしまったために、心配した母親のサラはミラーに相談することにした。経営ジャーナリストとして成功しているサラは、エイヴァの治療に同席してパートナーをつとめるように言われて、思わず涙を流した。彼女自身も子供の頃に内気だったので、それが娘に遺伝してしまったと考えたのだ。

「うまく隠せるようにはなりましたが、本当は今でも娘と同じなんです。誰とでも話すことはできますが、それはジャーナリストのメモ帳の背後に隠れているときだけです」とサラは説明した。

サラの反応は内気な子供を持つ偽外向型の親にはめずらしくないと、ミラーは言う。サラは自分の子供時代を思い出すだけでなく、当時の最悪の記憶をエイヴァの姿に重ねているのだ。だが、たとえ自分と似た気質を受け継いでいるように思えても、自分と娘は別の人間なのだと、理解しなければならない。当然ながら、エイヴァは父親からも影響を受けているし、さまざまな環境要因もあるからだ。サラ自身と同じ悩みをエイヴァが抱えるようになるとはかぎらないし、そんなことを心配していては百害あって一利なしだ。正しい指導を受けることによって、エイヴァは内気な性質はほんのささいな問題だと思えるようになるかもしれないのだ。

ミラーによれば、たとえ自分の自尊心に多少の問題点を抱えている親でも、子供にとっては大きな助けになる。親が子供の身になって助言してやることは、本質的に有効なのだ。もし、あなたの息子が登校初日に神経質になっていたら、自分も同じように感じた経験があるし、今でも仕事場で似たような感じを味わうことがあるけれど、時間がたてば大丈夫になると話してやるのが効果的だ。たとえ、息子がそれを信じなくても、あなたが自分を受け入れていると信号を出しているのはわかる。

子供が怖がって躊躇しているとき、頑張ってやってみなさいと勧めるかどうか、子供の身になって判断しよう。たとえば、教室の前に出てみんなの前で歌うのはエイヴァにはあまりにも大きな一歩だと、サラは思うかもしれない。だが、たとえエイヴァが最初はいやがったとしても、同じような気質の数人の友達の前や、親友ひとりだけの前で歌うのならば、第一歩にするのにふさわしいかもしれない。言い換えれば、どんなタイミングで、どのくらいの力で娘の背中を押すべきかを考えるのだ。

恐怖や不安は自分で制御できるようになる

心理学者のエレイン・アーロンの敏感さに関する研究については6章でお話しした。アーロンは彼女が知るかぎり最高の父親のひとりとして、ジムの話を書いている。ジムは楽天的な外向型で、幼い娘が二人いる。長女のベッツィはジムによく似ているが、次女のリリーは繊細な性格で、観察力がするどく、心配性だ。ジムはアーロンの友人なので、敏感さや内向性がどんなものかよく理解している。リリーをあるがままに認めてはいるものの、内気な人間に成長してほしくはないと思っていた。

そこで、ジムは「浜辺に打ち寄せる波や、木登り、はじめて口にする食べ物、親戚の集まり、サッカー、そしておしゃれをすることなど、ありとあらゆる楽しみをもたらしてくれそうなことを体験させようと心に決めた。リリーはいつも新しい体験に最初は尻込みしたが、ジムは彼女の気持ちを尊重した。無理強いはしなかったが、うまく説得するようにつとめた。彼はたんに、自分の視点を娘に分け与えたのだ――安全だし楽しいし、彼女が好きでやっていることと似ているのだと教えた。そして、彼女の瞳が輝いて、やってみたいと言いだすのを待った」とアーロンは書いている。

「ジムはいつも状況をしっかり見極めて、これならばリリーが怖がらずに楽しんで経験することができると確かめていた。彼女がちゃんと準備できるまで、ひたすら待っていることもあった。なによりも重要なのは、彼が決して押しつけず黙っていたことだった……そして、リリーが自分は内気だとか怖がりだとか言うと、ジムはすかさず『それはおまえのスタイルなんだよ。人にはそれぞれのスタイルがある。おまえはじっくり時間をかけて確実にやるのが好きなんだ』と答えた。ジムはまた、リリーがほかの子供たちがからかうような子と仲良くでき、注意深く作業し、家族のなかで起きていることになんでもよく気がつき、サッカーの作戦を考えるのが得意だと認めていた」

内向型の子供のためにあなたができる最良のことのひとつは、新しい体験に対応するのを助けてやることだ。すでに述べたように、内向型は初対面の人に会ったり、知らない場所へ行ったり、はじめてのことをしたりする際に大きく動揺する。だから、慣れない状況のなかで他人とうまくつきあえないのではないかという警戒心を子供が抱いているのを見逃さないようにしよう。彼（彼女）は、人間との接触を恐れているのではなく、目新しさや過度の刺激によって不安を感じているのだ。10章でお話ししたように、内向性・外向性のレベルは調和性や親密さを楽しむ気持ちとは相関関係にない。程度の違いこそあれ、内向型もまた仲間を求めているのだ。

大切なのは、新しい人や環境に子供をゆっくり慣らしていくことだ。子供にとっての限界が納得できなくても、それを尊重すること。そうすれば、過保護になることなく背中を押しすぎることなく、もっと子供に自信を持たせることができる。自分の感情は正常で自然なのだと子供に知らせるだけでなく、なにも恐れる必要はないのだとわからせよう。「はじめて会った子と遊ぶのはちょっと気後れするのはわかるけれど、あの男の子はきっと喜んでトラックの玩具で一緒に遊んでくれるよ」と言ってみるのだ。そして、急《せ》かさず、子供のペースに任せよう。子供が幼い場合、必要ならば、最初は、一緒に遊んでくれるかなと相手に声をかけてやるのもいい。その後は、邪魔にならないように見守っていよう。子供がとても幼ければ、背後からやさしく背中に手をあててやっていてもいい。子供が思い切って一歩踏みだしたら、すごいねと褒めてやろう。「知らない子供たちに、自分から近づいていったね。えらかったわね」といった具合に。

新しい状況に慣れさせるのも、基本的には同じだ。たとえば、人並はずれてひどく海を怖がる子供がいるとしよう。思慮深い親は、恐怖を感じるのは自然であり、賢さのしるしであるとさえ考える。実際に、海は危険だからだ。だが、怖がっている娘を海に投げ入れたり、無理に泳がせようとはしないものの、夏のあいだずっと浜辺で砂遊びをさせたりはしない。怖がる気持ちは理解できると伝えたうえで、少しずつ前進させるのだ。数日間は、波が届かない安全な場所で砂遊び。そして、波打ち際へ。肩車をしてやって、歩くのもいいだろう。それから、凪《なぎ》のときを選んで、まずは足先を海水に浸し、しだいに進んで、膝まで浸かる。急ぐ必要はない。子供にとっては一歩一歩が大きな前進なのだ。最終的に魚みたいに泳げるようになったとき、彼女は水との関係だけでなく恐怖との関係でも決定的な転換点に達したと言える。

苦しくても壁を乗り越えれば、その向こうには楽しみが待っているのだと、子供はしだいに理解する。そして、独力で壁を乗り越えるすべを知る。メリーランド州立大学〈児童・人間関係・文化センター〉所長のケネス・ルービン医師は、「幼い子供が感情や行動を学ぶ際に、穏やかに励ますようなやり方で一貫して手助けすれば、そのうちに、まるで魔法のようなことが起こりはじめる。たとえば、『あの子たちは楽しそうだから、あっちへ行ってみよう』と、自分の心のなかで決めているのがわかるのだ。子供たちは恐怖や不安を自分で制御できるようになる」と書いている。

そういうスキルをわが子に身につけさせたければ、本人を「内気」と評価してはいけない。自分で自分に内気だというレッテルを貼りつけて、それが制御可能な感情ではなく固定した性質だと信じ込んでしまう。それに、世の中では「内気」が否定的な言葉だと、子供はよく知っている。なによりも、自分の内気さを恥ずかしいと思わせてはならない。

できれば、外向性を重要視する社会のなかで劣等感を味わうことが少ない、ごく幼いうちに、自分を制御するスキルを教えておくのが一番いい。親がロールモデルになって、初対面の人と穏やかに親しげに挨拶する姿や、友人たちとうちとけてくつろいでいる姿を見せよう。また、子供のクラスメイトを自宅へ招こう。他人になにかを伝えたければ、聞こえないような小さな声で言ったり、もじもじしてズボンをひっぱったりするのではなく、ちゃんと口に出す必要があるのだと教えよう。自己主張が強すぎない友達や、わが子がうちとけられるような遊び仲間を見極めよう。年下の子供と遊んで自信を持たせたり、年上の子供と遊んで刺激を受けたりするのもいい。

うまが合わない相手と無理につきあわせるのはやめよう。人づきあいの最初の体験を前向きなものにするのだ。新しい環境には、できるだけ徐々に慣れさせるようにしたい。たとえば、友達の誕生パーティへ行くのなら、それがどんなパーティで仲間たちとどんなふうに挨拶するかを前もって話しておこう（最初に「誕生日おめでとう、ジョーイ」と言ってから、「こんにちは、サブリナ」と言うんだね、とか）。そして、必ず少し早めに行こう。早く来ている子供たちとうちとけておくほうが、すでにできあがっているグループに、あとから入り込むのよりも簡単なのだ。

同じように、もし新入学を前にして子供が緊張していたら、事前に教室へ連れていって、担任教師と一対一で話をさせたり、校長や事務室の人たちや用務員さんやカフェテリアで働く人たちと会わせたりしておくといい。ただし、それとなく事を運ぼう。「ママも新しい教室を見ておきたいから、ドライブがてらちょっと行ってみようかしら？」と誘うのもいいだろう。トイレの場所や、トイレに行きたいときはどうすればいいかを確認したり、教室からカフェテリアまで行ってみたり、スクールバスの乗り場を確かめたりしよう。新学期がはじまる前に、同じクラスになる子供たちとのお遊び会をするのもいいだろう。

また、気まずい状況を切り抜ける簡単な方法を教えておけば役に立つだろう。不安でも自信たっぷりな様子にしていること。「笑顔」「まっすぐ立つこと」「アイコンタクト」の三つは、単純だが有効な方法だ。大勢の人のなかで親しげな顔をさがすことも教えておこう。三歳のボビーは幼稚園が嫌いだった。休み時間になると、みんなが教室から屋上へ出て、年長クラスの子供たちと一緒に遊ぶからだ。それがいやなあまり、屋上へ出られない雨の日以外は幼稚園へ行きたがらなくなった。両親はなんとか事情を聞きだして、そういうことなら屋上へ行かずにおとなしい子供たちと教室に残っていればいいのだし、年長の騒がしい子供たちに無理に合わせる必要はないのだと、ボビーに納得させた。

もし、わが子にはもっと練習が必要だと感じるのならば、小児科医に相談すれば、地域でやっている対人関係スキルのワークショップを教えてくれるかもしれない。ワークショップでは、グループへの入り方や、新しい仲間に自己紹介する方法、ボディランゲージや表情の読み方などを、子供にわかりやすく教えている。そうしたスキルは、学校生活という、内向型の子供にとってもっとも難しい社会生活を楽しむための道を見つける手助けをしてくれる。

学校は不自然な環境

一〇月のある火曜日の午前中。ニューヨークシティの公立学校の五年生の教室では三権分立について教えていた。明るく照らされた部屋の片隅で、子供たちが敷物の上に座り、膝の上に教科書を開いて椅子に座った教師が、数分間で基本的な考え方を説明した。そして、グループ学習のはじまりだ。

「ランチのあとは教室が汚くなっています。噛んだガムや、食べ物の包み紙や、スナック菓子のかけらが、あちこちに落ちています。みなさん、教室が汚いのはいやでしょう?」

生徒全員がうなずいた。

「今日は、この問題について、みんなで話し合いましょう」教師が提案した。

教師は生徒たちを七人ずつ三グループに分けた。立法グループは、ランチタイムの行動を規制する法律をつくる。行政グループはその法律の執行方法を決める。司法グループは違反者を裁くためのシステムを定める。

生徒たちはがやがや騒ぎながら、三つのグループに分かれて座った。机や椅子を動かす必要はなかった。授業カリキュラムがグループ学習をたくさん組んでいるので、机も椅子もすでに七人ずつにまとめて置かれていた。教室内は蜂の巣をつついたような騒ぎになった。教師が説明していた一〇分間ずっとぼうっとしていた子供たちも、たがいに大声で話している。

　だが、全員がそうではなかった。教室全体をひとつとして眺めれば、まるでうれしげに跳ねまわる子犬の群れのように見えた。だが、一人ひとりを観察してみれば、景色はまったく違って見える。たとえば、赤い髪をポニーテールに結ってメタルフレームの眼鏡をかけ、夢見るような表情を浮かべた、マヤという名前の女の子だ。

　マヤがいる「行政グループ」では、みんながいっせいにしゃべりだした。マヤだけが尻込みした。紫色のTシャツを着た、背が高くて体格がいいサマンサがまとめ役になった。サマンサはナップザックからランチバッグを取り出して、「これを持ったら、しゃべっていいことにするわよ！」と宣言した。生徒たちはランチバッグを渡された順に発言した。その様子は、ウィリアム・ゴールディングの小説『蠅の王』（平井正穂訳）で、少年たちがほら貝を持っている者だけに発言権を与える場面を思い出させた。

　マヤは渡されたランチバッグを、怖いものでも見るような目で見た。

「賛成よ」マヤはそれだけ言って、まるで火傷でもしそうなほどの勢いでバッグを隣へ回した。

　ランチバッグがテーブルを何度か回った。そのたびに、マヤはなにも発言せずにさっと隣へ渡した。そして、話し合いが終わった。マヤは困ったような顔をしていた。ちゃんとした発言ができなかったので恥ずかしく思っているのだろう。グループでのブレインストーミングの結果を書きとめたノートを、サマンサが読みはじめた。

「ルールその一。もし決まりを破ったら……」

「ちょっと待って！　考えがあるの」マヤが口を挟んだ。

「どうぞ」サマンサがわずかに苛立った口調で言った。だが、マヤは内向型ならではの敏感さで、サマンサの口調のするどさを感じとった。マヤはしゃべろうとして口を開いたものの、視線は伏せられていて、口から出た言葉は不明瞭だった。誰も聞きとれなかった。聞きとろうともしなかった。グループ内のクールな少女が――成長して、体の線に柔らかなブラウスを身にまとっている姿が目に見えるようだ――わざとらしく大きなため息をついた。ばつの悪い思いをしたマヤの発言が途切れると、クールな少女が「オーケー、サマンサ、続けて読んでいいわよ」と言った。

教師が行政グループに向かって、誰か討論の要約を発表してくださいと言った。みんな競って手をあげた。マヤだけが黙っていた。またしてもサマンサが主導権をとった。彼女の声は誰よりもよく通り、みんなが静かになった。彼女のレポートはできがよかったわけではないが、あまりにも自信に満ち、感じよく発表したので、内容は気にならなかった。

マヤはグループの隅のほうに座って、開いたノートに自分の名前をブロック体で何度も書きつけていた。まるで、そうすることによって少しでも自分のアイデンティティを取り戻そうとするかのように。

授業の前に教師から聞いたところによると、マヤはすぐれた知性の持ち主で、すばらしい作文を書くそうだ。ソフトボール選手としての才能もある。そのうえ、親切な性格で、勉強が遅れている生徒がいると教えてやっている。だが、このときの授業では、そうした前向きな特質はまったく発揮されていなかった。

もしわが子がマヤと同じような体験をしたらと想像すれば、どんな親もぞっとするだろう。マヤは内向型だ。騒がしくて刺激が多い教室で、大きなグループ単位での協同学習は得意ではない。教師によれば、マヤは「同じように勤勉で、細かい部分にまで気を配る」タイプの子供たちと一緒に、落ち着いた雰囲気で学習でき、単独作業が多ければ、もっと能力を発揮するそうだ。もちろん、マヤはグループ内で自己主張することを学ぶ必要があるが、私がこの目で見たようなやり方の授業でそれが可能だろうか。

現実には、多くの学校は外向型の子供たち向けにつくられている。内向型には外向型とは異なる種類の指導が必要だと、ウィリアム・アンド・メアリー大学で教育学を教えているジル・ブルスとリサ・カンジグは言う。また、「内向型の生徒に対しては、もっと外向的になりなさい、社交的になりなさいと助言する以外に選択肢がほとんどないのが現状だ」とも語った。

私たちは大人数のクラスで教えるのが当然だと思い込んでしまっているが、じつはそんなことはない。大人数のクラスに生徒をまとめるのは、それが効率的だからであり、大人たちにはそれぞれ仕事があるため、それ以外の方法が考えにくかったからだ。もし、あなたのお子さんがひとりで勉強したがったり、友達と一対一で話すのが好きだったりしても、なにも間違ってはいない。それはたんに、世の中の一般的なやり方にそぐわないだけの話だ。学校の目的は、子供たちに社会へ出て生活するための準備を整えさせることであるはずなのに、現実には、学校生活で生き残るためにどうすればいいかが重大問題になってしまいがちだ。

興味を持ったことだけに深く集中するのが好きで、一度に大人数の友人と交流するのを苦手とする内向型の子供からすれば、学校という環境はひどく不自然なのだ。毎朝、スクールバスのドアが開くと、にぎやかに押しあいへしあいしている集団がいる。授業はグループ学習が多く取り入れられていて、教師から大きな声で発言しなさいと求められる。不快な騒音だらけのカフェテリアでランチを食べ、居心地のいい席をとるのも競争だ。最悪なのは、考えたり創造力を発揮したりするための時間がほとんどないことだ。そんな日々は、彼らにとって刺激になるどころかエネルギーを消耗させるに違いない。

大人は自分たちをそういう状況に押し込むことは絶対にしないだろうに、なぜ子供たちに杓子定規な環境を与えているのだろう? 「変わっている」と思われていた子供が、大人になって「花開いた」のに驚かされるというのは、よくある話だ。それは「変身」したと表現される。だが、本当に変化するのは、子供ではなく環境なのかもしれない。大人になれば、職業や配偶者や、つきあう相手を自分で選ぶようになる。自分の意思と関係なく放りこまれた世界で暮らす必要はなくなるのだ。「個人・環境適合性」という観点からして、人間は「自分の性格と一致した職業や役割や状況にあるときに」活躍すると心理学者のブライアン・リトルは言っている。この逆もまた真実である。感情的に脅かされるとき、子供は学ぶのをやめてしまう。

このことについて、ルアン・ジョンソンほどよく知っている人はいない。ジョンソンは海兵隊出身の女性教師で、カリフォルニア州の公立学校で問題の多い一〇代の生徒たちを教えたことで広く知られている(映画『デンジャラス・マインド――卒業の日まで』では、女優のミシェル・ファイファーが彼女をモデルにした女性教師を演じた)。あらゆる階層の子供たちを教えた経験についてもっと話を聞こうと、ニューメキシコ州トゥルース・オア・コンシクエンシーズの自宅にジョンソンを訪ねた。

ジョンソンは内気すぎる子供を指導するスキルも持っていた――これは偶然ではない。彼女が使った手法のひとつは、臆病だった自分の体験を語ることだった。幼稚園に通いはじめた頃、いつも隅のほうで本を読んでばかりいたので、先生からみんなと「お話ししなさい」と言われて、丸椅子の上に立たされたのが、彼女の幼稚園での最初の記憶だったという。「内気な子供たちは、先生も小さい頃に内気だったと知ると、とても興味を持ちます。高校でひどく内気な女子生徒に、あなたは大器晩成型だから将来きっと成功すると話をしたことがあるんですが、あとになって、その言葉が娘の人生に対する考えを大きく変えたと母親から感謝されたことがありました。考えてもみてください、何気ない一言は繊細な子供に大きな影響を与えます」とジョンソンは語った。

内気な生徒に話をさせるには、その子がわれを忘れて夢中になって話すような興味深いトピックを選ぶことが大切なのだと、ジョンソンは言った。たとえば、「男子のほうが女子よりも生きるのが簡単だ」というような、強い関心を呼ぶ問題について討論するよう、うながすのだ。スピーチ恐怖症であるにもかかわらず教育に関する講演をする機会が多い彼女は、その効果を身をもって実感している。「私自身は内気さを克服できていません。それはまだ、心の中心部分に残っているのです。でも、学校を変えたいという気持ちがとても強いので、いったん話しはじめれば、その情熱が内気さを押しやります。情熱を掻《か》きたてられること、歓迎すべき変化をもたらすことを見つければ、自分のことはしばらく忘れていられるのです。要するに、感情に休暇をやるみたいなものでしょう」と彼女は説明した。

だが、本人がうまくやる自信を持っていないのに、クラス全員の前でスピーチを無理強いしてはいけない。一対一のパートナーを組ませたり、少人数のグループ内でスピーチをさせてみたりして、もしそれでも怖がるようなら、無理にやらせてはいけない。子供の頃にスピーチのことでいやな経験をすると、恐れが一生消えなくなってしまう危険がある。

内向型の子供に理想の教育環境とは

では、マヤのような子供たちにとって、どんな教育環境が理想的だろう？　第一に、教師のための助言がいくつかある。

＊内向性を治療が必要なものだと考えないこと。もし、内向型の子供が社会的技能の点で助けを必要としていたら、補習が必要な子供に対するのと同じように扱い、教えてやるなり校外の教室を推奨するなりしよう。ただし、その子のありのままを褒めよう。英才児を受け入れているミシガン州アナーバーのエマーソン・スクールの前校長パット・アダムズは私にこう語った。「一般に、内向型の子供に対する教師からの典型的なコメントは、『モリーが教室でもっと発言してくれるのを期待します』というようなものです。ですが、この学校では、多くの子供が内向型なのだと理解しています。彼らに自己主張させようとつとめていますが、かといって大げさに騒ぎたてることはしません。内向型の子供は学習スタイルが違うのだと考えているからです」

＊研究によれば、私たちの三分の一から二分の一が内向型である。つまり一クラスにいる内向型の子供の数は、一般に考えられているよりも多い。内向型のなかには小さな頃から外向型のようにふるまうのが上手な子供がいて、そのせいで判別しにくくなっているのだ。クラス内の全員の求めにかなうように、教え方のバランスを考えよう。外向型は動きや刺激や共同作業を好む。内向型は講義を聴いたり、休息時間を設けたり、独立して作業したりすることを好む。両者の好みを

平等に採用しよう。

＊内向型の子供はひとつか二つだけの物事に深い興味を抱くことが多く、それを仲間と分かち合うとはかぎらない。ときには、型破りな情熱で興味の対象に取り組むが、研究によれば、そうした集中は才能を発展させるために必要とされるものだ。彼らが興味を抱くことを褒め、熱心に取り組むようながし、心を同じくする仲間を見つけるのを助けてやろう。クラス内にいなければ、クラス外に見つかるかもしれない。

＊グループ作業は内向型にとっても問題なく、それどころか有益となる場合もある。ただし、参加者全員にその子の役割を知らせるよう配慮しよう。ミネソタ州立大学協同学習センターのロジャー・ジョンソンは、内気あるいは内向型の子供は、よく管理された少人数グループ作業からとくに恩恵を得るとしている。なぜなら、「彼らは相手がひとりか二人ならば、なんの問題もなく質問に答えたり作業をしたりするが、自分から手を上げてクラス全員の前で発表したいとは思わない。そうした子供たちに自分の考えを言葉にして表現する機会を与えることは、非常に重要である」からだ。考えてみれば、マヤが受けた三権分立の授業が少人数グループで行われ、誰かが「サマンサ、あなたは司会役をしてください。マヤ、あなたは討論を記録してください」ときちんと指示していたなら、状況はかなり違っていただろう。

＊3章で述べたアンダース・エリクソンの「集中的実践」を思い出してみよう。どんな分野でも、自分ひとりで作業するすべを身につけなければ、一流になるのは難しい。あなたが教えている外向型の生徒に、内向型の同級生を見習わせよう。すべての生徒にひとりで努力することを教えよう。

＊コミュニケーション学教授のジェイムズ・マクロスキーは、静かな性格の子供を教室で「会話が多い」エリアに座らせないように、と言う。そういうエリアに座らせても、内向型の子供はしゃべるようにならない。それどころか、よけいに恐れを感じて、問題点ばかりに意識が集中してしまう。内向型の子供が発言しやすいように配慮するのは大切だが、無理強いしてはいけない。「強い不安を感じている子供に発言を強制してはいけない。それは不安をいっそう増幅し、自尊心を損なう」とマクロスキーは書いている。

＊入学者を厳しく選抜する学校で、集団遊びのなかでの子供の様子を選考要素とするときには、よくよく慎重に考えてほしい。知らない顔ばかりの集団では、内向型の子供は口をつぐんでしまうので、リラックスしたときの彼らがどんな状態なのか、選考担当者は目にすることができない。

そして、両親のためにはこんな助言がある。もし、幸運にも、わが子の学校を選択できるのなら、たとえば気に入った公立学校がある区域へ引っ越せるとか、私立学校や宗教系の学校へわが子を入れられるのであれば、つぎのような学校をさがそう。

＊生徒一人ひとりの興味を尊重し、自主性を強調している。

＊集団活動一辺倒ではなく、グループ作業は少人数で実施し、きちんと指導している。

＊やさしさ、思いやり、共感力、社会性を重要視している。

＊教室や廊下の整理整頓を重要視している。

＊各クラスは少人数で、整然としている。

＊「内気」「まじめ」「内向的」「繊細」といった気質を理解している教師を選んでいる。
＊「学業」「運動」「課外授業」などにおいて、わが子がとくに興味を持っている分野に力を入れている。
＊いじめ防止プログラムに力をそそいでいる。
＊寛容で地に足のついた教育を校風としている。
＊知的な子供が多いとか、スポーツの得意な子供が多いとか、わが子の個性に合った生徒が集まっている。

学校を自分の都合で選ぶのは、多くの家庭にとってあまり現実的ではないかもしれない。だが、どの学校へ入学しようと、内向型の子供の成功を助けるために、親ができることはたくさんある。わが子がもっとも熱心に取り組む科目を見極めて、それを伸ばしてやろう。校外で指導を受けたり、サイエンスフェアや作文教室に参加したりするのもいい。集団活動については、グループのなかで自分が好きな役割をさがすことを教えてやろう。集団活動の利点のひとつは、多種多様な立場を提供するところにある。自分から発言して、記録係でも絵を描く役目でも、なんでもいいから興味を持てる役割に立候補するのがいい。自分がグループに貢献していると自覚できれば、より快適に集団活動に参加できる。

子供が発言の練習をするのを助けてやることもできる。たとえ、みんなが今にも取っ組み合いをはじめそうに見えても、まずは時間をかけて自分の考えを頭のなかでまとめてから口を開けばいいのだと、子供に教えてやろう。逆に、自分の順番を待っているあいだに緊張が高まってしまうというのならば、みんなよりも先にさっさと発言をしてしまうのが簡単だという助言もできる。なにを言えばいいかわからないとか、積極的になれないというのならば、力を十分に発揮できるよう助けてやろう。思慮深い発言をする子供ならば、その性質を褒めて、よい質問をするのは答えを提案するよりも役立つのだと教えよう。ユニークな視点から物事を見る子供ならば、それがどれほど貴重な資質かを教え、その考えを仲間たちにどうやって伝えるか一緒に考えてやろう。

現実に即したシナリオを考えよう。たとえば、マヤの両親なら、行政グループの話し合いをどんなふうに進めればよかったのかについて、娘と一緒に考えるのだ。できるだけ現実的な状況を設定して、それぞれに役割を決めてやってみるのだ。そうすれば、マヤは「私は記録係になるわ！」と言うかもしれないし、「床にゴミを捨てた人は、ランチタイムの最後の一〇分間で掃除をする、というルールを決めるのはどうかしら？」と名案を思いつくかもしれない。

ここで問題なのは、マヤが口を開いて、学校でなにがあったかを親に打ちあけるかどうかにすべてがかかっているということだ。たとえ、ふだんはなんでも話す子供でも、恥ずかしい思いをした体験には口をつぐんでしまうことが多い。低年齢のほうが素直に話すことが多いので、集団生活がはじまったらできるだけ早い時期から、そういう会話を習慣づけておくといい。子供に質問するときには、やさしい中立的な態度で、具体的にはっきりと訊こう。「今日はどうだった？」よりも「今日の算数はどうだった？」と尋ねるのだ。「担任の先生のことは好き？」よりも「担任の先生のどんなところが好きなの？」とか「どうしてそんなに嫌いなの？」といった具合に。そして、じっくり時間をかけて答えを待とう。親たちがよくやるように、やけに明るい声で「学校は楽しかった？」と訊くのは避けよう。子供はイエスと答えなければいけないと感じとってしまう。

もし、それでもわが子がしゃべりたがらなかったら、時間をかけよう。リラックスしてその日の体験をしゃべれるようになるのには数時間かかる場合もある。お風呂に入っているときや眠る前など、本当にくつろいだときにだけ話をする気になる場合もある。もしそうならば、一日のうちにそういう時間をしっかりとるようにしよう。そして、信頼しているベビーシッターや、叔母さんや、年上のきょうだいなど、あなた以外の誰かになら話をするというのならば、親としてのプライドはぐっと呑みこんで、助けてもらおう。

最後にひとつ。内向型のわが子が、どう考えても学校の人気者ではないと思っても、心配しないように。子供の発達の専門家によれば、ひとりか二人とのしっかりした友情は子供の感情的・社会的発育にとって非常に重要だけれど、人気者である必要はないのだ。内向型の子供の多くは、成長すればすばらしい社会的技能を身につける。ただし、彼らなりのやり方で集団と関わるので、うちとけるのに時間がかかったり、短期間しかつきあわなかったりする。それはそれでいいのだ。社会的技能を身につけたり友達をつくったりする必要はあるけれど、なにも学校で一番社交的な子供になる必要はない。だからといって、人気者はつまらないという意味ではない。たぶんあなたは、わが子に容姿や頭の回転の速さやスポーツの才能を期待するのと同じく、人気者であってほしいと願うだろう。けれど、自分の期待を押しつけず、満足できる人生を送るためにはいろいろな道筋があることを忘れないようにしようではないか。

才能や興味を育む

情熱を傾ける対象を見つける道は、学校の外にもたくさんある。つぎつぎにさまざまな趣味や活動に興味を持つ外向型と違って、内向型はひとつのことに打ち込むことが多い。これは彼らにとって重要な長所である。なぜなら、自尊心は能力に由来し、その逆ではないからだ。ひとつのことに強い愛着を持って没頭することは、幸福と恩恵とへ通じる確実な道だと立証されているのだ。才能や興味を育むことは、子供にとって大きな自信の源になりうる。

たとえば、前出のグループ学習が苦手なマヤは、毎日下校後に自宅で本を読むのが大好きだ。だが彼女は、チームスポーツであり結果を求められるプレッシャーもあるというのに、ソフトボールも大好きだ。ソフトボールチームの入部テストを受けて合格したときのことは、今も忘れられないと彼女は言う。怖いほど緊張していたが、みごとにヒットを打ったのだ。「努力が報われたと思ったわ。うれしくて笑ってしまったの。すごくわくわくして、得意な気持ち――あのときの気持ちは絶対に忘れられない」とマヤは語った。

だが、親にとっては、そういう満足感を子供の心に起こさせるお膳立てをするのがとても難しい場合もある。たとえば、内向的な子供になにかスポーツをやらせたからといって、その子が自尊心を持てたり、友達づきあいが円滑になったりするとはかぎらない。わが子がそのスポーツが好きで、マヤのように得意ならばいいだろう。チームスポーツは誰にとっても、そしてグループ活動が苦手な子供にとってはとくに、大きな恩恵をもたらすことがある。ただし、どのスポーツを選ぶか、そもそもスポーツをするかどうかは本人に決めさせよう。スポーツはやりたくないというのなら、それはそれでいい。同年齢の子供たちとふれあえて、同時に自分のスペースも確保できるような活動を見つけるのを手伝ってやろう。得意な分野を育てるのだ。子供の興味の対象があまりにも孤独だと感じられても、たとえば絵画やエンジニアリングや作文などでも、同じ興味を持つ子供たちとふれあうことができるのだ。

「チェスや、複雑なロールプレイングゲーム、なかには数学や歴史に対する強い関心を通じて、仲間を見つけた子供たちをたくさん知っている」と、前出のミラー医師は語った。ニューヨークシティで学童や一〇代の子供のための文章創作のワークショップ〈ライトピア・ラボ〉を開いているレベッカ・ウォレス＝シーガルは、やってくる生徒たちについてこう語る。「大半は、ファッションやセレブの噂話を何時間もしゃべるような子供ではありません。そういう子供があまり入ってこないのは、物事を分析したり掘り下げたりするのが好きではないからでしょう。物事を多方面から検討したり、分解して再構築したりするのが好きなのは、世の中で『内気』と呼ばれている子供たちのほうで、その表現とは矛盾しますけれど、そういう面に関して彼らはまったく内気ではありません。同年代の子供たちが飽きてしまうようなことについて、より深い部分でたがいを理解し合います」そういう子供たちは、自分なりの準備が整うと「殻を破る」のだ。ライトピア・ラボの子供たちは地元の書店で自分の作品を発表し、全米の創作コンクールなどでも数多くの受賞者が輩出している。

もし、あなたのお子さんが刺激に過度に反応しがちならば、美術や長距離走といった、プレッシャーで結果が左右されにくい活動を選ぶのもいいだろう。だが、お子さんが結果を求められる活動を選んだとしても、あなたはそれを助けることができる。

子供の頃、私はフィギュアスケートに夢中だった。8の字を描いて滑ったり、くるくる回ったり、ジャンプしたりして、何時間でもリンクにいられた。それなのに、競技会となると不安でたまらなかった。前日は全然眠れなかったし、いざ本番となれば、練習では簡単にできることも失敗ばかりだった。緊張するのはみんな同じだと慰められて、最初のうちはそれを信じていた。けれど、オリンピックの金メダリスト、カタリナ・ヴィットがインタビューを受けているのをテレビで見て、それが真実ではないと知った。試合前の緊張感が、金メダルを勝ちとるのに必要なアドレナリンをもたらしてくれた、とヴィットは話していた。

そのとき、自分がヴィットとはまったく違う人間なのだとわかったのだが、その理由を理解するには数十年かかった。彼女の神経系は緊張をエネルギーに変換したけれど、私の神経系は緊張を増幅して平静さを失わせたのだ。当時、母は私のスケート仲間の母親に、競技会前の緊張をほぐすためにはどうすればいいかと相談して、私を元気づけるために、「クリスティンも緊張するんですって」とか「レネーのママも同じようなことを言ってたわ」などと言った。でも、クリスティンもレネーも自分ほどひどく怖がってはいないと、私は確信していた。

もし当時、自分のことをもっとよく知っていたら、きっと役に立っただろうと思う。もし、あなたのお子さんがフィギュアスケート選手を夢見ていて、私のような内向型なら、それを本人に認識させたうえで、たとえどれほど緊張するタイプだとしても、それが成功を阻む致命傷にはならないと教えてやろう。本人が一番恐れているのは、大勢の人の前で失敗することだ。だから、競い合ったり失敗したりすることに慣れて、自分を鈍感にすればいいのだ。知っている人が少ない遠い会場で開催される競技会なら、それほど失敗を恐れずに済む。納得のいくまで練習をさせよう。会場が慣れないリンクならば、本番前に何度かそこで滑ってみればいい。「大丈夫よ。たとえ失敗して最下位だったとしても、それがどうしたっていうの。人生が終わるわけじゃないでしょ」と話してやろう。そして、うまく滑れればどんな気持ちを感じられるか、想像するのを手助けしてやろう。

あなたがつまずいたところに、あなたの宝物がある

情熱を解き放つことは、子供が小学生のときだけでなく、中学生、高校生になっても、さらにその先までもずっと、人生を変える力を持ちつづける。ドラマーで音楽ジャーナリストでもあるデヴィッド・ワイスの体験談をご紹介しよう。ワイスはまさにチャーリー・ブラウンのような内気な子供だったが、成長してクリエイティブな世界で成功を収めた。彼は妻と赤ん坊の息子を愛している。自分の仕事を愛している。幅広く興味深い人脈を持ち、音楽を愛するものにとっては世界で一番わくわくする場所だと認めるニューヨークシティに住んでいる。愛情と仕事に関する昔ながらの物差しで測れば、すばらしい成功者だ。

だが、少なくともワイス本人は、最初から順風満帆の人生を予測してはいなかった。子供の頃、彼は内気で不器用だった。音楽と書くことに興味を持っていたが、当時の彼が大切だと思っていた人々、つまり学校の友人たちからすれば、いずれもなんの価値もないものだった。「みんなは『今が人生で一番いいときだ』と僕に言った。僕は心のなかで思ったよ、『冗談じゃない！』ってね。学校が大嫌いだった。『ここから出ていかなくちゃ』と思ったのを覚えている。ちょうど学園コメディ映画『ナーズの復讐』が公開された六年生のとき、僕は殻を破ったようだ。自分が頭がいいのは知っていたが、僕が育ったデトロイト郊外では、アメリカの九九％の地域と同じく、見た目が良くて運動ができればなんの問題もない。だが、頭がすごくいいからって、誰も尊敬してくれない。それどころか、出る杭は打たれる。頭のよさは僕の一番の強みで、おかげでずいぶん楽しめたけれど、同時に、

いつも注意していなければならなかった」とワイスは回想する。

では、ワイスはどんな道のりを経て現在に至ったのだろう？　ワイスにとって転機はドラムだった。「ある時点で、僕は子供時代のすべてのものに打ち勝った。ドラムをはじめたのがきっかけだった。ドラムは発想の根源だった。『スターウォーズ』のグランドマスター、ヨーダみたいな存在である。中学生の頃、高校生のジャズバンドが来て演奏したんだけれど、遠くから見て最高にクールなのはドラマーだった。僕にとって、ドラマーはアスリートみたいなもの。運動系じゃなく、音楽系アスリートだね。そうして僕は音楽に夢中になった」

まず、ワイスはドラムのおかげで社会的に認められた。体の大きさが自分の倍もある運動部員たちにパーティから追いだされることがなくなった。だが、まもなく、ドラムは彼にとってもっと深い意味を持つものになった。「自分がクリエイティブな表現をしているのだと突然気づいて、すごく驚いたよ。僕は一五歳だった。そのとき、この先もドラムをやっていこうと心に決めた。僕の人生はドラムのおかげで一変して、その変化は今もずっと続いている」

ワイスは九歳の自分がどんな子供だったか、今でもはっきり覚えている。「あの頃の僕に話しかけてやりたいよ。今の僕がクールなことをやっているとき、たとえばニューヨークシティで、会場いっぱいの人たちの前でアリシア・キーズにインタビューしているとき、過去の自分にメッセージを送るんだ。なにもかも変わるから大丈夫だよって。九歳のとき、ぼくはその未来からのメッセージを受けとった気がする。それが、あきらめない力を与えてくれた。僕は今の自分と過去の自分とを結びつけたんだよ」

両親もまた、彼に大きな力を与えた。彼らはワイスのやる気をなによりも大切にした。彼が楽しんで一生懸命になっているかぎりは、その対象がなんだろうと干渉しなかった。父親はフットボールの熱狂的なファンだったが、「『なんでフットボールをやらないんだ?』なんて絶対に訊かなかった」とワイスは回想する。彼は一時期ピアノやチェロに夢中になったこともあった。それをやめてドラムをやりたいと言ったとき、両親は驚いたものの一言も反対しなかった。両親は彼があらたな情熱の対象を見つけたことを受け入れた。そうして息子を包みこんだのだ。

もし、あなたがデヴィッド・ワイスの変身の物語に共感するのなら、それにはもっともな理由がある。彼の話は、心理学者のダン・マクアダムズが「ライフストーリー」と呼ぶものの完璧な例であり、精神的健康と物質的幸福を示している。

マクアダムズはノースウェスタン大学のフォーリー生涯研究センターで、人々に自分自身について語らせる研究をしている。マクアダムズによれば、人はみなまるで小説家のように、「起承転結」の形式で自分の人生を語る。そして、過去の挫折体験をどのように語るかは、現状にどれほど満足しているかに大きく影響される。現在が幸福でない人は過去の挫折を否定的に語る傾向が強く（たとえば「妻が去ってから、僕はすっかり変わってしまった」）、前向きに生きている人は過去の挫折を「一見すると不幸に見えて、じつはありがたいもの」として肯定的に語る傾向がある（たとえば、「離婚はなによりつらい体験だったけれど、再婚した妻との暮らしはもっと大きな幸福をもたらしてくれた」）。そして、自分の人生に完璧な充足感を得て、それを家族や社会、ひいては自分自身に還元しようという人は、過去において自分の身に降りかかった苦難に意義を見出す傾向がある。つまりマクアダムズの研究は、「あなたがつまずいたところに、あなたの宝物がある」という西欧の伝統的な考え方を再確認したといえる。

ワイスのような内向型の人にとって、思春期とは大きくつまずく時期であり、傷ついた自尊心と社会的な不安が絡み合った暗い藪《やぶ》のように感じられることが多い。中学校でも高校でも、重要視されるのは積極性と社交性だ。深みや繊細さはあまり価値を認められない。けれど、多くの内向型は、ワイスのように自分の人生を前向きに綴れる。チャーリー・ブラウンのような日々を過ごさなくてはならないとしても、その先には幸福にドラムを高鳴らせる日々が待っているのだ。

終章 不思議の国

私たちの文化は、外向型としてだけ生きることを理想とした。内なる旅や根源の探求を認めなかった。だから、私たちは根源を失い、もう一度それを見つけなければならないのだ。

――アナイス・ニン

あなた自身が内向型であるにせよ、内向型の人を愛している、あるいは内向型の人と一緒に働いているにせよ、この本に書かれていることは参考になるだろう。この本は内向型の青写真である。

愛情は必要不可欠だが、社交性はそうとはかぎらない。もっとも身近にいる大切な人々を慈しもう。あなたが好意を持ち、尊敬する人々と働こう。誰かと新しく出会ったら、相手がそういう人かどうか、一緒にいて楽しい人かどうかを見極めよう。そして、そうでないとわかったら表面的なつきあいにあれこれ気を配る必要はない。人づきあいは内向型も含めてみんなを幸福にするけれど、内向型は量よりも質を大切にする。

人生の秘訣は、適正な明かりのなかに自分を置くことだ。ハリウッドのスポットライトがふさわしい人もいれば、机に置いたスタンドがふさわしい人もいる。持続力、集中力、洞察力、繊細さといった、自分に自然に備わっている力を発揮して、愛着を感じられ自分が大切だと思う仕事をしよう。問題を解き、芸術作品を創作し、深く考えよう。

世の中にどのように貢献したいかを考え、それを実践しよう。そのために、人前で話したり人脈を築いたりなど苦手なことをする必要があれば、なにはともあれやってみよう。ただし、それが自分にとって難しいことだと認めて、事前に十分な準備を積み、なし遂げたら自分自身に報いてやるのだ。

テレビのニュースキャスターはやめて、図書館学の学位を取得しよう。でも、もしニュースキャスターが自分の天職だと思うのなら、外向型のペルソナをつくってしのげばいい。人脈づくりの最重要ルールは、たったひとつの本当にすばらしい関係をあらたに得ることは名刺の束よりもはるかに重要だ、というものだ。用事が済んだらさっさと家へ帰って、ソファでのんびりしよう。回復のための場所をしっかり確保しておこう。

愛するパートナーが社交の楽しみを必要としていることを尊重し、あなた自身がひとりの時間を求めていることも尊重しよう（あなたが外向型ならば、これは逆になる）。

自由な時間は、自分がどうあるべきかではなく、自分がなにをしたいかにもとづいて過ごそう。大晦日の晩を静かに自宅で過ごすのが幸せだと感じるのならば、そうすればいい。委員会の集まりをサボろう。道で知っている人に会うたびによけいな世間話で時間をつぶされるのを避けよう。読書しよう。料理しよう。走ろう。物語を書こう。自分で決めた回数だけ社交の場に出たら、あとは言い訳に罪の意識を感じないで断る勇気を持とう。

もし、わが子が物静かなタイプならば、初対面の相手やはじめて訪れる場所に慣れるのを手伝ってやって、あとは自由にさせよう。彼らが独創性を備えていることを喜ぼう。しっかりした道徳心を持ち、ゆるぎない友情を築く心を持っていることを誇りに思おう。彼らが人の道にはずれた行動をするのではないかと心配する必要はない。それよりも彼らが自らの情熱を追求する道を歩むのを応援しよう。ドラムの実力が認められたとか、ソフトボールで活躍したとか、すばらしい作文を書いたとか、なんであれ情熱が実を結んだと知らされたら、紙吹雪で祝ってやろう。

もし、あなたが教師なら、社交的で積極的に発言する生徒の存在を楽しもう。だが、内気で繊細で孤独を愛する生徒たちの能力を育てることも忘れずに。彼らはたとえば化学式やオウムの分類や一九世紀の美術に並外れた関心を抱いている。彼らは将来の芸術家やエンジニアや思想家なのだ。

もし、あなたが部下を束ねる管理者ならば、部下たちの三分の一から二分の一は、たとえ外面がどう見えようと内向型なのだということを忘れずにいよう。オフィスのレイアウトを考え直してみよう。内向型はオープンオフィスを歓迎しないし、ランチタイムの誕生会やチームワークのための懇親会も苦手だろう。内向型が持つパワーを最大限に活用しよう。彼らは深く考え、戦略を練り、複雑な問題を解くうえで大きな助力となり、炭鉱でガス漏れを真っ先に知らせるカナリアのような役目も果たせるのだ。

さらに、「新集団思考」が持つ危険を忘れずに。もし、創造性を求めるのなら、まずはひとりで問題を解決してから全員でアイデアを分かち合うよう従業員たちに指示しよう。多くの人々の知恵が欲しければ、電子機器を使うなり、紙に書くなりして集め、途中の過程で各人が他人のアイデアを読んだり評価したりしないよう注意しよう。信頼を築くために実際に会って話すことは大切だが、集団内の力関係がクリエイティブな思考を阻害することがあるのは避けられない。そこで、一対一あるいは少人数でやりとりする機会を設定しよう。積極性や雄弁さにすぐれているからといって、すぐれたアイデアの持ち主だとはかぎらない。戦力である部下たちがイニシアチブをとるタイプならば、彼らは外向型のリーダーやカリスマ的なリーダーよりも内向型のリーダーの下で、よりよいパフォーマンスをすることを思い出そう。

あなたが教師だろうと管理者だろうと、外見は真実ではない、と心に刻んでおこう。外向型のようにふるまう内向型は、エネルギーや能力を消耗し、健康を損ねる場合さえある。また、たとえ超然としてうちとけない雰囲気を漂わせていても、彼らの内心は豊かで起伏に満ちている。だが、落ち着いた表情で静かに話す人と出会ったら、その人は心のなかで方程式を解いているか、ソネットを創作しているか、帽子をデザインしているのかもしれないのだと考えてみよう。すなわち、その人は静かなるパワーを操っているのかもしれないのだ。

神話やおとぎ話からもわかるように、世の中には多種多様なパワーがある。ライトセーバーを与えられる子供もいれば、魔法学校で魔法を習う子供もいるのだ。手に入るパワーをすべて集めようとするのではなく、自分に与えられたものをうまく使うのが、万能の秘訣だ。内向型は、豊かさに満ちた秘密の花園の鍵を与えられることが多い。その鍵を本当にわがものにするには、アリスのようにウサギの穴のなかへ転げ落ちなければならない。アリスは自ら選択して不思議の国へ行ったのではない。だが、新鮮ですばらしい冒険の旅は、彼女独自のものだった。

ちなみに、ルイス・キャロルも内向型だった。キャロルなくしては『不思議の国のアリス』は存在しなかった。内向型のパワーを考えれば、それは驚くにはあたらない。

献辞に代えて

私の祖父は思いやり深い青い目をした、静かにしゃべる人で、読書と思索にふけることが大好きだった。いつもきちんとスーツを着て、人前で、とくに子供たちの前で、主張するべきことをあくまでも丁寧に主張した。祖父がラビをつとめていたブルックリン近辺では、黒い帽子をかぶった男性や、膝を隠す丈のスカートを穿いた女性や、ありえないほど行儀のいい子供たちが、たくさん歩道を行き来していた。ユダヤ教の会堂《シナゴーグ》へ行く道すがら、祖父は行き交う人々に挨拶し、勉強ができるとか背が伸びたとか、先日のイベントで活躍してくれたとか言って、子供たちをやさしく褒めた。子供たちは祖父を愛し、商売人たちは祖父を尊敬し、地獄に墜《お》ちた魂たちは救いを求めてまとわりついた。

祖父はなによりも読書が好きだった。男やもめになってから何十年も狭いアパートでひとり暮らしをしていたが、家具はどれもこれも本置き場になってしまっていた。金箔押しのヘブライ語の本に、マーガレット・アトウッドやミラン・クンデラの小説。祖父はまるで後光のような形のスタンドに照らされて小さなテーブルの前に座り、リプトンの紅茶を啜《すす》りマーブルケーキを食べながら、白いコットンのテーブルクロスの上に本を開いていた。説教をするときには、古典と人文主義を織りまぜて、その週に学んだ成果を信徒たちに分け与えた。内気で他人と目を合わせるのが苦手だったけれど、精神的・知的探究心は驚くほど旺盛で、祖父が説教する日には信徒席はいつもいっぱいだった。

家族全員が祖父に倣《なら》った。わが家ではいつもみんなで読書を楽しんでいた。日曜日の午後には、本を持って書斎へ集まった。それは二重の意味ですばらしい体験だった。そうして家族がすぐそばにいれば体が温かく、そのうえ頭のなかでは冒険の国を自由に飛びまわれたからだ。

ところが、思春期を目の前にして、私は読書が好きなせいで友人たちから「仲間はずれ」にされるのではないかと心配になった。その心配は、サマーキャンプへ行った一〇歳のときに確信に変わった。眼鏡をかけて賢そうな額をした女の子が、大事なキャンプの最初の日に本を読んでばかりいるという理由で、それっきり昼も夜もずっとのけ者にされたのを見たのだ。じつは私も本を読みたかったけれど、持ってきたペーパーバックをスーツケースの奥にしまい込んだ（本が私を求めているのに見捨ててしまったような気持ちになって、罪の意識を強く感じた）。本を読みつづけた女の子が内気な堅物のように見え、本当は自分もまったく同じなのだと気づいていた一方で、それを隠さなければならないということもわかっていた。

その夏以降、ひとりで本を読んでいたいという願いが、少し後ろめたく感じられるようになった。高校でも大学でも、弁護士になってからも、自分を本当よりも外向的な人間に見せようと努力した。だが、年齢を重ねるにつれて、私は祖父が示してくれた手本からインスピレーションを得た。祖父は静かな人だったが、偉大な人でもあったのだ。六二年間も説教壇に立って、九四歳で天寿を全うしたときには、弔問に訪れる人々が近隣に溢れて、市警察が道路を封鎖しなければならないほどだった。もし祖父がそれを知ったら、さぞかし驚いただろう。今になって思えば、祖父のすばらしさのひとつは謙虚さだった。

この本を、心からの愛を込めて、子供時代の家族に贈る。母はいつも熱心に、そして静かに、キッチンのテーブルで私と話をしてくれた。私たち子供に人と親密になる天賦の才を与えてくれた。あれほど愛情深い母を持てたことは、このうえない幸運だった。献身的な医師だった父は、何時間も机に座って知識を追い求めることの喜びを身をもって教えてくれ、その合間の息抜きには、お気に入りの詩や科学実験を教えてくれた。ともに育ったきょうだいは、本が溢れた小さな家族の温かみと愛情を今日までずっと分け合ってきた。祖母は勇気と気概と思いやりを教えてくれた。

そして、静かな言葉を雄弁に語る祖父の記憶に、心からの感謝を。

「内向性・外向性」「内向型・外向型」という言葉について

この本は、内向性について文化的な観点から語っている。主眼点は、長年検討されてきた「行動の人」と「熟考の人」との違いと、この二つのタイプのパワーバランスを向上させれば、どれほどの成果がもたらされるかという点についてである。この本で焦点をあてているのは、つぎのような特質のどれかにあてはまる人々だ。思慮深い、理性的、学問好き、控えめ、繊細、思いやりがある、まじめ、瞑想的、神秘的、内省的、内部指向、丁重な、穏やか、謙虚、孤独を求める、内気、リスク回避的、神経過敏。そして、そういう人とは逆に位置する「行動の人」についても語っている。彼らの特質は、意気軒昂、明るい、愛想がいい、社交的、興奮しやすい、支配的、積極的、活動的、リスクをとる、鈍感、外部指向、陽気、大胆、スポットライトを浴びるのが好き、といったことだ。

もちろん、これは大雑把な分類だ。内向型か外向型か、どちらかに完璧にあてはまる人はまずいない。だが、この分類は私たちの文化において重要な役割を果たしているので、私たちの大半は二つのタイプをすぐに理解する。

現代の性格心理学者による内向性・外向性の認識は、私が本書で述べたものとは異なるかもしれない。主要五因子性格特性の信奉者は、思索的な性質、豊かな内面生活、道徳心の強さ、ある程度の不安感（とくに内気さ）、そしてリスク回避性を備える傾向がある性格を、内向性とはまったく切り離して考えることが多い。彼らにとっては、こうした特質は「開放性」「勤勉性」「情緒不安定性」によって理解できるのだろう。

この本のなかでは、「内向型」という言葉にわざと広い枠組みを与えて、主要五因子性格特性をはじめとして、内向型の「尽きない魅力に満ちた」内なる世界に関するユングの考えや個人的な体験、ジェローム・ケーガンの高反応と不安に関する研究（4章、5章を参照のこと）、エレイン・アーロンの外界からの刺激を処理する敏感度と、それが道徳心や強い感情や内部指向に及ぼす影響に関する研究（6章を参照のこと）、そして、ジェラルド・マシューズの研究によくまとめられているような、内向型が問題解決の際に発揮する持続力や集中力に関する数多くの研究（7章を参照のこと）についても参考にしている。

じつのところ、西欧文化は三〇〇年間にわたって、内向型・外向型にさまざまな形容詞をあてはめてきた。人類学者のC・A・ヴァレンタインはこう述べた。

西欧の文化の伝統には、古くから広く知られている、個人の多様性という概念がある。なかでもよく知られているのは、「行動の人、実際的な人、現実主義者、社交的な人」と「考える人、夢見る人、理想主義者、内気な人」との対比である。この伝統的な考え方に関連してもっとも頻繁に使われるレッテルは、外向型と内向型という名称である。

内向性に関するヴァレンタインの概念は、現代の心理学者ならば、開放性（考える人、夢見る人）、勤勉性（理想主義者）、情緒不安定性（内気な人）とするだろう特質を含んでいる。

数多くの詩人や科学者や哲学者が、こうした特質をまとめて表現してきた。古くは旧約聖書の『創世記』で、思索的なヤコブ(「テントで暮らす静かな男」であり、のちに、心のうちで神と格闘する者という意味を持つ「イスラエル」という名前を与えられる)と、きょうだいでありライバルでもある向こう見ずなエサウ(「腕利きの猟師」で「野原の人」)とを対立させている。古代ギリシア・ローマへ目を向ければ、医師のヒポクラテスとその弟子のガレノスは、人間の気質は――さらには運命も――血液、粘液、黄胆汁、黒胆汁によって決まるとし、血液が多い人は楽天的(安定した外向型)、黄胆汁が多い人は短気(神経症的な外向型)、粘液が多い人は穏やか(安定した内向型)、黒胆汁が多い人は陰鬱(神経症的な内向型)であるとした。アリストテレスは、憂鬱に陥りやすい気質は、哲学や詩や芸術の分野で傑出することと関連があると記した(現在では、これは開放性によって分類されるかもしれない)。一七世紀英国の詩人ジョン・ミルトンは、『沈思の人』『陽気な人』と題した一対の詩で、夜の森を瞑想しながら歩き勉学に励む「思慮深い人」と、田園でも都会でも浮かれ騒ぐ「幸福な人」とを対比させた(現在では、『沈思の人』の記述には、内向性だけでなく開放性と神経症傾向があてはまるだろう)。一九世紀のドイツの哲学者ショーペンハウアーは「意気軒昂な」人々(精力的、活動的、すぐに退屈する)を、自らが好む「知性的な人々」(繊細、創造力に富む、憂鬱)と比較した。

このように定義が複雑なために、当初この本では、私なりの造語を使用しようかと考えた。だが、やはり文化的な理由から、それはやめることにした。結局のところ、内向型・外向型という言葉は広く知られているし、さまざまな要素を思い起こさせるからだ。ディナーパーティや飛行機で隣り合わせた人に向けて、私がこの言葉を口にするたびに、相手の表情にさまざまな反応が浮かぶことからも、それがよくわかった。

訳者あとがき

現代社会は、とりわけアメリカ社会は、外向型の人間を理想としている。人々の先頭に立ち、情熱的で声高に主張を発するリーダーシップが尊ばれているのだ。だが、スーザン・ケインはこの本（原題は *Quiet: The Power of Introverts in a World That Can't Stop Talking*）で、そうした世の中の風潮に大きな一石を投じた。外向型は本当に理想の存在なのか？　静けさを愛し、慎重で思慮深い内向型は、もっと評価されるべきではないのか？

内向型の人間が、クリエイティブな発想や、ねばり強い持続力、緻密《ちみつ》さといった独自の能力を存分に発揮し、社交的で行動力にあふれ瞬発力がある外向型と補完しあってこそ、すばらしい成果がもたらされるとケインは言う。内向型の人が秘めている能力は、もっと評価されるべきなのだ。

二〇一二年一月にアメリカで出版されたハードカバー版はたちまち多くの読者の強い関心を呼び、一年ものあいだ『ニューヨーク・タイムズ』紙のベストセラーリストにランクインしつづけた。そして、『カーカス・レビュー』『ライブラリー・ジャーナル』両誌の二〇一二年ベストブックや、『ピープル』誌の二〇一二年トップ10ブックに選ばれるなど、数々の栄誉を得た。さらに、二〇一三年一月に刊行されたペーパーバック版は、アマゾンUSAベストセラー第二位でスタートし、四月現在も、その勢いは衰えていない。

有数の外向型人間の国家であるアメリカだが、じつはアメリカ人の三分の一から二分の一は内向型だという。内向型の人は外向型の仮面をかぶっていることが多いので、外向型が圧倒的に多いように思えるのだ。内向型を自認するケインは、七年もの歳月をかけて本書を書きあげた。執筆のために、ケインは内向型ならではの周到な準備を重ねた。全米一のカリスマトレーナーの自己啓発セミナーをはじめ、脳神経科学の実験室、内向的な人のためのスピーチ教室など、さまざまな場所へ実際に足を運び、心理学や生理学、脳神経科学、社会学など、幅広い分野の資料を読み、専門家や一般人にインタビューしたのだ。典型的な内向型の著名人として、ビル・ゲイツやエレノア・ルーズベルト、アルベルト・アインシュタイン、ウォーレン・バフェット、ガンジーなどをあげ、古今東西のさまざまな資料を駆使するケインの知的な語り口は、じつに魅力的だ。

この本はさまざまな点で重要である。内向型の人は、外向型を理想とする現実世界で生きるうえで、感じずにはいられない居心地の悪さの原因を、はっきり見極めることができる。さらには、自分の性格をあらためて確認し、長所を伸ばし短所をフォローアップするにはどうしたらいいのかを知ることができるに違いない。また、外向型の人にとって、自分の身近にいる内向型の人の心のうちを知ることは、たがいの能力を最大限に発揮するうえでも、より良い関係を築くうえでも有益だろう。

著者スーザン・ケインは一九六八年生まれ。夫と二人の息子とともにハドソンリバーバレー在住。詳細については、著者のウェブサイト http://www.thepowerofintroverts.com をご参照ください。

二〇一三年四月

古草秀子

＊本書未収録の原注は下記の講談社BOOK倶楽部サイトからPDFファイルをダウンロードできます。

「講談社の翻訳書」ページ
http://www.bookclub.kodansha.co.jp/books/honyaku/

プロフィール

スーザン・ケイン【著者】
プリンストン大学、ハーバード大学ロースクール（法科大学院）卒業。ウォール街の弁護士を経て、ライターに転身。『ニューヨーク・タイムズ』『ワシントン・ポスト』『USAトゥデー』紙や『フォーチュン』『フォーブス』『ワイアード』誌などに寄稿している。他にも、企業や大学などでコミュニケーション・交渉術の講師も務める。TEDカンファレンスでの"The power of introverts"と題された講義は、すでに400万回以上インターネットで視聴されている。本書は1作目の著書で、32ヵ国で翻訳され、とくに米国ではミリオンセラーとなっている。

古草秀子（ふるくさ・ひでこ）【訳者】
青山学院大学文学部英米文学科卒業。ロンドン大学アジア・アフリカ研究院（SOAS）を経て、ロンドン大学経済学院（LSE）大学院にて国際政治学を学ぶ。訳書に、S・クイン『名犬チェットと探偵バーニー』（東京創元社）、T・パーカー＝ポープ『夫婦ゲンカで男はなぜ黙るのか』（NHK出版）、R・フェルドマン『なぜ人は10分間に3回嘘をつくのか』（講談社）、T・ケラソテ『マールのドア』（河出書房新社）、J・グローガン『マーリー』（ハヤカワ文庫NF）、F・ピアス『水の未来』（日経BP社）、J・パーキンス『エコノミック・ヒットマン』（東洋経済新報社）など多数ある。

内向型人間《ないこうがたにんげん》の時代《じだい》　社会《しゃかい》を変《か》える静《しず》かな人《ひと》の力《ちから》

2013年 5 月13日　第 1 刷発行
2014年 1 月27日　第 7 刷発行

著者……………………スーザン・ケイン
訳者……………………古草秀子《ふるくさひでこ》
装幀……………………重原 隆
本文レイアウト………山中 央

発行者…………………鈴木 哲
発行所…………………株式会社講談社
東京都文京区音羽2丁目12－21［郵便番号］112－8001
電話［編集］03－5395－3808
　　［販売］03－5395－3622
　　［業務］03－5395－3615

印刷所…………………慶昌堂印刷株式会社
製本所…………………株式会社国宝社
本文データ制作………講談社デジタル製作部

ISBN978-4-06-217859-4

講談社の翻訳書

ニコラス・A・クリスタキス
ジェイムズ・H・ファウラー
鬼澤 忍・訳

つながり
社会的ネットワークの驚くべき力

肥満も性感染症も笑いもすべてうつる!? ハーヴァード大学医学部・教養学部教授とカリフォルニア大学の政治学者が提示する、クラウド時代の社会的ネットワークの姿！

ダニエル・ピンク
大前研一・訳

モチベーション3・0
持続する「やる気！《ドライブ》」をいかに引き出すか

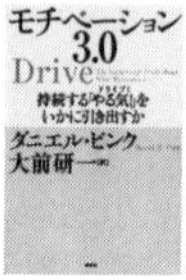

『ハイコンセプト』のダニエル・ピンクによる21世紀版『人を動かす』モチベーション3・0は、成果主義ではなくワクワクする自発的な動機づけ！ 大ベストセラー！

ローレンス・D・ローゼンブラム
齋藤慎子・訳

最新脳科学でわかった五感の驚異

自転車を操り、信号音つきのボールを使って野球に興じる盲目の人たち。名を伏せたワインも当てるソムリエ。五感にまつわる驚異的な知覚能力を最新脳科学が解き明かす。

ダウエ・ドラーイスマ
鈴木 晶・訳

なぜ年をとると時間の経つのが速くなるのか
記憶と時間の心理学

なぜ人は1歳までの記憶がないのか？ 匂いの記憶はなぜ鮮烈なのか？ サヴァンはどのように記憶するのか？ ……脳科学を超えた記憶にまつわる知の探究!!

ロバート・フェルドマン
古草秀子・訳

なぜ人は10分間に3回嘘をつくのか
嘘とだましの心理学

大きな嘘から小さな嘘まで、あなたの人生は嘘で満ちあふれている!! あなたのまわりは嘘つきでいっぱい！ だまされる前に読む、嘘の科学最前線。